JN233840

第四版
経済学の歴史と理論

西村　はつ　著
吉田　賢一

学 文 社

はじめに

　ひとむかし流行した言葉に「オイル・マネー（オイル・カレンシー）」や「オイル・ダラー」がある。学生諸兄姉の諸君が生まれた 1970 年代のことである。OPEC 諸国として知られるアラブなどの産油国が、産出した石油を売った見返りとして獲得した通貨一般ないしはアメリカ・ドル、というのがその正しい意味であるが、耳慣れない者には、オイルがまさに普遍的商品として貨幣そのものとなったかのような錯覚、そこまではいかないにしても、ドルの実体が一定量のオイルであるかのような、ある意味で新鮮な印象を醸したものである。そういえば、「オイル・スタンダード（石油本位制）」という傑作もあった。

　最近では「エレクトロニック・マネー」や「エレクトロニック・バンキング」という用語が生まれ、時代の最先端を駆けるようなシャープな響きがうけてか、実に多用され流布されるにいたっている。貨幣の利用方法や銀行の業務内容がエレクトロニクス化された、というほどのごく表層的な事態でしかないのであるが、ややもすると上の例のように、貨幣や銀行業があたかもエレクトロンそのものへとメタモルフォーゼし、電子製となったかのように錯覚してしまうから不思議である。ちなみに『ニューズ・ウィーク日本版』1995 年 11 月 29 日号の特集記事は「電子マネーがやって来る」であり、'The End Of Money?' との副題が添えられている。記者の真意のほどはともかくとして、かくも現代は貨幣の非実体化・無体化が進行し、無貨幣機構（貨幣非使用機構）としての信用経済が幅をきかせている時代なのである。マーケットとはいっても一見名ばかりで、株式市場にしても、競売人（セリ人、場立ち）が売り手と買い手の間にいて、値段（株式相場）の調整をしているわけではもちろんない。外国為替市場にいたっては株式市場の比ではない。そこに、「中央卸し売りいちば」のような物理的空間（建造物）は存在しない。為替市場の取材を命じられた新米記者が、「どこにあるんですか。築地のとなりですか。」と上司に思わず聞き

返したという噴飯ものの逸話があるほどであるが、逆にその記者に、人情味を感じずにはいられない。外為市場こそはまさに「エレクトリック・マーケット」だからであり、物理空間を吸収した機能空間として、抽象的市場そのものだからである。話が混み入ってきたようである。話題をかえよう。

　ところで、これら「エレクトロニック何々」というのは、もちろん「工学」のJargon（専門用語）である。それが今や、経済の分野にまで進出し多用されている。このこと自体は、われわれ経済学を専門とする者にとってはまことに喜ばしいかぎりであるが、他方で、一種感慨深いものを感じないわけでもない。というのも、「エレクトリック」や「エレクトロニック」などを工学本来の独自的概念とするのは錯覚・錯認以外ではないからであり、「エレクトロン」なるものには元来、工学的意味合いは全然なかったからである。それは経済学という社会科学にこそ固有の用語であった。この史実を学生諸兄姉に認知してもらうためには、歴史家（経済史学者）の手を少々煩わさねばならない（以下の事柄は三上隆三『渡来銭の社会史――おもしろ室町記』中公新書、1987年によるが、学生諸兄姉には購読を是非勧めたい）。

　西洋におけるコイン（金属貨幣、硬貨）の始まりは、現在のトルコ領域に紀元前700年頃栄え、ギリシャの属国でもあった古代リディア王国とされる。リディアにはまだ鋳造技術がなく、その貨幣は天然自然の金銀合金を素材とする打造貨幣（ないしは圧造貨幣）であった。これを「エレクトロン貨幣」という。というのは、古代西ヨーロッパ社会では琥珀（コハク）のことを「エレクトラム」と呼び、金銀合金も、琥珀と似た色彩を呈することから同じくエレクトラムと呼ばれていたからである。類似の現象は日本でも見られる。金銀合金を「琥珀金」と呼ぶ習わしがそれである。

　ところが、太古の樹脂が地中で化石化したものである琥珀は、もうひとつの特性を兼ね備えていた。摩擦によって軽量物質を吸着するという属性である。オックスフォード図書館所蔵の『日葡辞典』（1603年刊）の「コハク」の項には、「塵を吸う玉」との解説があるという。エレクトラムの工学用語化、経済

学用語としての忘却という不幸（とはいえ、工学ではなく経済学にとってのだが）は、ここに始まる。というのも16世紀になって、琥珀のさきの性質に着目したギルバートなる科学者は、そうした性質をもつ物体一般に対して、エレクトラムをもじり「エレクトリック」と命名したからである。本来は色彩性をあらわす用語が、磁気性をあらわす用語へと転成したのである。「エレクトリック」はその後、電気性物・起電物体という新奇なその意味よろしく、近代諸科学をまさに「引き付け」世界中を席巻することになった。経済学は工学によって、見事にお株を奪われたのである。「庇を貸して母屋をとられたようなものだ」（前掲書、124頁）との三上氏の嘆きは、著者たちも同様である。

　時は流れ20世紀末、工学のより一層の発達によって、経済機構、とりわけその金融機構がコンピューター化・エレクトロニクス化されてきた。現代の経済はまさに工学の賜物、工学との融合の産物となっている。「磁気」カード社会「電子マネー」経済という言葉が、そのことを最もよく表現している。《工学の経済学化》かそれとも《経済学の工学化》か、どちらがどちらを侵食・包摂しているのか、それはともかくとして両者が20世紀末にいたって急速に接近したということ、これだけは間違いない事実であろう。歴史のアイロニー、まさに「復縁」ならぬ「福縁」である。

　以上およそ突拍子もないことを敢えて書いたのは、本書が、経済学を専攻する方々にも充分に通用する内容をそなえつつも、工学の専門課程をまなぶ学生諸兄姉を主たる読者対象と考えるからであり、諸君にも、経済学は工学とは無縁ではないどころか、逆に重要な接点をもっていることを知ってもらい、経済学の日常的親近性と重要性に関してすこしでも多くを教え伝えるとともに、その内包的思想性の面白さをできうるかぎり分かち合いたく思ったからである。本書の成立するにいたったきっかけは、他にもいくつかある。それは、(1) 著者たちが同じ研究会（「地方金融史研究会」）のメンバーであり、月に一度は例会で顔を合わせていたこと、(2) 同じく工学系大学に在籍し経済学の講義を担当していたこと、(3) これまで敵対関係にあるとみなされてきたマルクスとケ

インズの経済理論を、相互補完的なものとして位置づける観点を共有していたこと、そして、(4) どちらかというと西村が歴史（経済史学）を専門とし吉田が理論（理論経済学）を専門とすることから、深みと広がりの点で両人の長を生かし短を補うことによって、内容のヨリ充実したテキストが編めればとの合意に暗黙のうちに達したこと、などである。

　本書は、ちょうど2年前に西村が単著として上梓した『概説・経済学』の改訂・増補版に相当する。前著は全7章からなっていたが、このたびそれを全10章に拡張し、誤植の訂正・表現の平易化とともに、内容の深化および広範化を図った。前著で各章の末尾にあった「問題点」はすべて本文中に繰り入れ、「注」も極力少なくした。また、「日本の国民所得」（第4章第3節）「地方財政」（第5章第2節第4項）国際経済関係（第6・7章の一部、第8章以下）などは、このたびまったく新しく書き下ろした部分である。執筆は、前半の5章を西村が、後半の5章を吉田がそれぞれ担当した。どちらも史実の部分と理論の部分とを適度に組み合わせて叙述してある。「経済」と「経済学」の歴史的相互依存関係、どの学問分野にも通ずる《事実と理論の対応的発展関係》を理解し、系統立った学習を行っていただきたい。理論とはすべて、時代の落とし子に他ならないからである。

　思えば1970年代という10年間（昭和45年〜55年）は、それまで精彩をはなってきた経済学という理論も、経済政策という実践も、一挙にその有効性を喪失した時代であった。それは「万国博覧会」（大阪）という世界の祭典によって幕を開けはした。しかしその後、ニクソン・ショック、固定為替相場制の崩壊、二度のオイル・ショックと、一連の危機的状況が日本経済と世界経済を襲ったからである。いわゆるスタグフレーションに蝕まれた70年代は、両経済がいわば休む暇さえない、まさに激動の時代であった。「不確実性の時代」（ガルブレイス）と特徴づけられるゆえんであるが、80年代そして90年代の経済政策のみならず、そうした時代そのものさえ70年代の産物・延長物といっても過言ではない。今われわれは、一千年に一度しかめぐってこない、千年紀の

大禍時(逢魔が時)とも称される大世紀末を間近にひかえ、さまざまな難問・難題に直面している。学生諸兄姉が専門分野を研鑽し課題への挑戦に役立てる上で、経済と経済学の歴史的理論的教訓が多少なりとも助力となりうるのであれば、それは著者たちのこの上ない喜びである。

1996 年 4 月

西村はつ・吉田賢一

第 3 版へのはしがき

冷戦とは「仮想的なままに終わった第三次世界大戦」(大澤真幸『戦後の思想空間』筑摩書房、1997 年、235 頁)であった。1989(平成元)年のベルリンの壁の破砕と 91 年のソ連邦の崩壊を契機として、共産圏の国々は続々と計画経済 "planned economy" の旗を降ろし、市場経済 "market economy" へと移行した。現在、曲がりなりにも共産主義体制を維持しているのは中国(中華人民共和国)・北朝鮮(朝鮮民主主義人民共和国)・キューバなどごく少数にすぎない。しかし市場経済の「勝利」は共産主義という「相手のエラーのおかげで勝っただけのこと」(飯田経夫『日本の反省』PHP 研究所、1995 年、133 頁)、いわば棚ボタ式の勝利でしかない。市場経済が固有の難点を孕むことは、日本経済が金融の自由化にもかかわらず未だにバブルの後遺症に苦悩している事実において明らかである。

さて、1996(平成 8)年に本書の第 1 版を上梓して以来はやくも 3 年を経つつある。この間、政治と経済の両面において世界情勢が新たな段階に突入したとの見解も一部にはあるが、第 3 版では、付録の統計資料に最新の数値をもりこんだ以外、改訂はほとんどおこなわなかった。著者たちの基本認識は、3 年前とまったく変わるところはないからである。

1999 年 4 月

西村はつ・吉田賢一

目　次

第 1 章　商品経済の発達——産業革命への道——　2
- 第 1 節　古代の商品経済 …………………………………………2
- 第 2 節　中世の商品経済 …………………………………………3
- 第 3 節　商業革命後の商品経済 …………………………………6

第 2 章　資本制生産の展開　19
- 第 1 節　産業革命 …………………………………………………19
- 第 2 節　自由主義政策への転換 …………………………………23
- 第 3 節　古典派経済学の成立とその批判 ………………………25

第 3 章　独占資本の形成・発展　47
- 第 1 節　独占資本の形成と後進資本主義国の発展 ……………47
- 第 2 節　後進資本主義国における経済学 ………………………48
- 第 3 節　第一次世界大戦後の経済不況 …………………………50
- 第 4 節　ケインズ経済学の成立と発展 …………………………51

第 4 章　国民所得　66
- 第 1 節　国民所得 …………………………………………………66
- 第 2 節　国民所得決定の理論 ……………………………………69
- 第 3 節　日本の国民所得 …………………………………………70

第 5 章　財　政　88
- 第 1 節　財政活動の機能 …………………………………………88
- 第 2 節　日本の財政構造 …………………………………………89

第 6 章　貨幣と金融　105
- 第 1 節　「貨幣」とは何か ………………………………………105
- 第 2 節　貨幣の需要と供給 ………………………………………113
- 第 3 節　金融市場 …………………………………………………120

| 第4節 金融政策の展開 | 129 |

第7章 国際収支と国際金融　135
第1節 貿易の必然性	135
第2節 国際収支の構造	138
第3節 国際金融機構の変遷	142

第8章 戦後世界貿易の展開　157
| 第1節 戦後世界の再建と貿易の自由化過程 | 157 |
| 第2節 ブロック経済（地域的経済統合）の推進 | 166 |

第9章 外国為替——制度の変遷と市場相場の変動メカニズム　171
第1節 外国為替に関する諸学説	171
第2節 戦前「国際金本位制度」下の為替相場変動	173
第3節 戦後「ブレトン・ウッズ体制」下の為替相場変動	178
第4節 現代「変動為替相場制」下の為替相場変動	186

第10章 現代の金融と貿易　193

付・統計資料 …199

経済学の歴史と理論

第1章　商品経済の発達——産業革命への道——

第1節　古代の商品経済

　文明の曙はナイル、チグリス・ユーフラテス、黄河などいわゆる大河のほとりに始まった。河川のほとりに人々は定着し、共同で耕作活動に従事した。生活資料のほとんど大部分は共同労働の結果獲得され、その結果得られた生産物は、共同体全体に帰属した。生産手段は労働対象と労働手段に分けられる。前者の主なものは、この時期には土地であったが、当時土地は共同体によって所有されていた。労働手段は、未だ極めて幼稚なもの（木製の鍬、青銅の刃をつけた鎌、牛にふませて脱穀し、風でもみがらを飛ばす等）にとどまっており、従って、生産力の発展を主として規定するものは人間の数であった。このような事情のために、生産物はすべて共同体員全体の所有に帰したのである。労働手段の発達に伴い、このような関係に変化がみられるようになった。分業が展開し、生産力が上昇するとともに、男性や共同体の首長の下に、労働手段が蓄積されていった。また共同所有地の中に、少しずつ私的所有地、すなわちヘレディウム（庭畑地）が形成されていく。この土地の私的所有権が、どの程度確立していたかは、地域によって異なる。一般にヨーロッパに較べるとアジアは極めて低かったといわれている。[1)]

　以上のような共同体による生産は、様々な生活必需品の全分野をおおっており、自給自足経済が建前であった。もちろん特殊な熟練を必要とする技術者＝手工業者も存在したが、彼らにもヘレディウムが与えられており、共同体の一員として、村抱えという形で、共同体の中に組み込まれており、共同体構成員として抱え込むことによって、自給自足経済が営まれていたのである。しかし、

自然的条件によっては、すべての物を自給することはできない。その代表的な物が、水産物や鉱産物、塩や鉄・銅などである。これらのいわば生活必需品を得るために、共同体の間で特産物の交換が行われることになる。もっとも古代の商品流通の中心になったのは、上記のような生活必需品ではなくて、奢侈品（珍奇な諸物品）であった。交換が盛んになれば、単なる一時的な物々交換から脱して、商業を専業的に営む商人が生まれ、交換は彼らの手に委ねられる。しかし商業活動の結果得られた果実は、生産手段の所有者である首長（王）ないしは有力者の独占物になっていった。王や貴族（しばしば船主でもあった）は商業活動に参加することによって富を築き、豊かな生活を営むことができた。

第2節　中世の商品経済

1　荘園制の成立

ローマの領土の外周、ライン下流地方に当たる現在の北フランスは、豊かな耕地に恵まれ、また、大工道具や農具などの原料になる鉄の生産地を含んでいた。このような生産力を基礎として、フランク王国がその支配を拡大していった。ここで支配的であった土地所有の形態、つまりゲルマン的共同体においては、土地はいちおう全部（ヘレディウムのほか、共同耕地、共同地の全域）私的に占取されており、相続されることになっていた。もっとも近代の土地所有とは違って、耕作、収穫その他利用の面で一定の共同体規制があり、共同体の決定に従う義務があった。各家族の所有する土地の大きさは家族数に応じて決められることになっていたが、さらに公平を期するために、土地を細長い地条（ストリップ）に分割し、肥沃度の違いを考慮して、平等に収穫が保証されるように分散的に土地が分配（この地条の総和がフーフェで、標準的農民保有地は5−15ヘクタール）されていた。　以上のような土地の占取形態を基礎にして、封建領主（貴族、僧侶、騎士）による農民支配が成立した。領主の土地を荘園というが、征服や寄進によって所有地を拡大した大領主の土地もまた、フー

フェの中に分散しており農民の土地と混在していることが少なくなかった。これら荘園の土地を耕作したのは、奴隷ではなくて、農奴であった。農奴は、自らが占取する農奴地に加えて領主の直営地（私的所有地、日本の封建制との差）での耕作に従事した。彼らは、1週間のうちの約半分を農奴地で、約半分を直営地での耕作に従事した。つまり、領主に対して、労働地代を支払ったことになる。また農奴は、労働地代の他、結婚税、死亡税、水車使用税、通行税、さらに教会にたいする十分の一税など、様々な種類の税金を収める必要があった。他方領主は、地代や各種の税金を得、領主経済を豊かにすることができたが、それを法的にバックアップしたのが、領主裁判権であった。土地領有権、領主裁判権、行政権を領主が握っていたのである。以上のように、最も重要な財源を労働地代の徴収に求めた領主的土地所有を、古典荘園制という。古典荘園制は、西洋では8世紀ごろから形成されはじめ、12、3世紀にはその頂点に達した（イギリスの場合には、場所によってはより早い時期に解体過程にはいった）。

　その後、賦役農奴制を基礎にした直営地経営は崩れ始め、領主は、土地を農奴にたいして小作に出すようになった。農奴は、契約によって定められた現物または貨幣地代を納めるようになった。このような新しい段階の荘園制を純粋荘園制といい、14世紀ころから展開していった。この場合、もし貨幣地代が、低水準に、しかも長期にわたって固定されるならば、あるいは　農業技術の改良（13世紀に完成した有輪鋤＝ゲルマン鋤の採用、三圃制の展開など）によって生産高が増大した場合には、農民の手許に剰余が残される可能性があった。余剰生産物の交換、商品交換によって、彼らにも生活を豊かにする可能性が生まれた。また商品交換のための市もたつようになった。商品交換は、大きな広がりを見せてきた。

2　商業の発達

　生産力が拡大し、農民の手にも余剰生産物が残るようになると、商品の種類にも変化があらわれるようになる。葡萄酒や織物のように生活必需品的な色彩

第1章　商品経済の発達——産業革命への道——

をもつものまでも大量に商品として売買され、それぞれの特産地が形成された。様々な商品の交換の場として交通の要路（橋や交差路など）に市がたてられた。市日も定期的になり、10日ごとにたつ十日市とか、八日市のように、一定の市日に市が立つようになった。更に、商工業者が、これらの場所に定住し、常設店舗が設けられた。こうして形成された商人の集住地の中から生まれたのが中世特有のいわゆる中世都市である。中世都市は、戦士の集住地であった古代都市とは違い、商工業者が集まって作られた都市であった。これらの都市も荘園領主の支配下に置かれていたのであるが、その中から、荘園法の支配から解放され、王から特許を得て、自治権をもつ都市があらわれた。これが、中世ヨーロッパ特有のいわゆる中世都市である[2]。このような都市は、北欧を中心にあらわれたが、例えば、12、3世紀のイギリスでは、このような都市が約160あったという。ロンドンもその一つである。これらの都市は、外敵を防ぐために城壁で囲まれており、また侵略に備えるために傭兵をもっていた。自弁の武力により自治権が守られたのである。これらの都市は、逃亡した農奴も受け入れ（1年間前領主の追跡から逃れることができれば、農奴は自由身分となれた）、拡大していった。これらの中世自治都市と、領主の支配下にあった都市は、中世の商業の拠点としても栄えた。

　一方、8世紀から11世紀ごろまで、一時衰退傾向をみせていた遠隔地商業にも復活の兆しが見えはじめた。中世における最も魅力のある商圏であった地中海貿易にも変化が訪れた。十字軍の遠征に伴い、必需品の輸送と補給に係わった北イタリアの都市、イタリア商人の活動が目につくようになった。イタリア商人は、地中海貿易の覇権をアラビア商人の手から奪うことに成功した。アラビア商人の手で集められたアジアの物産は、イタリア商人によって、ヨーロッパに持ち込まれた。13、4世紀にはイタリアのジェノバ、ベネチアなどの海港都市が、商業活動の基地として繁栄を極めた。15世紀になると今度は、毛織物産地を背景にもっていた内陸都市のフィレンツェがその繁栄を奪うことになる。これら諸都市の繁栄をもたらしたイタリア商人の経済力を基盤として、

ルネッサンスの文化が花開いたのである。代表的商人の一人、メディチ家は、イタリアのみでなくロンドンや南仏の都市などにも商業の拠点をもっており、また商取引のほか、教皇庁や王侯への貸し付けや、織物問屋としての前貸し金融も行い、明ばん鉱山の経営も請け負っていた。フッガー家（15世紀以来事実上フィレンツェを支配）も、同様な多角的経営を行っており、80余の都市に支店網をはりめぐらしていたといわれている。多角的経営の合理的な計算のために、今日の複式簿記の原形をなすような計算様式もとられるようになった。

　もう一つの貿易圏である北海・バルト海では、ノルマン人に続いて進出した北ドイツの商人の活躍が、10世紀末ごろから目立つようになった。ロシア、スカンジナビア諸国の商圏を握ったハンザ商人（ドイツ商人の結合体）の活躍によって、ハンザ貿易が隆盛の日を迎えていた。彼らは東はロシア、西はフランドル、イギリス、北はノルウェー、南はフランス、イベリヤ半島にまで活躍の舞台を広げていった。そして、これら二つの貿易圏をつなげる市場として、シャンパーニュ、ブリュージュなどが代表的な中継地として繁栄した。イタリア、ハンザの商人達は、これらの都市に商館を作った。シャンパーニュを訪れるイタリア商人のなかには、鋳貨搬送に伴う危険を避けるために、本国で為替（イタリア両替商による引き受け）を組み、シャンパーニュでこれを呈示して現金化して支払いにあてるものもあった。従ってこれらの主要都市は、商品取引上の精算取引所の機能をももつようになった。

第3節　商業革命後の商品経済

1　地理上の発見

　地中海貿易の魅力は、東方の珍しい物産、香料、薬品、染料、象牙、宝石、絹織物などの集散が、そこを通して行われ、大きな利益が得られるということにあった。もし、地中海を経由しないでそれらの物産を得ることができれば、実質的には、地中海貿易を掌握したのと同一の効果を得ることができる。スペ

第1章　商品経済の発達——産業革命への道——

イン、ポルトガルは、オスマントルコの進出によって、覇権を侵されつつあったいわゆる地中海貿易を、地中海を経由しない新しい貿易ルートの発見によって、事実上掌握することを狙っていた。すなわち、東インド航路の発見によって、東方貿易の商権を獲得しようとしたのである。こうして、スペイン女王の支援を受けたコロンブス、ポルトガル国王の支援を受けたバスコ・ダ・ガマが、新航路の開拓に乗り出した。前者は1492年、新大陸アメリカを発見し、後者は1497、8年、アフリカを経由して東インドに至る航路を発見した。続いて1519－22年にはスペインのバックアップでマゼランの世界一周がなり、地中海を中心とした世界は、ついに大西洋、太平洋をこえて、地球を一周することになった。

スペインは、セビリアを基地として新大陸貿易に積極的に進出し、その覇者となった。彼らが、アメリカからヨーロッパに持ち込んだ大量の銀は、ヨーロッパの経済に大きな影響を与えた。ヨーロッパの銀産地として栄えた南独（ヨーロッパの銀産出高の2分の1の産出をほこっていた）に与えた影響は少なくなかった。銀山の採掘と貿易などで富を築いたフッガー家も大きな打撃を受けた。また安いアメリカの銀の流入によって、銀で表示された物価が騰貴し、16世紀を通して見ると、2.3倍から5.6倍に物価が上昇した。このような物価騰貴の現象を「価格革命」と呼んでいる。ヨーロッパを揺るがしたこの変化は、人口増加率の急上昇とともに、新大陸貿易の発展によるところが大きい。

一方、オスマントルコの進出とインド洋航路の発見によって、地中海経由の東方貿易の覇権を握っていたイタリア商人の座は揺らいだ。ポルトガルのリスボンを起点とする東インド貿易は、これに反して繁栄への道を歩んだ。また、アフリカ貿易で巨利を得たポルトガルは、マカオを拠点として、日本の銀や中国の生糸輸入貿易にも進出した。

新大陸貿易の発展は、上記のような影響にとどまらない。より決定的な影響は、世界貿易商品が変化し、それがヨーロッパの商品生産構造の変化を引き起こす引きがねになったという点である。アメリカの銀の対価として求められた

もの、それは、ヨーロッパで生産された毛織物であった。毛織物は、それまでにも、北海、バルト海貿易並びに東方貿易における貿易品の一つとして登場していたが、今や、アメリカの銀を獲得するために、決定的に重要な商品になった。従って、世界貿易の覇権を握ろうとすれば、毛織物を確保することが、必要条件になったのである。

東方貿易の中心的な商品は、奢侈的要素が大きく利益も大きかった香料と絹織物類であったが、その対価として支払われたのがアメリカの銀（かつてはヨーロッパの銀）であった。すなわち世界貿易の構図は、次のように変わったのである。

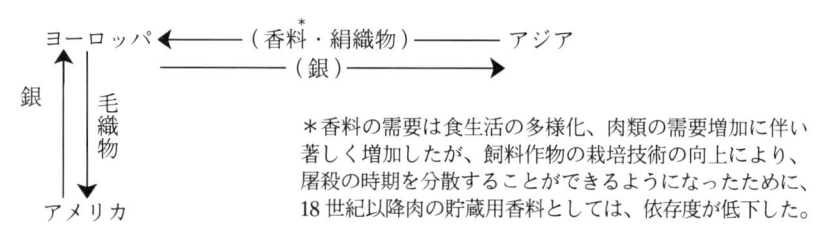

```
       ヨーロッパ ←———（香料・絹織物*）——— アジア
         ↑ ↓        ———（銀）———→
         銀 毛
           織       *香料の需要は食生活の多様化、肉類の需要増加に伴い
           物        著しく増加したが、飼料作物の栽培技術の向上により、
         ↓          屠殺の時期を分散することができるようになったために、
       アメリカ      18世紀以降肉の貯蔵用香料としては、依存度が低下した。
```

当時スペインは羊毛の有力産地であった。その加工、毛織物の生産は、スペイン領の飛び地であったネーデルランドにおいて、問屋制家内工業の形で行われていた。すなわちスペインは、アメリカの銀を確保するために必要な毛織物も、自国領土内で調達することができたことになる。15世紀末から16世紀末にかけて、新大陸貿易と東インド貿易の結節点として繁栄したのが、スペイン領（現ベルギー領）のアントワープ（16世紀初めの人口10万人）である。

しかし新大陸貿易におけるスペインの強大な地位は16世紀末には崩れ始めていった。オランダ独立戦争によって、羊毛の加工地域、ネーデルランドをはぎとられ、さらに1588年にはスペインの無敵艦隊がイギリスに破れたことなどから、遠洋航海におけるスペインの優越的地位は後退した。スペインは、世界貿易における王者としての地位を失ったのである。17世紀における世界貿易の覇権は、オランダとイギリスに移り、アムステルダムとロンドンに繁栄の日が訪れた。

第1章　商品経済の発達——産業革命への道——

2 エンクロウジャー・ムーブメント（囲い込み運動）

　上述したような華やかな国際商業戦の舞台裏では、次の主役として登場するイギリスにおいて、土地の所有形態に変化の兆しが見え始めた。14世紀ごろまで、イギリスは有力な羊毛輸出国であった。羊毛輸出高はイギリスの外国貿易の約2分の1を占めていたほどで、これは、イタリア商人やハンザ商人によって、主にヨーロッパに輸出されることが多かった。その後、ヨーロッパ大陸の毛織物工の誘致などにより、イギリスは、毛織物の生産地としても発展しつつあった。毛織物が国際的商品としての重要性を増すにつれて、すなわち、毛織物の価格の騰貴を背景にして、羊毛生産の拡大に有利な土地の所有形態への移行がみられるようになった。イギリスでは、散在する幾つかの地条、細長く区切られた耕地で、生産活動が行われていた。既に述べたように、ゲルマン共同体においては、耕地の分配は、平等を建前として短冊形の地条に分割されていた。もし多数の羊を飼おうとするならば、それに適した地形と面積を確保するために、地条を相互に交換しあって一纏めにするか、必要な土地を確保するうえで障害となっていた土地所有者を追い立てる必要があった。すなわち、牧羊に適した土地を確保するために、土地の囲い込みが行われたのである（第一次囲い込みの進行）。

　追放された農民は、浮浪者にならざるをえなかった。羊が人間を追放したのである。彼らを救済するために出された法律が、救貧法である。彼らは、各教区単位で、戸主が納めた救貧税によって、扶助されることになっていた。しかし、これで扶助するためには浮浪者の数は多すぎた。彼らは、働き口を求めて移動した。彼らを、労働者として雇用するようになったのが、次にみる毛織物生産のためのマニュファクチュアであった。

3 マニュファクチュアの展開

　16世紀の半ばごろから、毛織物の生産において、マニュファクチュアが展

開するようになった。マニュファクチュアというのは、手工的な熟練を基礎とした、いわば道具を用いた、分業に基づく協業（5、6人から10人前後）を指している。それまで農家の副業として、つまり家族の労働によって、主として自家用に生産されていた毛織物が、商品として、数人の労働者の協業によって生産されるようになった。イギリスでは、産業革命までの約200年間、このような作業形態によって、毛織物の生産が行われることが多かった。もっともマニュファクチュアは、技術的には依然として熟練への依存度が高かったために、すなわち技術的には未成熟な段階にあったために、織物問屋の前貸し支配のもとにあった零細な規模の家内工業に対して、決定的優位の地位に立つことはできなかった。問屋制家内工業が駆逐されるのは、道具に代わって機械を用いた機械制工業の成立まで待たなければならない。

　とはいえ、マニュファクチュアの広範な展開は、それまでは一部の有力な織物問屋の手に蓄積されていた富が、マニュファクチュア経営者、つまり多数の中産的生産者の手にも蓄積されるようになったことを意味している。このようないわゆる民富の形成は、国内市場の深化、拡大を促し、交通手段もこれに伴って発達した。17世紀後半から有料道路（turnpike）が建設され、その後1770年頃には幹線道路はほぼ完成をみることになった。また1790年代になると、運河狂時代が訪れ、海陸交通網の発達もまた、商品生産を刺激することになった。

　上でみたような国民的生産力の上昇に支えられて、イギリスは、世界貿易における覇者となった。首都・ロンドンは、国内商業の中心地であるばかりでなく、世界貿易の中継地、国際金融市場として君臨した。14世紀には5万人であったロンドンの人口は、16世紀末には20万人、17世紀には67万人、18世紀には150万人へとふくれあがっていった。

4　重商主義政策の展開

　1339－1453年にかけての長期にわたる百年戦争は、貴族、騎士の経済力を

第1章　商品経済の発達——産業革命への道——

疲弊させた。ギリシャ以来の伝統を受け継いだフランス重装騎士団に対するイギリス長弓隊の勝利、すなわち戦術形態の変化の中で、商工業者の経済力の上昇とは裏腹に、騎士の地位は低下していった。それに続くバラ戦争は、貴族の力を、政治的にも、経済的にも弱体化させた。こうした中で、1485年に成立したテューダー王朝は、エリザベス1世の治下（1558-1603）最盛期を迎えることになった。王室の増大する財政を賄うために、土地に課した貢租以外の財源が求められた。商工業者に対して特権、営業の独占権を与える代わりに、特許料を取り立てようというのである。王室（絶対王政）の国庫補塡のためにとられた上のような政策が初期重商主義政策の中心的政策であった。具体例をあげると、特許マニュファクチュアとしては、1561年マインズ・ロイヤル、1565年ミネラル・アンド・バッタリーワークスなどがある。これらは、軍事上財政上重要な意味をもつ鉱山、火薬、明ばん、ガラスなどの製造について独占権を与えられた会社である。特許貿易会社には、1564年のマーチャント・アドベンチャラーズ、1600年の東インド会社などをあげることができる。前者は、毛織物輸出についての独占権を与えられた会社で、ロンドンの有力商人が加盟する同社を頂点として、各特権都市の問屋商人－各地の生産者というヒエラルヒー組織の上に立っていた。特に著名な後者は、約200人のロンドン商人に、東方貿易独占権を与えたもので、同社によって、イギリス本国からは銀、武器、毛織物などが輸出され、インドからは綿布、香料など、中国からは茶、絹織物、陶器などが輸入された。最も魅力がある貿易圏が、彼らの独占の下に置かれ、16世紀末－17世紀にはイタリアのハンザ商人はロンバート街から追放されたのである。この頃急速に普及しつつあったマニュファクチュアの経営者、それと結びついて発展しつつあった商業者にとっては、上のような少数の有力商人による商権の掌握は、その成長を阻むものと考えられた。彼らは、特権の廃止を求めたが、他方では、彼らの全体としての発展、国富の増大に結びつくような商工業の発展のための保護を要求した。マニュファクチュアの発展、市民革命を経て、一部の商人を保護する政策から、より近代化された地主や商人を保護

する政策に転換した。中央集権的な官僚機構にも、徐々に市民階級が参加しつつあった。このような変化を背景にして、次のような条例が、議会で可決された。1651年の航海条例と1660年代の穀物条例である。

　航海条例は、植民地政策と結びついた政策であり、遠洋航海において優越的地位をもっていたオランダに対抗して、イギリスの海運力を高めようとしたものである。植民地は、本国にとっては、製品市場として、また、原料供給基地として、魅力ある市場であったから、各国とも、その獲得と拡大に血眼になっていた。インドを支配下においたイギリスは、アメリカではヴァージニア、スペイン支配下の北米東海岸、西インド諸島を手にいれ、煙草や砂糖の生産のためのプランテーション経営（19世紀には綿花を生産）を行っていた。経営に必要な安い労働力として、アフリカなどから奴隷が輸入されていた。これらの輸送ルートをイギリスが自ら掌握することによって、植民地経営の果実を、とりこぼしなく全面的に収穫しようとしたのが航海条例である。航海条例はイギリスとその植民地との間で行う輸出入については、外国船（主にオランダ船が就航）による輸送を原則として禁止するというもので、イギリスの海運業と貿易業者の保護につながっている。

　穀物条例は、農業生産力の上昇に伴って17世紀の後半から穀物の価格が低落傾向を見せ、地主や借地農の利益が減少傾向を見せたために、彼らの利益を擁護するためにとられた政策である。17世紀の前半までイギリスは穀物の輸出国であったが、この穀物条例は穀物の価格が一定価格以下に低落した場合には、輸出奨励金を交付して、穀物価格の下落を阻止しようというものである。地主の利益を保護しようとしたこの法律は、産業革命期（穀物輸入国に転換）の穀物条例に引き継がれていく。

　以上二つの政策は、ともに前期重商主義政策とは異なり一部の商人を保護する政策ではないが、マニュファクチュア経営者の利益とは相反する政策であった。何故なら、自由な競争関係を排除するものであり、穀物価格の下落が阻止されることは、彼らが雇用していた賃金労働者の賃金の引き下げを困難にする

からである。

5 資本主義への移行期における経済学

1 Thomas Mun（1571-1641）
　　1621『東インド貿易論』
　　1664『外国貿易によるイングランドの財宝』

　絶対王政のもとで、増大する歳出を賄うために、前述したような重商主義政策がとられたが、貨幣の悪鋳も財源確保のためのもう一つの方法であった。グレシャムの建議で通貨の安定化がはかられたが、凶作、ペストの流行、その他の要因によって、1620年代には、イギリスの経済は不況に陥っていた。その原因を、東インド会社の東方向けの地金輸出、東方貿易における巨額の輸入代金支払いに求める見解があった。これは、富とは金・銀であるという素朴な国富観（重金主義）にもとづく議論である。これに対してマンは、富とは貿易差額であり、外国貿易の拡大こそ、国に富をもたらすと主張した。さらに、貿易の差額を、個別的な取引の結果として捉えるのではなくて、取引全体の結果という視野で捉え直すべきであるとして、総体的貿易差額説を唱えた。また貿易が、国内の工業製品の輸出と結びついている時、その拡大は、生産者の元本と雇用を増大させるという効果にも着目している。彼は、東インド会社の重役であり、東インド貿易に対する批判に、上のような論点から反論した。

2 William Petty（1623-1687）
　　1662『租税貢納論』
　　1690『政治算術』（1670執筆）

　前者における彼の最も大きな業績は、富を、貿易という流通上の側面から考察するのではなくて、労働にその実体を求めようとしたことである。彼は羊毛織元の子としてうまれ、医学を学んだ後クロムウェル軍に軍医として参加し、

その才能を認められて、没収した土地の測量や配分などにも従事したという経歴をもつ大地主であった。ペティは、土地を重視して、富の母として位置づけているが、労働を能動的要素として重視し、これを富の父と称している。ここに、後の労働価値説への萌芽を見ることができる。しかし未だ当時の社会では、産業資本よりも、地主が支配的であったことを反映して、公収入の源泉を何よりも地代に求めており、利潤についての把握は、なお不明確なものにとどまっていた。剰余価値は、地代の形で生み出されると考えていたといえよう。この本の出版の直接的動機は、財政再建策を論じることであったが、農業と製造業の発展こそ再建につながることを示したのである。

　後者は、ルイ14世治下のフランスへの従属化の危機に見舞われたイギリスとフランスの潜在的国力を、文字通り算術を使って推定、比較し、たとえ小国で人口がすくなくても、位置、産業政策の如何によっては、資本蓄積力が、大国のそれを上回ることを論証し、イギリスの潜在的経済力の相対的高さを示したものである。すなわち、貿易上におけるイギリスの優位性、海軍力の大きさ、租税率の差（イギリスでは富の1/15であるが、フランスは富の1/5を財政に吸収）から、小国であるイギリスの方が民富が蓄積される可能性が大きいとして、イギリスの潜在的経済力を高く評価している。

3　James Steuart（1712-1780）
1767『経済学原理の研究』

　ここでは、利子、貨幣、商業など流通の諸側面を中心にして分析が進められている。彼は、農民や自由な手工業者による生産活動によって生まれる富を積極的利潤と位置づけ、商品交換によって生じる富である譲渡利潤と区別した。また古代・中世の強制労働を意味する labour と industry を区別して、商業の発達は、農工分離と人口の増加をもたらし、labour を解放して industry への移行を促す。この解放のために、商業の発達を、外から刺激する政策が必要であると提言している。しかしまた、商業社会を動かすものは利己心であるから、

均衡や公益の問題は犠牲になりやすいという短所があると考え、これを補填するために、国家が法や経済政策によって介入する必要があるとしている。

4　François Quesnay（1694－1774）
　　1756『借地農論』
　　1757『穀物論』
　　1758『経済表（第一版）』

　農民であり、後にはルイ15世の侍医、大土地所有者になった彼は、経済学の研究にも着手し、重農主義の代表的論者になった。重商主義 mercantilism が、国富の源泉を貿易など商業に求めたのに対して、重農主義 physiocracy は、生産活動、特に当時の主要な生産活動であった農業生産を重視し、富はその結果得られるという考え方である。以上で見てきた経済学者はいずれもイギリス人であったが、ケネーは、農業生産のウエイトがイギリスよりも高いフランスで生まれた。彼は、フランス農村の疲弊の原因を、なによりも、コルベールの重商主義政策の結果であると見た。都市ギルドの保護、王立マニュファクチュアによる奢侈品生産の奨励、穀物の輸出禁止による人為的な穀物価格の設定など、少数の都市商工業に対する保護政策が、農業生産活動に阻止的に働くと考えたのである。農業国であるフランスの繁栄、国富の増大は、農業の繁栄をおいてほかにはないと主張し、コルベールの重商主義政策を批判した。そして、富の増大のために、次のような施策が必要であると提言している。

　まず、租税は過重であってはならず、収入の増大にあわせて適切な大きさでなければならないこと、また収入は、必ず貨幣または商品の形で、国内における循環に投じられること、公収入は、種々の特許料ではなくて賃料、特に地代に求めること、農業生産力の増大、すなわち国富の増大のためには、大農経営への移行が必要なこと（当時、フランスでは、農業人口の8分の7が分益小作農で、大農経営はわずかに8分の1を占めていたに過ぎない）、農工業の自由な発展を阻害するような保護政策、国家による干渉の停止など、具体的な提言

を行っている。このような考え方に立って、社会的資本の再生産過程の仕組みを図式化したのが、『経済表』である。社会諸階級間の分配の関係を社会的規模で示した『経済表』は、ミラボーによって、文字、貨幣の発明と並ぶ世界三大発明の一つという賛辞が与えられている。この中で、彼は、国民を三つの階層に区分したが、生産階級に分類されたのは、以上に述べたことからわかるように、農民であった。商工業者は、不生産階級で、地主と農民のために手工業品を提供するに過ぎないと考えられた。地主は農民に対して土地を提供する代償として、農民によって生産された農産物（その販売によって得た貨幣）の一部を地代として受け取ると考えられた。このような考え方を前提にして、社会的な規模で、資本の再生産の過程を図示すると、次のようになる。

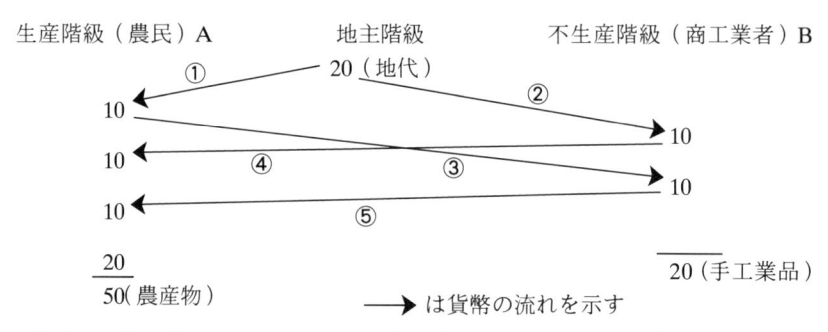

```
生産階級（農民）A       地主階級          不生産階級（商工業者）B
         ①        20（地代）
              ←─────────────        ②
    10 ←──────────────────────────────→ 10
    10 ←──────────────────────────────→ 10
              ④           ③
    10 ←──────────────────────────────→ 10
                     ⑤
    ──                              ──
    20                              20（手工業品）
    50(農産物)         ──→ は貨幣の流れを示す
```

　図示した農産物 50 のうち 20 は、農業生産のために最初に投下された流動資本、すなわち種などの原料 10 と生産者の生活資料 10、残額 30 のうち 10 は固定資本（労働手段）の減耗額（＝投下額×耐用年数分の 1）、20 は、その年に新たに生産された純生産物であるとする。この 20 は、土地の提供者である地主に地代として支払われる。手工業品 20 の生産のためには、10 の加工用原料（この段階では農産物）と、10 の手工業者のための生活資料が費やされたと考える。ところが、商工業者は農民とは異なり、生産活動の結果、付加価値（純生産物）を生産することはない。生産に投下した費用を回収するだけである。従って不生産階級として位置づけられたのである。

　さて、地主が地代として得た 20 は、国内において、生活資料として全部消

第 1 章　商品経済の発達——産業革命への道——

費されると考えることとするが、20 のうち 10 は A から農産物を①、10 は B から工業製品を買ったとして②、次年度の生産のための循環が開始されることになる。A は地主から受け取った貨幣 10 で B から上に記した労働手段の減耗分 10 に相当する手工業品を購入し③、減耗分を補塡する必要がある。それらの結果、B には、この 10 と地主への手工業品販売代金 10、合計 20 の貨幣が残される。その内 10 は A が生産のために使用した加工用原料を④、10 は彼らの生活資料を⑤、同じく A から購入するために用いることによって、翌年の生産活動が開始される。

これらの交換の結果、A には B から支払われた貨幣 20、手工業品 10、農産物 20 が残される。この内貨幣の 20 は、地主に地代として支払われる。農産物 20 の内 10 は翌年の生産のための種などで、A の手もとに保留されたもの、10 は A の生活資料として、同じく A の手もとに保留されたものである。手工業品、この場合には労働手段も翌年に同一規模の生産を行うためには、なくてはならないものである。地代収入 20 を起点として上述したのと同様な交換が、再び開始される。こうして、あたかも人間の体と同じように有機的な関連をもった循環、永遠に続く連鎖が描かれる。階級の捉え方には問題が残されているものの、諸階級間の商品交換の見事な連鎖、富の生産と配分のメカニズムを見出したことに、ミラボーとともに驚きの目を見張らさせられるのである。

当時ケネーの学説を支持するものも少なくなかった。そして北フランスにおいては、大農経営への移行も見られたが、フランス革命を経て革命の一翼を担った農民の土地私有権が確立し、小農経営が支配的になった[3]。

注
1) ギリシャ、ローマでは、共同体の中に芽生えた私的土地所有の拡大につれて、比較的大規模な土地所有者があらわれたが、彼らは奴隷を使用することによって、一切の生産活動から解放された。共同体員の上層が貴族で、彼らは都市に集住し、貴族都市が形成された。代表的な例が、ギリシャ、ローマの貴族都市である。その一つアテネを取り上げてみると、その最盛期に当たる BC5 世紀における都市の構成

員は、自由民（貴族と平民）が10万人、奴隷が30万人である。城壁に囲まれた都市アクロポリスのまわりに広がる農園を耕作したのが奴隷であった。一方市民は、戦闘に参加することが重要な義務とされていた。彼らの市民としての資格は、戦闘に従事することによって得られたのである。彼らが豊かな生活、豊かな文化を築きあげたことはよく知られているが、それを可能にする経済的基盤は、主に土地所有の大きさ、それを耕作する奴隷の数によって規制された。そこで彼らは戦闘によって所有地の拡大を図り、さらに被征服民を奴隷として獲得して労働に使役した。市民の経済力、豊かな生活を保証したのは、従って戦争に勝つことであり、そのための武装力であった。ギリシャ、ローマの諸都市は、以上のようになによりも戦士共同体の形をとっており、集住によって戦争に対する組織的な準備がなされたのである。都市国家の周辺だけでは生活に必要な資料が得られない場合も少なくなかったが、被征服地、すなわち植民地を含む広い領域を考えると、自足経済は基本的には成立していたということができる。植民地を含む遠隔地の間の商業によって、市民は奢侈品や特産物、そして穀物も得ることができた。交換を媒介する鋳貨も発行されていた。ギリシャ人は鋳貨の創造者といわれている。例えばアテネの鋳貨、ドラクメーは、地中海沿岸で標準貨幣として用いられていた。その原料を産出する銀山は民間に貸与され、数千の奴隷が生産活動に従事していた。

　彼らの交易圏は黒海、地中海に広がり、その中心地としてコンスタンチノープル（イスタンブール、10世紀には東ローマの首都として人口80－100万人を要する大都市になった）、アレキサンドリアなどが繁栄した。特に後者は6世紀には30万人の人口を抱える世界最大の都市といわれており、中国の生糸、東南アジアの象牙、宝石、香辛料、北方からは毛皮、蝋、こはく、ペルシャの絨毯、織物、バルカンの塩、鉱物、西からは毛織物、武器が集まり、ヨーロッパへ再輸出された。

　2）日本でも、これと類似の性格をもった都市があらわれた。たとえば堺がその典型である。

　3）16世紀を通して形成されたフランス土地制度の基本的特質で、収穫物を地主と小作人で折半する制度、小規模な農業経営（分益小作農）。フランスでは工業においても、小規模な作業場のウエイトが高く、多様な高級品の生産が行われていた（プチの尊重）。

第2章　資本制生産の展開

第1節　産業革命

1　綿業を中心とする技術革新

　16、7世紀を代表する産業というと、農業と毛織物業であった。毛織物の輸出は、イギリスの全輸出額の8ないし9割という圧倒的なウエイトを占めていた。毛織物産業をリーディング・セクターとして、17世紀末ごろから、金属工業、窯業、石炭、麻織物その他の産業部門の生産高も急速に増大した。18世紀に入ると、毛織物輸出の比重が50％前後に低下したのに対して、上記の諸商品の輸出は、急速に伸びていった。特に18世紀の半ばごろから顕著な伸びを示したのは、綿製品であった。綿製品は、国内市場（人口増加率：18世紀前半は17.8％であったが、後半には50％）で歓迎されただけでなく、奴隷貿易を中心とする交易圏にある西アフリカや、砂糖貿易と結びついた西インド諸島などのいわゆる三角貿易においても、その需要が高まりつつあった。西アフリカを中心として、植民地むけの綿製品輸出は、1750年から20年間のうちに約10倍の伸びを示した。内外市場の拡大を背景にして、ランカシャーを中心とする産業革命への道が開かれていった。マニュファクチュアの展開において主導的役割を演じたのは毛織物であったが、今度は綿業が、産業革命を主導することになった。当時の魅力ある世界市場であったアジアでは、毛織物ではなくて綿織物が消費の中心であって、その大きな需要が予測された。しかしアジアは、綿業に関しては、イギリスよりも先進国であったから、そこにくいこむには、技術革新によって競争力を培う必要があった。

　綿業における技術革新は18世紀の前半から始まっていた。すなわち、織機

の飛杼 Fly Shuttle の利用がそれであるが、これによって綿布生産性は 2 倍の増大をみ、織布と綿糸生産力との間に存在していたバランスを破ることになった。綿糸が相対的に不足し、その価格が騰貴した。綿糸の生産高の増大へのインパクトが高まり、今度は綿糸の生産性向上を可能にする技術革新が引き起こされた。1760 年代には、ジェニー紡績機（動力は人力）や、アークライトの水力紡績機が世に出された。前者は簡単な構造であったので、小経営でも採用されたが、後者は相対的に大きな工場の設立と結びついていた。その後、両紡績機の長所を折衷したクロンプトンのミュール紡績機 Mule が発明され、細くて丈夫な経糸と緯糸の生産が可能になった。1780 年代にはワットの蒸気機関が採用され、工場制綿紡績業は急速に展開した。その結果、綿糸の生産高は、約 10 倍の増加をみた。やや下って 19 世紀にはいると、大型ミュールもあらわれ、巨大工場が成立していく。綿紡績業に見られた技術革新は安くて良質の綿糸の供給を可能にしたから、これは織物生産を刺激し、織物業における技術革新が引き起こされた。1785 年カートライトによって力織機が発明（1820 年代に実用化、1825 年恐慌以降、紡績資本により相次いで導入）されたのがそれである。

　イギリス綿業の展開は、国内の手織工没落を決定的にしたばかりでなく、それまでイギリスに綿製品を輸出していた先進綿業国インドに対するイギリス綿製品輸出が急増したために、インドの綿業生産者にも大きな打撃を与えた。インドに対する植民地政策、関税政策や労働政策（インド綿紡績業者に工場法の施行強要）などがこれに加わって、インド綿業者の没落を促進した。

　イギリス綿業の発展は、これと有機的関連をもった様々な生産分野の生産拡大と結びつき、相互に刺激を与えつつ、生産技術と生産形態の変化を引き起こしていった。その一つである綿紡織機械の生産についてみると、初期には、水車大工や鍛冶工などの伝統的な職人技術に依存していたが、18 世紀末には、紡績会社の付属マニュファクチュアによっていわば自家生産の形で生産されるようになった。1820 － 30 年代には、機械の専業のメーカーがあらわれた。そ

の技術上の基礎となったのが、1774年のウィルキンソンによるシリンダー中ぐり盤の発明や、複動式回転機関の完成（1783）、送り台つき旋盤（1797）などの発明であった。機械製造業の発展はまた、素材産業である鉄鋼業の発展とも密接な関連をもっている。木炭を利用していた鉄鋼業は、18世紀の半ば頃には、ダービーのコークス高炉に代わり、銑鉄は石炭を使って生産されるようになった。83年にはさらに、コートのパドル炉が開発され、錬鉄の生産にもコークスが利用されるようになった。機械産業と鉄道の発展（レールの需要増大）によって巨大な市場を得たイギリス鉄鋼業は、いまや輸出産業にまで成長した。1830年前後のイギリスは、世界の綿製品生産高の50％、銑鉄の50％、石炭の70％を供給するほどまでに成長していたといわれる。まさに世界の工場としての生産力を誇ることができたのである。

　上に例示したように、技術革新、狭義の産業革命は、様々な分野を捉えていき、小生産者の両極分解を促進した。生産手段から分離された多数の貧民は、工場労働者として吸収されていった。他方では、小生産者の中からも小工場の経営者として、上昇のチャンスをつかむものもあらわれた。産業革命の初期においては、それほど巨額の創業資金が必要ではなかったので、地主から土地や建物を賃借りすることによって、あるいは数人とパートナーシップを組むことによって、中産的な人々も小資本で工場経営者となることもできたからである。

2　農業革命（第二次エンクロウジャー・ムーブメント）

　イギリスでは、産業革命と並行して農業においても大きな変革が見られた。農業においても資本制農業、いわゆる三分制度が確立した。大規模土地所有と、彼らから土地を賃借して近代的な農業労働者を雇用した農業経営が成立した。産業革命の進行、人口の増加とともに、イギリスは、増大した穀物需要を賄う必要から穀物の輸入を増大させたが、と同時に一方では、穀物の生産性をあげるために農業生産様式の変革を進めた。その一つが、ノーフォーク農法として知られている農業技術の改良である。これは、従来の三圃農法の休閑地にクロー

バー、カブ（冬期飼料）を栽培し、クローバー→小麦→大麦→カブという輪作の中にこれを組み込むことによって、解放耕地制度の草地を不要としたもので、穀作と牧畜を有機的に結合して、両者の生産力をともに増大させうる合理的な四輪作である。この輪作方式によって、飼育可能な家畜数が増大し、地力の回復、増大も可能になるからである。さらに農業生産力を高めた技術改良は、ノーフォークで大農場を経営していたコークによって完成（1784-92年頃）された条播機である。これによって、馬耕が導入されることになったが、このことはまた大規模農業への道を切り開くものであった。ノーフォークの平均農場経営規模は 300 エーカー（約 120 町歩）となった。

　18 世紀の半ばから約 100 年間にわたって進行した第二次囲い込みは、先の第一次囲い込みとは次のように幾つかの点で異なっている。後者については、封建的土地所有を解体させる危機をはらむものとして、絶対王政は反対の立場を取り、囲い込みを禁じる法令を出したが、前者に対しては、議会の法的承認のもとで押し進められた。囲い込みの目的も、第二次囲い込みは農業経営の合理化であって、牧羊のためではない。この囲い込みは、現在の農業地帯であるイースト・アングリア、ミッドランド地域で特に急速に展開し、ここでは半分近くが議会囲い込み法によって囲い込まれたという。こうして大土地所有が成立し、その上に立って、大借地農つまり大農業経営者（経営面積 400 町歩前後）が出現することになったが、1810-30 年代の農業不況期における穀物価格の反転下落（1793 年以降の 20 年間には 2 倍前後の価格上昇を記録していた）によって、農業経営の合理化への要請が高まるにつれて、この方向は一層顕著になった。

　なお、上のような農業革命によって、農業生産高の増加率は大幅に上昇し、1600-1700 年には増加率は 25-36 ％の範囲にとどまったのに対して、1700-1800 年にはこれが 61 ％になっている。生産増加率は 2 倍に達したことになる。また 18 世紀には 60-70 ％を占めていた農業就業人口も、1801 年には 35.9 ％、1871 年には 15 ％へと大幅に減少した。

なおこれに対して、当時のもう一つの大国フランスにおいては、大土地所有はあってもこれは零細な小作人に貸与されており、収穫物を土地所有者と折半して受け取る、いわゆる分益小作農制が支配的であった（18頁の注3を参照）。

第2節　自由主義政策への転換

　産業革命を遂行したイギリスは、その圧倒的生産力によって世界市場を制覇することが可能になり、重商主義段階や産業革命期に制定された保護条例は、次々に改正ないしは廃止されていくことになった。例えば、イギリス産業革命の進行中に出された機械の輸出禁止令、職人の海外移住禁止令、綿製品に対する輸入関税率の引き上げ、羊毛輸出禁止令などは、1840年代にすべて廃棄されていった。

　重商主義段階を代表する政策の一つであった航海条例も、造船業の保護、海運力の保護、植民地貿易の保護のために条例の存続を求めるトーリーと、海運、航路の独占の廃棄によって海上運賃の引き下げをはかり、輸送コストの低下と植民地貿易の拡大を可とするホイッグとの二つの政党の間にたたかわされた論争の結果、49年に撤廃されることになった。もう一つの重要法規である穀物条例（1815年）は、地主階級の利益を露骨に保護する内容をもったものであった。すなわち、穀物価格に輸入禁止価格（小麦1クォータ80シリング、その他）を設定し、平時における穀物の輸入を事実上禁止することによって、穀物価格の低落を阻止しようとしたのである。この条例は、労働者の生活費（食費）の引き下げを阻止し、賃金の引き下げを困難にするものであったから、産業資本家にとっては、利潤の増大、蓄積の拡大を阻害する政策である。地主の利益につながる穀物条例は、産業資本家にとってはその利益に反する条例であることは明白である。両者の綱引きは、後者の勝利をもって終わった。1846年穀物条例は廃棄されたが、それを可能にしたのは、産業資本の着実なというよりは飛躍的な発展と、それを背景にした議会勢力の変化、選挙法の改正であ

った。穀物条例の廃棄によって、安い穀物輸入が増大し、さらに食肉、バター、チーズの輸入も増大した。以後イギリスは食料の輸入国へと転換していった。

　世界の工場としての地位を確立したイギリスにとっては、自由貿易こそ、経済発展を保証するものであり、従って国富の増大に寄与する政策であった。産業資本の自由貿易を求める声に押されて、東インド会社は、既に1814年にはインドに対する貿易独占権を剥奪されていたが、33年には会社の通商権も剥奪されて清国に対する貿易が自由化された。前述したように、49年には航海条例も廃棄され、自由貿易政策は完成に向かって走り出した（一方後進資本主義諸国は、イギリスに抗して自国産業資本の保護・育成政策を採用したが、1860年の英仏通商条約の締結を皮切りとして、1870年代の大不況までヨーロッパでは自由貿易体制がいちおう成立することになった）。

　以上のような推移を前提として、イギリスの貿易額は、産業革命を経て著しい拡大をみている。もっとも食糧や原料などの輸入が著増し続けたから、貿易収支としては赤字の増大に帰結した。特に大不況期には赤字は大幅に拡大した。貿易収支の赤字を補填したのは、海外投資の増大に伴って増大した利子・配当収入、海上運賃を中心とする貿易外収支の黒字であった（1830年貿易収支尻 −15.5百万ポンド、貿易外収支尻 16.1、1870年同 −68.0、同 112.1）。資本輸出の増大を背景として、ロンドン資本市場も急速に発展していった。こうして、産業革命を経たイギリスは、早くも利子取得者国家へと変貌していき、他方、イギリスからの資本輸入によって工業化に必要な資金を補った諸国は、生産力を拡大させ、イギリスの強力な競争相手国となっていったのである。

第 2 章　資本制生産の展開

第 3 節　古典派経済学の成立とその批判

1　A. Smith（1723-1790）

　1759『道徳情操論』

　1776『諸国民の富』

　前者においてスミスは、人間＝経済人の行動は、自愛心と仁愛という二つの本能を基礎として展開すると述べた。この本能に導かれて、人間は、たゆまぬ生産活動に従事するが、神の見えざる手に導かれて調和のとれた分業関係が展開すると考えた。利潤を追求するための生産活動が、結果的には公共の利益に貢献するというのである。商品経済は、神の手によって自然に調和が保たれ、永遠に続くことになる。この考え方は、後に『諸国民の富』の中における国家論に継承される。国家による干渉は自然法則の歪曲を意味し、自由競争を阻害するものに他ならないから、これは回避されるべきであるとスミスは指摘している。とはいっても、国家が不要だというのではない。国家の役割は、防衛、治安、司法、公共事業などのいわゆる社会的資本の投資活動に限定されるべきであるというのである。これを夜警国家観という。

　『諸国民の富』は、全5編からなっており、第1編（労働生産力改善の諸原因と、労働生産物が諸階級の人々の間に自然的に配分される秩序について）は第1章「分業」から始まっている。ようやく産業革命が始まろうとしている時に書かれたこの本では、生産力発展の担い手として分業が高く評価されている。

　国富は、貿易差額でも、農産物に限定されるのでもなくて、年々の生産活動の結果生み出されたすべての労働生産物（生活必需品と便益品）であるとスミスは考えた。生産された価値の大きさを測る基準として、彼はその生産のために投下された労働量にこれを求めた（投下労働価値説）。しかし他方では、商品の価値を構成するものは、賃金、利潤、地代（それぞれ労働者、資本家、地主に報酬として支払われる）であるとした。資本主義社会においては、労働

者が原材料に付加した価値は、全部労働者に支払われるのではなくて、上の三つの部分に分解される（価値分解説）と述べている。その理由として、分業が展開し、生産力が向上するためには、労働力の再生産と並んで、資本の蓄積とその支出、土地所有とその提供が必要条件であるからとしている。もっとも地代については、その大きさは、収入から賃金と利潤を控除した差額であるとしており、地代は生産価格の消極的構成要素であると考えている。

労働に価値の源泉をもとめようとする理論は、すでに、ペティの議論の中に見出すことができるが、スミスは、これをもってすべての労働生産物の価値を測る統一的な基準とした。しかし抽象的次元で捉えたこの労働価値説と、価値を三つの構成部分の合計としてみるという考え方＝価値構成説との関連については、統一的な説明がなされていない。また生産に使用された生産手段の価値を、価値の構成要素として、どのように組み込んでいくかという点についても、論理的、積極的な説明が見られない。また地代についての捉え方も、上述のように商品の価格が充分高い時にのみ、その超過分が地代になると考えるにとどまった。価値論は、幾つかの点で未完成に終わったのである。

2　D. Ricardo（1772-1823）
1817『経済学および課税の原理』

リカードウは、スミスの『諸国民の富』で展開された価値論を継承しながらそれを純化し完成に近付けた、古典派経済学の完成者として知られている。彼の『原理』は、全32章からなっているが、その第1章は価値についての記述から始められている。ここで彼は、資本と労働の移動が自由であれば、生産物の交換価値は、その生産のために投下された労働量の比によって決まるとした。そして、スミスにおいては観念的には意識されたものの、理論的には展開されていなかった過去の労働も、生きた労働とともに価値を形成するものとした。つまり、機械や家屋などの既に過去に労働が投下されたものを用いて生産活動がなされた場合には、両者の投下労働量の合計によって価値の大きさが決定さ

れるというのである。

　価値分配論において、スミスの場合には曖昧であった地代の大きさについて、リカードウは差額地代説をもって説明しようとした。まず、耕作条件が悪い最劣等地を設定する。最劣等地は、その社会全体の人口が必要としている食糧の需要を賄うためには耕作が必要な限界耕作地を指している。農産物の市場価格は、この最劣等地における生産価格を基準として決定される。ここでは、農業資本に対する平均利潤と労賃が確保されるだけで、地代は発生しない。この土地よりも耕作条件がめぐまれた、つまりより肥沃で、地理的に良好な条件をもっている土地を耕作しているものは、最劣等地よりも大量の農産物が生産されるか、あるいはより安い生産価格（投下必要労働量がより小さいため）で生産することが可能である。従ってこの場合には、最劣等地を利用した時と較べるとその分だけ超過利潤が発生する。その超過利潤が地代（差額地代）に転化する。農産物価格は最劣等地の生産コストによって規制されるので、より生産性が高い土地の耕作によって、つまり土地の自然的条件の優位性を基礎として生じた超過利潤は、すべて地主に対する地代の支払いに振り向けられる。同一の土地に追加投資（施肥量の増大、投下労働量の増大など）が行われた場合でも、この追加投資分の土地の生産性はより低いのが普通である。つまりこの場合にも同様に最劣等地が耕作の対象となったと考えればよい。一般に歴史的傾向として人口は増大傾向を辿り、増大する農産物の需要を賄うために、より劣等な土地が次の耕作の対象とならざるをえない。その結果、農産物の価格は上昇傾向を辿るのが一般的である。従って地代も上昇傾向を辿ることになる。

　賃金の自然価格は、生活必需品と便益品の価格によって決定されるが、それらのうちで最も大きなウエイトを占めているのは、食糧である。ところで、食糧の価格は、上記のように上昇していく傾向があるから、労働者の生活費も上昇し、賃金の上昇は不可避となる。それに伴って利潤率は低下する。そうなると、資本の蓄積は低下し、労働力の需要も低下する。またもし、賃金が上昇しない時には、労働力の再生産に支障が生じる。こうした弊害を避けるためには、

安い穀物が入手できればよい。当時、安い穀物の供給を制限していたのは穀物条例であったから、この条例を廃止してより安い外国の穀物を輸入すればよい。穀物条例の廃止は、労働者と資本家の両方の利益となる。最大多数の最大幸福（ベンタム）という観点から、穀物条例は廃止されるべきである。リカードウは以上のように主張した。

　リカードウはさらに、生産力の発展段階や生産構造の異なる二国間の商品交換、貿易においても、価値法則が適用できるか否かについて論究した。この設問に対しては、否定的な答えを出しているが、ただこの場合にも、貿易当事国相互の利益につながる商品交換があると指摘し、比較生産費説を唱えた。貿易当事国の一方が、他国よりも、すべての商品生産において生産性が低い時には、この国は、あらゆる商品を生産性が高い国から輸入する方がよいかどうか、また高い国は、あらゆる商品を輸出品とするのがよいかどうか、両国の利益となる貿易関係はどのようなものかを論じている。そこで彼は、相対的生産性、相対的生産費を問題として、それぞれの国は、それぞれ相対的に生産性の高い商品の生産を行い、相対的に生産性の低い商品はこれを輸入することにすれば、両国とも貿易によって利益を受けることができると主張した。

3　T. R. Malthus（1766−1834）

　　1798『人口論』
　　1820『経済学原理』

　マルサスは前者で、スミスのいわゆる予定調和論を批判し、人口の増加率の方が食糧供給増加率よりも一般には大きいということから、失業、貧困などの問題を説明しようとしている。すなわち、人口増加率は等比級数的な動きを示すのに対して、食糧は等差級数的にしか増加しない。過剰人口という問題は、このギャップから生まれる、いわば自然法則の一つに過ぎない。過剰人口を解決しようとするならば、人口の増加を抑制するしかない。貧困に基づく死亡もこの点からは肯定されるし、さらに道徳的抑制（結婚、出生の制限など）によ

って、人口の増加率を抑制しなくてはならないとしている。

　後者で展開された経済理論は、リカードの価値論のように、商品の生産ないしはその交換を対象として、その実態を統一的、法則的に捉えるという原理的展開方法はとっていない。彼の関心は市場価格そのものであり、これは需要と供給の関係で決まるとして、需要供給の原理こそ、最も一般的な原理であると考えた。また彼の分配論の中で、最も重要な位置を占めている地代論は、基本的には差額地代説を継承しているが、リカードとは異なり、最劣等地における地代の発生を否定しているわけではない。

　彼は1814-15年に、穀物条例論と地代論を発表したが、ここで、リカードとは対立する見解、すなわち、穀物条例の維持存続を是とする見解を発表し、地主階級の利益の代弁者として、議会に働きかけた。その根拠として、条例による食糧価格の維持、その結果でもある高地代（基本的には、人口増→食糧の需要増→食糧価格の上昇→地代の上昇）は、地主の収入を増加させ、彼らに利益をもたらすが、地主こそ消費の意志と能力をもった階級であって、地主による消費は、有効需要を引きだし、そのことが、調和のとれた緩慢な資本蓄積を可能にする（その逆に労働者の消費需要の限界は、需要不足の要因となり、資本蓄積を阻害する）。地主による消費は、資本主義体制の維持には不可欠な側面をもっているが、これに反し、資本家階級による急速な資本蓄積、急速な工業化は、一般的には過剰生産に帰結し、従って失業の発生をみることになる。高地代は、このような観点からみると、安定的な経済成長の鍵とさえいえる。従って地主の利益は、社会全体の利益に反するものではない。また穀物の自給は国家の安全のためには必要不可欠であり、国民的な利益と結びつく穀物条例は、廃止されるべきではないとした。

4　F. List（1789-1846）
1841『政治経済学の国民的体系』

　イギリスの産業革命期にはドイツは未だ全体としては農業国であり、小国に

分裂した連邦国家であった。従ってその発展のために最も重要な課題は、ドイツの国民的統一、全国市場の形成、経済の自立的な再生産機構の構築であった。このような実態を踏まえて、リストは、リカードのような原理的な議論ではなくて、優れて歴史的、実践的議論を展開しており、歴史学派の代表者として知られている。従って商品経済の自立的運動を全機構的に明らかにするという理論からは後退している。

　彼は経済の発展段階を、1 未開状態　2 牧畜状態　3 農業状態　4 農・工状態　5 農・工・商状態　と分類して、4 から 5 への飛躍が行われる場合、すでに 5 の段階に達している他の国によって、その飛躍に対して阻止的な影響を受けることがある。この場合、自国市場の保護が必要であるが、それには国家による保護政策が必要である。国民的利益に寄与するような保護政策、具体的には保護関税政策の採用による産業の発展、自国の国内市場の開発が必要であると提言した。夜警国家論、自由主義政策の提唱という論理は、イギリスのように、世界に先駆けて産業革命を達成し、世界の工場として高い生産力を誇る国が、初めて採用しうる政策であって後進国の論理ではないと考え、外国貿易の拡大よりも、国内市場の開発、産業の発展を優先させることによって、富を作り出すことが緊急の課題であるとしたのである（→歴史学派）。

5　J. B. Say（1767－1832）
　　1803　『経済学』

　セーは、富の本質は効用にあるとした（効用価値説）。彼はフランス人であったが、ケネーとは違って、農業のほかに商工業活動も富を生産するとしている。生産とは自然と労働、資本の協力の過程であり、その成果は、地代、労賃、利潤として分配される。生産論と分配論は盾の両面であると述べた。また生産活動の担い手である企業家について考察し、企業家を、経済活動の推進者として高く評価している。

　注目されるのは彼の販路説で、「セーの法則」（ケインズ）として知られてい

る。商品の販売によって得られた収入（利潤、賃金、利子、地代に分配）は、それぞれ必ず何らかの形で支出される。もしその一部が貯蓄されたとしても、それは投資に振り向けられるから、やはり支出されることになる。言葉を換えると、供給は必然的にそれに見合う需要を作り出すことになると指摘した。このような見解に立つならば、一時的な部分的な過剰生産は起こりえても、財の一般的な過剰生産はありえないということになる。

6　K. Marx (1818–1883)
　　1867『資本論』第一巻
　　1885『資本論』第二巻
　　1894『資本論』第三巻
　① マルクス経済学成立の背景

イギリスにおける産業資本家と地主との間の最もあらわな利害対立関係を示す穀物条例が、1846年に廃棄された。前者の優位が保証され、19世紀半ばには、イギリスにおいて資本制生産の展開をチェックしていた足枷が取り払われることになった。しかし、資本主義経済の確立に伴い、資本家階級と労働者階級の対立は表面化していった。例えば政治面においては、普通選挙法運動（チャーチスト運動）の展開（ピークは1840–1842)が見られたし、経済面においては、1825年に始まる周期的恐慌（1825、37、47、57、66、73、82、90、1900）が資本主義経済に寄せた期待を打ち砕き、労働者の蜂起が各地でみられるようになった。資本主義経済こそ、リカードが考えたように最大多数の最大幸福を保証するものであるという神話が、眼前で崩れていった。また植民地ないしは半植民地においても、セポイの乱、あるいは太平天国の乱に代表されるような反乱が起こり、植民地支配に亀裂が生まれつつあった。

社会・経済問題について強い関心をもっていたマルクスは、資本主義社会の政治・経済学的解明に乗り出すことになった。彼はまず、資本主義的生産様式は歴史的生成物の一つであり、階級社会の最後の段階であるという認識に立ち、

彼の眼前に展開していた失業、貧困その他の社会・経済問題の解決に糸口を見出そうとした。そのためには、資本主義経済を構成する、いわば細胞ともいうべき商品の分析から議論を進めていくのが適切と考えた。価値論を批判的に継承してこれを完成したのが、マルクスである。価値論は極めて抽象度の高い論理構成をとっているが、彼はこれを基礎とすることによって、資本主義の原理を体系的に明らかにすることを企図した。その著作は多いが、『資本論』は彼の経済理論を集大成したものである。全編は、「第一巻　資本の生産過程」「第二巻　資本の流通過程」「第三巻　資本主義的生産の総過程」からなっている。次に『資本論』の中から重要と思われる論点、価値論、剰余価値の形成と分配、社会的総資本の運動などを中心にして、紹介していくことにしよう。

②　価値論の展開

商品は、まず売られなければならない。このためには人間の様々な欲望を満たすことができる性質、人間にとって有用な性質をもっていることが前提である。この有用性（例えば着てみたいとか、読んでみたい、食べてみたいなど）を、商品の使用価値という。しかし使用価値をもつというだけでは商品にはならない。例えば空気は使用価値をもってはいるが、それを得るために労働が投下されていないならば、商品ではない。つまり、労働生産物であるということが、商品のもう一つの条件で、価値の実体は投下された労働である。商品は生産者が使うために生産されたのではなくて、他の人間の欲望を満たすために、つまり売るために生産されたのである。どれだけの量の商品と交換できるか、価値の大きさがどの位かは、いくらその商品自体をみていてもわからない。商品の価値の大きさは、他の商品との関係の中で表現されるしかない。ある商品の交換価値の大きさは、それとの交換を欲している他の商品とどのような量的関係を取り結ぶか、ということによって示される。例をあげてみよう。

　　　　　上着　1着　＝　茶 10 kg
　　　　　靴　　1足　＝　同上
　　　　　塩　　1俵　＝　同上

例示したように、単位当たり上着、靴、塩は、10 kgの茶と等しい価値の大きさであるということができる。このようにある商品の価値の大きさは、他の商品のどの位の量と交換することができるかという形で示すことができる。では何故上着1着は、茶10 kgと等しいのであろうか。両商品を対比しようとするならば、共通の物差しが必要である。この場合共通の尺度は、ともに人間労働が投下されているという点にある。投下された労働量、労働時間を基準として比較すればよい。上の例では、上着1着の生産に必要な労働時間と、茶10 kgのそれが等しい関係にあることを示している。ところで、上着や茶の生産のために費やした労働時間は、個別資本の次元で見るとすべて同一というわけにはいかないのは当然である。交換関係を混乱から救うためには、次のように考えればよい。価値の大きさを決めるのは、個別的な労働時間ではなくて、茶なら茶の生産のために投下された社会的に標準的な（平均的な熟練度、労働の強度、技術水準などを前提とする）労働時間だということである。

③　資本の運動形態

貨幣 G を出発点とする貨幣の運動には、一般に二つの意味がある。その一つは商品の購買行為である。この場合には、貨幣もいわゆる商品の一種にすぎない（多くの人が交換を欲している商品、前頁の例では茶）から、自然に価値が増殖するということはない。しかし、購買のためにではなくて、価値の増殖を求めて投下された時、この時貨幣は、単なる貨幣としてではなくて、資本として投下されたのである。資本の運動形態は三つある。商人資本、金貸資本、産業資本の運動がそれである。まず商人資本についてみてみよう。

$$G - W - G' (= G + \Delta G) \quad G = \text{Geld}（貨幣）\quad W = \text{Ware}（商品）$$

$G - W$ は購買を意味するが、この場合には購買という行為は、買い手が消費するためのものではない。再び売るために買われたのである。しかも販売 $W - G'$ の結果手にする貨幣が出発点の貨幣と同額であっては、購買することの意味がない。$G' = G + \Delta G$ であることを期待して、貨幣が投下されたのである。では何故このような価値増殖が可能なのであろうか。歴史的にみると最も

古い形態である商人資本の運動は、実は、交通手段の遅れ、情報の遅れなどを、むしろその前提条件としている。交通手段の遅れから、購買と販売行為の間には、時間的にも距離的にも大きな隔たりがあり、これが、大きな利潤ΔGの獲得を可能にしたのである。情報の遅れもまた、客観的な価格の決定を阻害し、大きな利潤をもたらすことになった。しかし一方では、輸送中の事故や、不正確な情報、予期せぬ事故のために、最初に投下した貨幣すら回収できないこともあった。このことがまた、大きな利潤の獲得を不可避にすることになった。

　次に同じように古代以来の古い歴史をもつ金貸資本の運動について検討してみよう。

$$G - G' \quad (= G + \Delta G)$$

　貨幣の貸し手は、あらかじめ利潤・利子の収入額を予定したうえで貸し付ける。貸付額から利子をあらかじめ差し引いた額（利子分は前払い済）を借り手に対して渡すことが多い。利子の大きさが確定している（予定されている）点、また利子の前払いが済んでいるという点からみると、商人資本の運動よりも、利潤の回収が確実のようにみえるであろう。本当にそういってもよいであろうか。借り手がこの借入金をどのような目的で使ったかについて考えてみよう。借り手には、消費を目的とする領主や農民、資本としてこれを運用しようとする商人の二つの類型が考えられる。前者の場合には後者よりも返済の可能性が小さいから、金貸資本はどちらかというと後者への貸付を選択するであろう。しかし、商人資本も前述のように利潤の獲得、元本の回収が確実であるということはできない。あらかじめ利潤が決められているように見えたのは、擬制的なものであったことがわかる。

　ところが、産業資本の運動は、上のように不確実な前提と結びついていた利潤獲得の方法とは異なっている。商品を価値どおりに販売するにもかかわらず、購入した商品の価値より販売する商品の価値の方が大きい。購買、販売がともに価値どおりに行われるのに、何故価値が増殖するのであろうか。この手品の秘密は、買った商品と売った商品が違うならば、つまり買った商品に何らかの

手が加えられていたとするならば、解くことができる。何らかの手、それは労働が付加されたということである。この過程をこれまでの二つの資本の運動にならって図式化すると、次のようになる。

$$G \longrightarrow W \begin{matrix} \nearrow Pm \\ \searrow A \end{matrix} \cdots (P) \cdots W' \longrightarrow G' \qquad \begin{matrix} Pm = Produktionsmittel（生産手段）\\ A\ \ = Arbeitskraft（労働力） \end{matrix}$$

生産過程を示す点線の過程で価値が加わり、$G-W$ と $W'-G'$ との両過程が価値どおりの交換であったにもかかわらず、$G' = G + \varDelta G$ となったのである。秘密は労働過程にあるが、ではそもそも労働過程にはどのような鍵がかくされているのであろうか。

④ 剰余価値の形成

産業資本は、生産の開始にあたって生産手段と労働力（資本主義社会において、労働力は初めて商品化された）を購入する。生産過程はこの二つの結合の上に成り立っている。これらのうち、生産手段の価値は生産された商品 W' に価値を移転するにすぎないのに対して、労働力は商品 W' の生産過程において価値を増殖する。この側面に注目して、前者を不変資本（価値の大きさは変化しない資本）、後者を可変資本（価値の大きさを変化させる資本）という。

では何故、労働力は価値を変えることができるのであろうか。労働という行為について、さらに考察を進めてみよう。労働には、具体的有用労働と抽象的人間労働の二側面がある。マルクスはこれを労働の二重性と呼んでいる。具体的有用労働とは、糸を紡ぐとか布を織るとか、あるいは木を切るというような特定の使用価値をもった商品を生産するための労働（人間労働の質的側面）である。これに対して抽象的人間労働とは、人間労働の量的側面に着目した概念である。上のいずれの具体的有用労働の場合にも、一定の労働量が投下されているという点では共通の側面をもっており、労働時間に還元することによって、労働量の大きさを相互に比較することができる。使用価値が異なる商品を交換するとき、相互の量的関係を規制するのは、この抽象的な人間労働の量である。

抽象的人間労働はまた、労働力の再生産に必要な労働、いわば必要労働と、投下労働量の全体から必要労働分を差し引いた分を示す剰余労働の二つの部分に分けられる（投下労働量＝必要労働＋剰余労働）。前者は、労働者が自己の労働力を再生産するために必要な労働である。つまり、生活に必要な諸生活資料を得るための労働で、労働者は生活資料を購入し消費することによって、労働者ならびにその家族の再生産が可能になる。労働力の投下によって、資本にとっても不可欠な年々の生産活動が営まれることになる。資本は労働力の再生産に必要かつ十分な代価を支払って労働力を購入した。従って労働力をその価値どおりに購入したといえる。労働力という特殊な商品の価格は、その再生産のために必要な諸商品を買うために必要にして十分な価格であった。労働者を、奴隷のように酷使し消耗してしまったならば、産業資本は翌年の生産に必要な労働力を確保できなくなるからである。

　しかし人間は、自分が生きていくのに必要な物を生産することができると同時に、それを越えて労働することもできる。資本家は、労働者をその社会の慣習に従って、1日のうち7ないし8時間前後の労働につかせることができる。今仮に、必要労働時間を4時間とし8時間の労働が行われたとすると、その差に当たる4時間が剰余労働ということになる。剰余労働こそ、剰余価値の源泉であり、剰余価値は、産業資本の利潤に転化する。生産力が発達し、労働力の再生産に必要な物を生産するのに必要な労働時間が短縮すればするほど、この剰余労働時間は増大する可能性をもっている。

　上述したように、人間は常に剰余労働をすることができるということになると、PmとAを結合すると、必ず利潤が生まれるということができる。商人資本や金貸資本の利潤獲得が偶然性に支配されるのと較べると、ここに質的な違いを見出すことができよう。こうして得られた剰余価値は、それを生産した労働者ではなくて、資本家が獲得する。

　以上から明らかなように、剰余価値 m（Mehrwert）は、投下された資本総額からではなくて、可変資本 v（variables Kapital）である労働力の投下によ

って生まれたものである。このような考え方から、剰余価値の大きさを可変資本と対比した m ／ v を剰余価値率という。資本はできるだけ多くの利潤を、従って多くの剰余価値を得ることを求める。そのためには次の二つの方法が考えられる。

既に何回も指摘したように、1日の労働時間は、必要労働時間（vに相当）と剰余労働時間（mに相当）とに分けられるが、1日の労働時間を延長させたとしよう。vの大きさが変わらなかったとすれば（現実には若干の時間外賃金が支払われるが）、当然mは前よりも大きくなる。時間の延長、より長時間の労働によって、より大きな剰余価値を生産するという、いわば最も簡単な追加剰余価値の生産を、絶対的剰余価値の生産という。この方法は、簡潔ではあるが、それだけにかえって労働者の抵抗にあい、採用しにくいことがわかるであろう。そこで二番目の方法として、一般に採用される方法は、相対的剰余価値の生産である。

相対的剰余価値の生産とは、1日の労働時間の延長ではなくて、vの大きさの低下によって、相対的にmを大きくするという方法である。単純な賃金カットは、前にみたように労働力の再生産を不可能にし、従って産業資本の足元をぐらつかせることになるから、採用することはできない。しかしもし、労働力の再生産に必要な費用が減少し、これを反映して名目賃金（現実の賃金）が低下した場合には事情が異なってくる。実質賃金（賃金で購入可能な財の量）が前と同じならば、労働力の再生産は可能だからである。すなわち、技術水準の向上によって生活諸資料の生産に必要な労働量が節約され、その結果生活資料の価格が低下するならば、労働力の再生産に必要な費用（賃金支払い額v）も減少することになる。1日の労働時間が前と同じならば、必然的に剰余労働時間は前よりも長くなり、剰余価値mの大きさは、増大することになる。このような方法を相対的剰余価値の生産といい、一般にはこの方法が採用されて、剰余価値の増大がはかられる。このためには、技術革新による消費財の生産コストの引き下げが、従ってまた革新的な技術の導入が必要となる。

ところで技術革新の担い手は個別資本である。個別資本がそれぞれできるだけ大きな剰余価値を得ようとして技術革新に力を注ぐ。商品の価格は、社会的に平均的な技術水準のもとで生産された商品の価値によって決定されるのであるから、技術革新を遂行した個別資本、つまり社会的平均以下の労働量で商品生産が可能になった個別資本は、同一産業部門の資本よりも大きな剰余価値、特別剰余価値を得ることができる。資本制生産のもとでは、特別剰余価値の獲得を目指す資本の運動、これが技術革新の動機になる。しかしまた、この新技術はその他の資本によっても採用され、普及する傾向がある。このために、利潤は常に平均化される傾向があり、特別剰余価値は消滅する運命にある。特別の技術を閉鎖的に所有するための法的規制がない場合には、特別剰余価値の獲得は一時的なものにとどまることになる。

⑤ 社会的総資本の運動

産業資本は生産物を商品市場で売却し、生産のために購入したPmとAの価値を回収し、そのうえさらに剰余価値を利潤という形で同時に得ることができた。使用価値という側面から生産物を分類すると、生産手段と生活資料の二つに大別することができる。生産手段生産部門を第Ⅰ部門、生活資料生産部門を第Ⅱ部門と呼ぼう。生産物の使用価値は異なるが、価値構成という点では両部門とも同一で、c＋v＋mからなっている。二部門分割を前提として、相互の間で行われる商品交換、社会的資本の均衡のとれた再生産がどのようにして成立するかについて考えてみよう。まず単純再生産、すなわち生産規模が年々同一の規模で繰り返されると考えて、どちらの部門にも過剰生産が見られず、均衡の取れた再生産が行われるとき、部門間の商品交換はどのように展開するであろうか。

Ⅰ（生産手段生産部門）＝ Ⅰc ＋ <u>Ⅰv</u> ＋ <u>Ⅰm</u>

Ⅱ（生活資料生産部門）＝ <u>Ⅱc</u> ＋ Ⅱv ＋ Ⅱm

上の式で示されたた第Ⅰ部門の生産物は、すべて生産手段であるので、この部門における労働者と資本家は、それぞれの生活を維持していくために必要な

生活資料を、他部門から買わなくてはならない。表式のアンダーラインを付けた部分（Ⅰv＋Ⅰm）は、他部門、すなわち第Ⅱ部門の生産物と交換しなければならない部分である。Ⅰcは、第Ⅰ部門内で交換（消耗分を補填）すれば済み、これによって、次年度の再生産が可能になる。

　第Ⅱ部門の生産物は、すべて生活資料であるから、この部門の労働者と資本家は、その生活を支える商品を、部門内で相互に交換すれば済む。しかし次年度の生産のためには、消耗した機械や原料（Ⅱc）を第Ⅰ部門から買ってこなくてはならない。従ってⅠv＋Ⅰmの価値の大きさが、Ⅱcの大きさと等しいならば、両部門間の交換は、相互に過不足なく行われ、単純再生産が順調に進行することになる（Ⅰv＋Ⅰm＝Ⅱc）。

　いま資本家はmをすべて消費のために支出するものとみなした。同一規模の生産には、生産過程で消耗した生産手段を補填し、再生産された労働力を再び活用すればよいと考えた。しかし現実には、資本家はmのすべてを消費しないで、その一部を蓄積して、追加投資するという傾向があり、拡大再生産が行われるのが一般的である。この場合には、表式はどのように変化するであろうか。

　　Ⅰ＝Ⅰc＋Ⅰv＋Ⅰm（c＋v＋m）
　　Ⅱ＝Ⅱc＋Ⅱv＋Ⅱm（c＋v＋m）

単純再生産の表式にならって考えてみよう。部門間で交換が必要な部分とその条件は次の通りである。Ⅰv＋Ⅰm（v）＋Ⅰm（m）＝Ⅱc＋Ⅱm（c）となる。さらにこの等式の両辺にⅠm（c）を加えて変形してみよう。左辺はⅠv＋Ⅰm（v）＋Ⅰm（m）＋Ⅰm（c）つまりⅠv＋Ⅰmとなる。これとⅡcとの関係をみるとⅠv＋Ⅰm＞Ⅱcという関係が成立する。少なくともこのことは、拡大再生産が行われるためには、第Ⅰ部門の生産高の増加額が、第Ⅱ部門の生産高増加額よりも、相対的に大きくなる必要があるということを示している。極めて簡潔な結論ではあるが、現実にそれが可能であるためには、一つの重要な前提条件がある。追加労働力がいつでも得られるかどうかという点

で、労働力はその他の商品とは違って、日々単純再生産することはできても、労働人口そのものをただちに追加生産することはできない。これが、拡大再生産にとっての限界となる。そこで、この限界を克服できる拡大再生産の方法が考えられなくてはならない。

それには、追加資本の投資を、技術の改善のために、すなわちより生産性の高い機械を導入するために用いればよい。生産規模はこれによって拡張するが、資本投下総額との割合でみると、労働力の購入のために使用される資本は相対的に少なくて済むことになる。可変資本と不変資本の割合（$c／v$）を資本の構成というが、上の例ではこの比率を高めることによって、労働力のもっていた限界を克服することができるのである。

資本主義生産においては、各個別資本は常に最大限の利潤を求めて、無政府的な運動、社会全体の観点からは非計画的な運動を展開する。このことが、生産技術水準の向上を可能にするのであるが、同時に資本間の成長のバランスを絶えずつき崩していく要因にもなっている。資本や労働の移動によってアンバランスの回復がはかれない時、過剰生産が大きな問題として登場することになる。労働者に対して支払われる賃金総額 v と、生活資料の生産総額との間に大きなギャップが生まれた時、販売不能の生活資料が大きな滞貨となる。これに対応して、生産規模の縮小、操業短縮が不可避となり、資本家にとっては利潤の低下、労働者にとっては失業ないしは賃金カットに見舞われることになる。過剰生産、滞貨の山と、飢えが同時に隣り合わせに存在し、信用の網の目も破壊される。

このような状態、つまり恐慌の過程で、中小資本は没落の危機にさらされる。資本蓄積力の高い資本は、むしろこれを利用して相対的に低い費用で設備を取得し、利潤率の低下を、資本投下量の増大による利潤総量の増加によって補う。しかも、その際に、資本の有機的構成を高めるような、つまり生産性を高めるような追加設備投資を行うことによって競争力をつけていく。このような動きの中で、やがて、生産手段の生産部門の生産拡大を起動力として、景気の回復

への光が見えてくる（→景気循環）。いずれにせよ資本主義社会においては、容易には回復できない過剰生産は不可避なできごとであり、資本にとっては価値破壊、労働者にとっては失業という犠牲を強いることになるのである。

⑥　利潤率均等化の運動

　生産物の価値は、販売をとおして表現され、そこに含まれていた剰余価値を、資本家は利潤として獲得することになる。さきには、剰余価値の生産過程を、生産に参加した労働者側の視点から観察して、剰余価値率を導き出した。資本家側の視点からみると、剰余価値すなわち利潤が、生産のために投下した資本量に対してどれだけの大きさであるかということの方が、重要な関心事である。資本量に対する利潤量の割合を利潤率という。利潤率を問題にする場合には、資本の回転が視野にいれられなければならない。1年間かかって生産・販売されうるもの、例えば酒などと、数日ないしは数時間でそれが可能なものとでは、同じ資本を投下しても、1年間で得られる利潤量が違ってくることは明らかであり、資本家にとっては、むしろ1年間でどれだけの利潤が得られるかが、問題である。従って、ここでいう利潤量は、1年間に得られたそれであるが、資本量の方はやや複雑である。不変資本のうち、材料などに投下された資本はすべて商品の販売によってただちに回収されるが、機械の方はそうはいかない。原料の価値が、すべて生産価格の構成要素として生産物に移転するのに対して、生産に関与した機械や建物は、生産過程を経過しても消耗するのは一部（機械などの耐用年数を仮に10年とすると、生産のために利用された機械などの価値のうち、その10分の1だけが、さしあたり回収されるにとどまる）である。機械などは次の生産活動のために再度用いることができる。価値の回収のされ方の違いから、機械や建物などを固定資本と呼び、材料などを流動資本と呼んでいる。労働力に投下された価値は、その価値に加えて剰余価値を生み出すことができるという点では、材料などの流動資本とは異なるが、価値の回収という点からみると、原料などと同様に商品の販売と同時にすべて回収されるということから、これも流動資本に分類することができる。回収される仕組みには

違いがあるが、資本にとっては、投下資本の構成要素をなしているという点では、固定資本も流動資本と同一である。従って利潤率は次のように示すことができる。

　利潤率＝１年間に得られた利潤量／全投下資本（全固定資本＋１回転分
　　の流動資本）

　　　　　＊１回転分の利潤量×１年間の資本回転数

　個別資本は、できるだけ高い利潤率を得ようとして競争する。資本と労働の移動が自由であるならば（封建制のもとでは、農民は土地に縛られており、また農作物の転換も制限されていた）、より高い利潤率が確保できる産業部門に資本は移動するであろう。利潤率の低い部門から、高い部門に向かって資本の移動がみられることになる。その結果低い部門の生産は相対的に縮小し、高い部門の生産はこれとは逆に増大する。前者では商品の供給が減り、後者では供給が増大する。そうなると、需要が同じであったとすると、前者の商品の市場価格は上昇し、従って利潤率も上昇する。一方後者では、商品価格が低下し、それに伴って利潤率は低下するであろう。両者の間に、利潤率の差がある限り、資本はより高い利潤率を実現すべく移動を続け、差がなくなった時に、初めて移動もなくなる。こうして異部門間の利潤率は均等化することになる。この運動を利潤率均等化の運動といい、資本主義社会を貫く重要な法則とされている。

　さきに、商品は価値通りに売買されると述べた。しかし現実の市場価格は、利潤率均等化の運動によって、費用価格（$c+v$）に、平均利潤率によって規定された利潤を加えた価格を基準として決まるのである。各資本が獲得した利潤を合計したもの(剰余価値の総量)が平均化されて、各資本に分配される。この分配に参加するのは、産業資本だけではない。銀行資本や商業資本も、さらに地主も分配に参加する。彼らも、産業資本の利潤の拡大にそれぞれ独自の仕方で寄与したからである。独自の機能とは、具体的には何を指すのであろうか。次に検討を進めよう。

第2章　資本制生産の展開

⑦　剰余価値の分配

　さきにみたように、利潤率は資本の回転数を高めることによって上昇する。商業資本は、その専門的な知識や技術を駆使することによって、産業資本の運動過程のうち流通過程を短縮することができる。従って資本の回転を高めることができるから、産業資本にとっては、商業資本に依存することによって、より短い期間で、生産した商品を販売することが可能になり、それだけ利潤も大きくなる。従って産業資本は、利潤の一部を商業資本に分配する。

　利潤率は、また使用資本の節約によって上昇する。商品流通に必要な貨幣量は、資本の回転を高めることによって、さらにまた信用によって節約される。信用を媒介するものとして登場したのが、銀行である。銀行は、商業信用を媒介し、企業が発行した商業手形を必要に応じて現金化することができる。これを手形を割り引くという。預金者は、さし当たり商品売買に不要な貨幣（遊休資金）を、一時的に銀行に預ける。銀行は、これを割引に際して活用することができる。産業資本は、割引によって必要な資本が節約されるから、利潤率の上昇が可能になる。従って、銀行に対して、産業資本が得た利潤の一部を割引料（利子）などの形で支払うことになる。

　商業資本や銀行資本は資本の回転を速めるという側面から、産業資本のいわば謙虚な補助者としての機能を果たしているといえる。これに反して、資本の固定化を不可避にするものに、土地所有がある。産業資本にとっては、工場、建物の敷地はなくてはならないものである。また農業経営にとっては、土地自体が主要な生産手段である。ところで土地は機械などのように、原則として資本によって自由に作り出すことはできない。供給には限りがあるという点に大きな差を見出すことができる。また、土地によって自然力に差がある。肥沃度も違えば、地理的条件も異なる。この点については、すでにリカードが地代発生の根拠として指摘しており、差額地代説として知られていることは、先に述べておいたので、ここでは再説しない。マルクスは、この他に絶対地代という形をとった地代があること、すなわち、地代には差額地代と絶対地代の2種類

43

があり、産業資本家、銀行資本家、商業資本家は、地主に対してこの2種の地代を支払わなければならないとしている。何故なら、これらの資本家にとっては、上述のように土地を利用することなしには資本の運用が不可能だからである。絶対地代は、土地所有の独占的性格、自然的制限、制限された自然の利用権とでもいったものが基礎となって発生した地代である。リカードは、最劣等地においては産業（農業）利潤は発生するものの、地代は0であると考えて議論を進めたが、マルクスは、いかなる土地であっても、地主は無料で土地を資本家に貸すことはないと考えた。最劣等地においても絶対地代だけは支払わなければならないとしている。この絶対地代の存在は、資本間の競争関係を制限するものであり、平均利潤率の形成に対して阻止的に働くといえる。

なお地価は、経済学的には、地代を資本還元したものである。例えば仮に、地代を10万円としてみよう。利子率が5％の場合には、地価は$10 \times 1 / 0.05 = 200$つまり200万円である。利子率が3％に低下すると、地代が同じならば、地価は$10 \times 1 / 0.03$で約333万円となる。投機的要素を考慮に入れなければ、これで土地価格は説明できる。

以上、商品交換のメカニズムに始まり、その過程でどのようにして産業資本が利潤を獲得するか、そしていかにして、また何故、賃労働者、銀行資本、商業資本、地主がそれぞれ労賃、利子、商業利潤、地代を得るかについて、つまり分配のメカニズムについて、さらに各産業部門間の均衡のとれた生産と交換がどのような条件のもとで成立しうるか、いわば、社会的資本の再生産の仕組みについてのマルクスの考え方を素描してきた。生産から遊離した過剰資本の処理の方法として、19世紀の後半には、後進国や植民地への大量の資本輸出がみられるようになるが、彼はそのような事実を目の前で確認することなく死去した（この問題は、後にレーニンによってとりあげられる）。また資本の輸入に伴って、後進資本主義国の急速な工業化が進行していったが、後進国にお

いては、いくつかの点で先進国とは異なった資本主義化の道を辿っていくことになった。例えばドイツでは、銀行の役割は、産業資本の謙虚な奉仕者の役割にはとどまらず、産業の組織者として積極的な役割を果たすことになった（この問題は、後にヒルファーディングによってとりあげられた）。

7 A. Marshall（1842-1924）
1890『経済学原理』

　マーシャルは、新古典学派の代表的論者である。彼は古典派経済学の労働価値説ではなくて、価値構成説ないしは価値支配説に近い、いわば生産費説をとった。とはいっても彼は、生産価格が市場価格を一義的に決定すると考えているわけではない。価格に影響を与える要因としては、長期的には生産価格をあげなくてはならないが、短期的には効用（需要、消費者の嗜好など）が大きな影響をもっているとしている。主に生産価格に規定される供給の側面と、国民所得の大きさなどによって規定される需要の両局面に視角を据え、両者の均衡点を探ることによって、経済活動の持続的な拡大の方向を見出そうとした。費用と効用とをともに交換価値・市場価格の決定要因とする体系をうち立てたのである。

　彼の均衡理論、すなわち需要と供給は市場で均等化の方向に向かって運動し、その結果均衡点で価格と取引数量が決定されるという命題は、いわゆる商品以外の生産要素においても適用することができると考えた（次ページの図参照）。具体的にいうと、賃金水準や労働者の雇用量は、労働者に対する需要と供給の関係から説明されることになるし、利子率や投資額、貯蓄額も、資金の需要と供給の関係から説明されるとみている。経済主体は商品価格の変動を目安として、消費量や生産量を決め、賃金の動きを見て、企業者は労働者の雇用量を決定する。また利子率の動きをみて、貯蓄額や投資額、借入額を決めることになるが、これによって経済主体のそれぞれが利益を得られると考えた。

　彼の理論のもう一つの特徴として指摘しなければならないのは、経済的進歩

の推進力として、経済主体の行動、革新的な企業者活動をあげていることである。経済主体・企業者は、同種の商品をできるだけ低費用で生産し、市場に提供することによって競争に勝利を得ようとする。そのため、これまでとは違った生産方法を採用しようとするであろう。この代替によって経済的進歩が実現される。全社会的にみると、このような過程を通して収益は徐々に増大していくことになる（収益率逓増の法則）。このような方向は、今後相当な期間にわたって続くと考えられ、従って人間の革新的な行動によるこの収益率逓増の傾向の方が、マルサスが考察した自然の収益率逓減の方向よりも大きな力をもっているとして、進歩への全幅の信頼を寄せている。

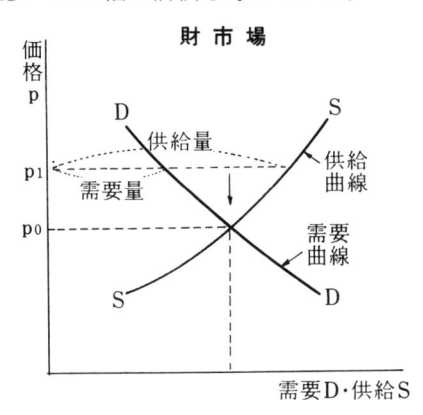

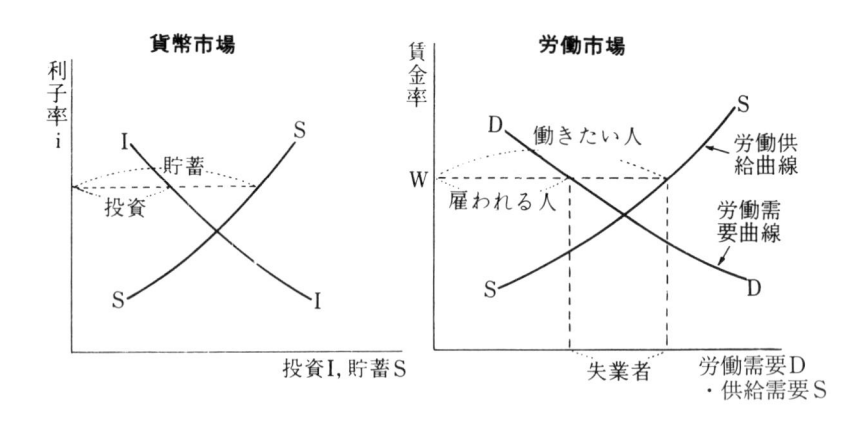

財市場

貨幣市場

労働市場

第3章　独占資本の形成・発展

第1節　独占資本の形成と後進資本主義国の発展

　19世紀第3・四半期には世界の工場としてその生産力を誇ったイギリスも、世紀末に近付くにつれて精彩を失っていった。イギリスの生産技術の輸出、資本の輸出によって、ドイツやアメリカなどの後進資本主義国が、急速に生産力を発展させたのである。それに伴って、イギリス工業製品の世界輸出市場におけるシェアは低下していった。繊維においてはイギリスが依然優位を保ったものの、鉄鋼、金属製品などの分野では、後進資本主義国の発展によって相対的地位の低下がみられた。例えば広大なフロンティアをもつアメリカにおいては、19世紀前半に始まった鉄道建設がアメリカ経済に大きな影響を与えつつあり、イギリスの資本と技術の輸出によって引き起こされた鉄道ブーム（建設資金のかなりの部分がイギリスから供与され、レールの4分の3はイギリスのレールメーカーによって供給）は、市場の拡大、輸送コストの引き下げを可能にするとともに、アメリカの鉄鋼生産に刺激を与え、イギリス鉄鋼業の強力な競争相手を作り出すことになった（鉄鋼生産においては1890年代にアメリカの生産高がイギリスのそれを凌駕した）。70年代から90年代の大不況期（それまでの景気循環：恐慌→不況→好況と経過は同一であったが、好況の期間は短くて弱く、全体として見ると20年間は不況の連続であった）には、後進資本主義諸国が保護関税政策を採用してイギリス製品に対して門戸を閉ざしたことも、イギリスの工業製品輸出の伸びを牽制した。厳しい市場条件の中で、企業の集中が始まり、独占資本が成立した。こうして成立した巨大企業は相互にカルテルを結成（法律によってカルテルを禁じられていたアメリカではトラストを結

成）して、市場を分割し、価格協定を結んで利潤率の低下を阻止しようとした。ほぼ1900年頃から企業集中とカルテルの結成が盛んにみられるようになった。

　また、資本の輸出（外国公債や鉄道証券などの買い入れなど）も増大の傾向を辿り、イギリスの資本輸出額は、1876年には10億ポンド、95年22億ポンド、1913年40億ポンドというように増大の一途を辿った。資本輸出の媒介者として、マーチャント・バンカー（ベアリング家、ロスチャイルド家その他）は国際金融市場において確固たる地位を築き、それがもたらした巨額の投資収益、配当収入が、イギリスの国際収支に対しても貢献したということは既に述べた。この資本輸出の対象として、植民地のウエイトが増大していったのも19世紀末の特徴の一つである。後進地域は、先進国のコロニアリズムのもとに組み込まれ、経済活動は本国の利益に適合するような形に歪められた。

　産業資本の変化、独占資本の形成過程において、銀行の役割も変化した。すなわち、銀行は産業資本の運動に対する補助者という脇役から、集中の媒介者として表舞台に登場することになった。最初から株式会社形態をとって企業を設立することの多かったドイツにおいては、この傾向は特に顕著であった（金融資本の成立）。遅れて資本主義国になったドイツも、オスマントルコの解体に乗じてバルカンを勢力圏に組み込もうとし、ロシアと対立した。資本主義列強間の利害の対立は、第一次世界大戦を引き起こした。列強の中で最も弱い輪であったロシアで革命が起こり、社会主義国が誕生した。

第2節　後進資本主義国における経済学

1　R. Hilferding（1877−1941）
　　1910『金融資本論』

　ヒルファーディングは19世紀末から20世紀にかけて展開した資本主義の変貌を、産業資本が金融資本に転化したことと結びつけて説明しようとした。重工業の発展は、巨額の固定資本投資を伴うが、このためには必要とする多額の

資本を、銀行信用に依存するようになる。特にドイツのように資本蓄積が小さい国では、その必要度も高い。後進国であるドイツの経済発展は先進国との厳しい競争のもとで押し進められていく。従ってイギリスのような長期にわたる緩慢な資本蓄積と、その再投資という道を辿ることはできない。競争に耐えうる大規模な経営を一挙に実現する必要があった。このような歴史的背景から銀行と産業との緊密な関係が生まれる。企業は銀行と密接な取引関係をもつが、銀行は貸出金を回収するために、貸出先の企業の株式発行を引き受ける。株式発行を引きうけた銀行は、引受額と現実の発行額との差額、つまり「創業者利得」を手にすることができる。その差額の大きさは、企業の業績によって異なるから、銀行は企業に対して重役を派遣して企業経営行動を監視する。銀行と産業はともに独占化しつつ、互いに緊密の度を加えていく。ドイツに典型的にみられる金融資本を、彼は資本主義の新しい段階を代表する資本の形態とみて、これを分析の中枢に据え、その運動の特徴を抉り出していった。

2　В.И.Ленин（1870-1924）
　　1917　『帝国主義論』
　資本主義の新しい一つの段階として　帝国主義段階を設定し、そこにおける資本の運動の特性を解明しようとしたのがレーニンである。彼はこの新しい局面を示す基本的指標として、次の五つの指標をあげている。①生産と資本の集積の高度な発展に基づく独占の形成、②金融資本と金融寡頭制の形成、③商品輸出に対する資本輸出の比重の増大、④国際的資本家団体による世界の分割、⑤列強による世界の領土的分割の完了などである。1910年代には、英、米、仏、独は、世界の有価証券の約8割を占有し、それ以外の国々はその金融的支配網の中に組み込まれていた。巨大な独占資本は銀行独占体と結びついて、一国の経済と政治を支配するようになる（金融寡頭制）。先進諸国による世界市場の分割はいちおう完了していたが、より後進国である日本なども、植民地支配に乗りだそうとしていたため、植民地の再分割をめぐる帝国主義列強間の

対立は先鋭化の方向を辿っていた。これを反映して、植民地における抵抗は強まっていた。このような局面、資本主義の最高の段階においては、資本主義国の労働者と植民地人民の連携の必然性が生まれることを指摘している。

第3節　第一次世界大戦後の経済不況

　1920年代には、世界資本主義はほぼ好況のうちに推移した。資本主義世界の中心軸となったアメリカでは、自動車産業、住宅、電気製品などの大衆向け耐久消費財産業において技術革新がみられ、生産コストの低下によって、それらの消費は著しく伸びた。その好況が、景気の動向をリードした。アメリカは世界にさきがけて高度大量消費時代に突入し、経済は活況を極めた。1921年に平均74ドルであった工業の株価は、1925年には135ドル、28年266ドル、29年311ドルへと急速な上昇を示した。アメリカは大戦を期に、債務国から債権国に転化した。

　しかし、農業部門では、1927－28年の世界的豊作も手伝って、農産物の生産過剰が目につくようになり、価格は下落を続けていた。1929年10月24日、ニューヨークの取引所を襲った破局の警鐘に、世界の人々は恐怖におののいた。1929年には25,568行あったアメリカの銀行は、31年には22,242行、33年には14,771行へと減少した。ドルは下落し、金1オンスに対して20.67ドルから35ドルの水準となった。

　30年の後半には銀行倒産の波は、ヨーロッパ各国に広がっていった。通貨と金の関連が絶たれ、金本位制の維持は困難となった。1816年世界で最初に金本位制を採用したイギリスが、31年金本位制を停止した。ポンドは大幅に下落（対米平価4.87ドルから3.20ドル）し、ロンドンに外貨準備をもっていた国はもちろんのこと、その他の国々も次々に金本位制から離脱していくことになった。

　工業生産は停滞し、しかもこれまでの周期的恐慌のようには容易に回復せず、

不況は慢性化した。今、29年と33年を対比してみると、鉄鋼生産は3分の1以下、国民所得は半減し、アメリカの失業者は155万人（全労働者の3％）から1280万人（同25％）へと増大した。株価はこの4年間で7分の1となり、物価も1914年を100とすると、28年には141、29年139、32年95へと下落を記録している。経済の自動調節機能に対して、疑問が投げかけられるのは当然の成り行きであった。

第4節　ケインズ経済学の成立と発展

J. M. Keynes（1883-1946）
　　1936『雇用・利子および貨幣の一般理論』（第1稿完成は1934）
1　ケインズ経済学の背景

　スミスからマルクス、レーニンに至る経済学の流れは、いずれも労働価値説を基底においていた。マルクス、レーニンは、生産過程、生産関係の中に資本主義社会の矛盾の源泉を見出そうとしたのであって、こうした立場に立つ限り、矛盾の克服は資本主義的生産関係の止揚によってのみ可能となる。

　もう一つの立場は、何らかの人為的措置を加えること、国家による経済政策の実施によって、恐慌、失業など資本主義社会が抱えている矛盾を克服しようとするものである。その代表的論者として登場したのがケインズである。彼の理論は、両大戦間のみならず、第二次世界大戦後の経済政策においても強い影響力をもち続けることになった。ケインズの『一般理論』は、スミスの『諸国民の富』、マルクスの『資本論』の刊行に匹敵する重要性をもっている。スミスは神の見えざる手によって適切な分業関係が保たれ、アンバランスは自動的に回復するとした。マルクスは社会変革、そして社会主義社会における計画経済への移行によって、アンバランスは克服されると考えた。一方ケインズは、セーのようにアンバランスが一時的なものとは考えなかったし、マーシャルのように失業は賃金が高すぎるから生じたとも考えなかった。ケインズは、マー

シャルが念頭においていた自発的失業（一定水準以下の賃金での就労を拒否）の他に非自発的失業があることを重視し、既就労者と同一賃金水準点で働くことを望んだ場合にも、職を得ることができない場合があること（図参照）に注目すべきこと、生産設備の遊休と大量の失業者の存在、豊富の中の貧困という事実に注目すべきこと、そしてこれこそが当面の最重要問題であると考えた。その克服には理性的個人の合理的措置、政策的考慮が必要であるとし、これによって眼前に存在する大量失業の解消が可能であるとしている。

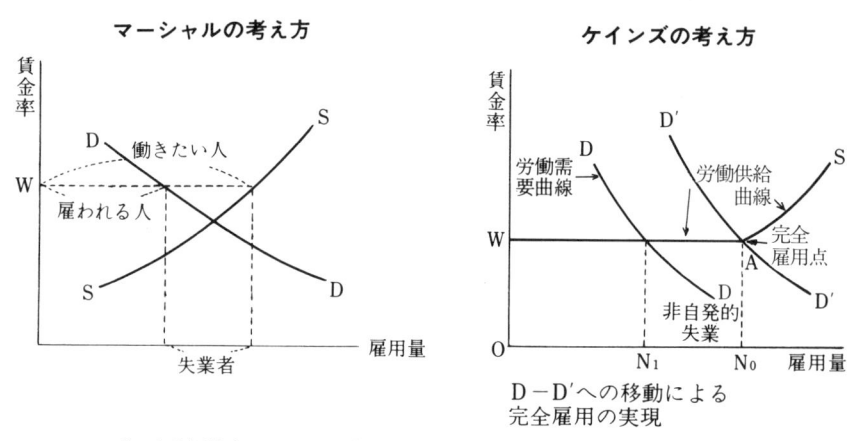

マーシャルの考え方

（賃金率／雇用量のグラフ：D-S曲線、働きたい人、雇われる人、失業者）

ケインズの考え方

（賃金率／雇用量のグラフ：労働需要曲線D、労働供給曲線S、D′、完全雇用点A、非自発的失業、N₁、N₀）
D－D′への移動による完全雇用の実現

ケインズは経済学者ジョン・ネヴィル・ケインズの子としてケンブリッジに生まれ、イートン校からケンブリッジ大学に進んだ。卒業後インド省に勤務したが、そのかたわら確率論と貨幣論について研究、恩師であり父の同僚でもあったマーシャルの援助を得て間もなく同大学に戻って金融論を講義した。さらに1915-19年には大蔵省に勤務、19年のパリ平和会議には大蔵省首席代表として出席したが、連合国側の過酷な対独賠償要求に反対して入れられずに辞職、以後貨幣金融政策の研究に没頭した。第二次世界大戦中には財務長官の顧問、イングランド銀行理事に就任、大戦後には国際金融機構の問題に関与して、ブレトン・ウッズ協定の成立にも大きな役割を果たした。

日本にケインズの『一般理論』が入ってきたのは、1937年（昭和12）頃で、ケインズ研究会（石橋湛山、高垣寅次郎、その他）のメンバーの一人、塩野谷

第3章　独占資本の形成・発展

九十九によって日本語訳が出されたのは1941年であった。『一般理論』が、その後の経済理論、各国で採用される経済政策に与えた影響は極めて大きい。以下でケインズの理論についての概説を試みよう。

まず、ケインズの『一般理論』の構成について記すと次のようである。

第一編　序論：一般理論、古典派経済学の公準、有効需要の原理
第二編　定義および基礎概念：単位の選定、産出高および雇用量を決定するものとしての期待、所得，貯蓄および投資の定義、貯蓄および投資の意味についての続編
第三編　消費性向：消費性向（1）客観的要因、消費性向（2）主観的要因、限界消費性向と乗数
第四編　投資誘因：資本の限界効率、長期期待の状態、利子率の一般理論、利子率の古典派理論、流動性への心理的ならびに産業的動因、資本の性質に関する諸考察、利子と貨幣の基本的性質、雇用の一般理論再説
第五編　貨幣賃金および物価：貨幣賃金の変動、雇用関数、物価の理論
第六編　一般理論の示唆する若干の覚書（略）

2　ケインズ経済理論の特徴

①　有効需要の理論

ケインズは、雇用量を決定するのは生産物に対する有効需要の大きさ（社会が消費すると期待される量と新たに投資されると期待される量との総和）であり、有効需要が生産規模（供給量）を決定し、雇用量を決定する条件であると考えた。需要は消費需要と投資需要からなっているが、経済活動に大きな影響を与えるもの、いわば戦略的地位をもつものは投資であること、そしてこれを規定するものは投資誘因であり、これはまた資本の限界効率（予想収益率に依存）と利子率に規制されると指摘している。そしてケインズは、大戦後の不況期にみられた大量の失業は、有効需要の不足から、従ってまさに投資

53

の不足から生じたものであると考えた。彼は、当時のいわば成熟した資本主義社会においては、戦時など特別の事情がなければ、完全雇用の実現は極めて困難であると考えていた。すなわち、失業（非自発的失業の存在）は、成熟した資本主義社会では正常な状態であり、失業問題の解決は社会の最重要課題であるとしている。そこで、有効需要の不足を補う役割を担って、国家が登場することになる。国家による経済政策、とくに貨幣と財政の分野における適切な政策にかけた彼の期待は大きい。彼は、生産手段の国有や計画経済への移行によってではなくて、国家が投資誘因などをコントロールすることによって、雇用問題を解決できると考えた。

では投資の増加は、雇用の増加に対してどのような波及効果をもっているのであろうか。次に投資増と雇用増の関係を、矢印で示してみよう。

投資増→所得増→消費増→雇用増↑
　　　　　　 ↳貯蓄増→投資増┘

次に投資の増加が雇用の増大に寄与する程度、波及効果について測定してみよう。この関連をみたのが、次の乗数理論である。

② 乗数理論

投資の増加がどれだけの雇用増をもたらすかは、限界消費性向、限界貯蓄性向の大きさによっても異なる。限界消費性向というのは、可処分所得の増加額のうち、消費に充てられる額の割合をいう。可処分所得は、その大部分が消費に充てられるが、一部は貯蓄される。可処分所得の増加額のうち、貯蓄に充てられる額の割合を、限界貯蓄性向という。

次に限界消費性向を10分の9、従って限界貯蓄性向を10分の1とし、投資を100単位増加させたとして、社会全体でみると所得、消費、貯蓄がどれだけ増加するかについて具体的に考えてみよう。次ページに示したところから、求める合計値はそれぞれ公比＝9/10（＝限界消費性向）とする無限等比級数の和であることがわかるであろう。例えば$\varDelta(Y)$項の合計値は、初項が100、公比＝9/10であるから、無限等比級数の和の公式をあてはめるとつぎのよう

第3章　独占資本の形成・発展

になる。

100（初項）× 1 ÷（1 − 9/10）= 1000。下線を施した 1 ÷（1 − 9/10）が投資乗数である。同様にして、⊿（S）項、⊿（C）項の合計値を求めると、それぞれ100、900である。つまり100の投資額＝所得増は、社会全体でみると100の貯蓄増、900の消費増を、従ってそれにみあった雇用を生み出すことができるということになる。また貯蓄増合計値100は最初の投資増100に等しいことも知ることができよう。すなわち投資はそれに等しい貯蓄をもたらすような水準に所得を決定するといえる。

⊿所得（Y）	⊿貯蓄（S）	⊿消費（C）
100	10	90
90	9	81
81	8.1	72.9
72.9	7.29	………
………	………	………
………	………	………
合計 1000	100	900

貯蓄＝投資の関係が成立しない場合、例えばもし貯蓄＞投資という関係がみられるならば、需要は不足し、失業が発生する。両者が等しくなり、需要と供給が均衡を保つというような状態、つまり完全雇用均衡の状態が実現されることは、現実にはほとんどないから、均衡を回復するために、国家が介入すべきであるというのが、ケインズの主張であった。

なおケインズは、雇用状態の改善を投資の増加や消費の増加によってではなくて、現存の雇用労働力の再配分によって行うという提言に対して、人々の多くは余暇時間の増加よりも、所得の増加による利益を選ぶことになるであろうとして、この説を斥けた。

投資の増加が、社会全体で見た場合、どれだけの新しい雇用を作り出すことができるかは上の検討から明らかなように、追加投資額（初項値）の大きさと、

限界消費性向の大きさによっている。以上のように、乗数理論は、投資増、所得増、消費増、貯蓄増との相関関係について論じたもの（投資乗数は 1／（1－限界消費性向）である）で、ケインズ理論の中核ということができる。限界消費性向が 1 に近ければ近いほど、投資のわずかな変動でも雇用に大幅な変動をもたらすことになる。言葉を換えれば、比較的小さな追加投資額でも完全雇用を実現することができるということになる。

ところで限界消費性向の大きさを決定する要因には、①各国の所得水準（雇用量と賃金単位をもって測られた国民所得）、②利子率、③生活慣習（主観的要因）などがある。一般には所得が大きければ大きいほど貯蓄は大きく、従って消費が小さいから限界消費性向は小さい。逆の場合には逆である。また貯蓄の大きさは、所得の大きさと、一般的には利子率によって変動する。生活慣習は、長期的には変化するが、短期的には変わらないと考えられる。従って限界消費性向の大きさは、所得（所得水準が低い国は消費性向が大きく、逆の場合には逆）と利子率によって決まると考えてもよいであろう。

次に以上の関係をもう一度確認するために、限界消費性向を変えて、消費増、雇用増がどのように変化するかを考えてみよう。先の例では、限界消費性向を 10 分の 9 として試算したが、今これが、10 分の 8 であったとすると、次のように変化する。所得増を同じく 100 とすると、消費増は 100 × 8/10 ＝ 80、貯蓄増は 20 である。投資乗数は 1 ÷（1 － 8/10）＝ 5 である。従って消費増は、社会全体でみると、80 × 5 ＝ 400 となる。限界消費性向が 10 分の 9 から 10 分の 8 に低下すると、投資乗数も小さくなり、投資増に対する波及効果もそれだけ小さくなるということがわかったであろう。所得水準が高い国では、一般に限界消費性向が相対的に小さく、貯蓄性向が大きいから、その限りでは投資増に対する波及効果も従って小さくなるということがいえるであろう。

3　投資を誘導するための諸施策

限界消費性向は、短期的にみれば大きな変化はない。そこで雇用の増加に寄

与する変数としては、追加投資額をまずあげなくてはならない。では投資を刺激するにはどうしたらよいのであろうか。投資を決定する要因は二つある。一つは資本の限界効率、もう一つは利子率である。資本の限界効率は、予想収益率の変動に規制されて変動するが、一般的に投資の増加とともに低下していくと考えられる。投資は、資本の限界効率が利子率と一致するところまで続けられると考えられる。そこで、投資を意識的に刺激するためには、利子率の引き下げが必要である。

1) 利子率の引き下げ

利子率はどのようにして決定されるのであろうか。それまでの経済学（マーシャルの項を参照）は、利子率は投資Ｉと貯蓄Ｓの関連、その均衡点で決まると考えられてきた。すなわちＩ＞Ｓ（投資意欲が活発）なら利子率が上昇するため、Ｉが減少してＳが増加し、結局Ｉ＝Ｓ（逆の場合には逆）に落ち着くと考えた。これに対してケインズは、利子率を決定する要因としての貨幣の需要と供給について次のように述べている。貨幣を需要する具体的動機には、取引動機（個人的ならびに営業的取引のための現金需要、これは所得の大きさ、経済規模の大きさにより変動）によるもの、予備的動機（将来要求されるかもしれない、いわば不時の支出への配慮）、および投機的動機（貨幣の蓄蔵手段としての機能から発生）という三つがある。これらのうち、最初の二つの動機にもとづく需要の大きさを決めるものは利子率ではない。また投機的動機をもとにした貨幣の需要も、利子率を決める要因とはいえない。利子率の方が需要の大きさを決めるのであって（つまり、場合によっては債券類へ流れる可能性をもつ）その逆ではない。従って投資を引きだそうとするならば、貨幣の供給量を意識的に調節して利子率を変動させる必要があるということに着目した。

貨幣の供給（貨幣発行量）は、当時の金本位制下においては、金とリンクさせて自動的に決定されるものとしてとらえられていたが、ケインズは、これを国内の経済状況に応じて当局が調整すべきこと、従って管理通貨制がのぞましいと提唱した。そうすれば、貨幣の供給量を必要に応じて増大させることがで

き、金利を引き下げることによって投資を引き起こし、従って所得が増加するから、いわゆる不況対策として極めて有効だと考えたのである。すなわち、不完全雇用（完全雇用水準以下の状態）下では、貨幣供給量を増加させれば利子率が低下し、投資が増大して雇用の増大を可能にする。これには、前述のように管理通貨制への移行が必要であるとした。これは金本位制に経済の自動調節機能（輸出減→貿易収支の赤字化→金流出→金準備減→貨幣供給量減→利子率上昇→投資減→物価低落→輸出増→貿易収支の黒字化→金流入→金準備増→貨幣供給量増→利子率低落→投資増→物価上昇→輸出減）を求め、従って金本位制の維持を強く主張した当時の理論と対立する理論である。

ところで投資は、利子率の変動につれて直ちに増減するとはいいきれない。何故ならばもし予想収益率が相対的に小さければ、利子率の低下に連動して投資が引き起こされるとは限らないからである。そこで、予想収益率が小さい不況下においては、投資を刺激するためには、利子率の引き下げのほかに、もう一つの方法が考えられねばならない。財政支出の拡大というより直接的な方法である。国家が不景気を救う救世主として登場することになる。

2) 財政支出の拡大

今までは、所得 Y ＝消費 C ＋貯蓄 S あるいは Y ＝ C ＋ I （投資）と考えて来た。つまり、政府支出（G）を捨象して考えて来たが、次に G についても考えてみよう。

G は利子率や予想収益率その他によって影響されることなく、政府の意思によって独立に決定できるという点で、民間資本の I とは違った側面をもっている。政府は、財政支出の拡大、公共事業投資の増大によって、直接的に雇用の増加を引き起こすことができる（あるいは減税によって、つまり可処分所得を増大させることによって、消費の増大、雇用の増大をもたらすこともできる）。ケインズは財政支出の拡大こそ、需要の創造効果を著しく高めるものであると考えた。財政支出の拡大によって需要の不足をカバーし、完全雇用の実現に近づけることを提唱した。しかし不況下においては、財政支出の財源の中心とな

る租税収入も小さい。とすると財政支出を拡大するためには、国債発行によらざるをえない。国債発行によって政府の収入を増やす必要がある。国債発行は国民からの借金であるが、これを有力な財源として有効需要を発掘することができる。もっとも、さきにみた貨幣供給量の増大や国債の発行は、結果としてはインフレを引き起こすことがある。インフレによって、金融資産は必然的に目減りすることになり、従って、金利生活者の利益がある程度犠牲にされることになる。しかし、金利生活者＝高所得者は一般に貯蓄性向が大きく消費性向が小さい。従って需要拡大効果が相対的には小さい（投資乗数が相対的に小）。高所得者の可処分所得の減少は、景気上昇を大きく阻害するものではない。ゆるやかなインフレ、高所得者層に対する累進課税や高率の遺産相続税の賦課（平等化政策）は、有効需要の拡大という観点から肯定されたのである。

　一方賃金についてみると、インフレは一般的には実質賃金を引き下げることになる。伝統的経済学では、失業の根拠を賃金が高すぎるということに求めており、従って失業を減らすためには、賃金率を低下させる必要があると考えられてきたが、実際には名目賃金を引き下げるのは不可能に近い。何故なら名目賃金の引き下げに対する労働者の抵抗は、実質賃金の引き下げに対する抵抗よりも遙かに大きいと考えられるからである。今仮に、名目賃金に変化はなかったとしよう。インフレのために生産物の市場価格が上昇するならば、賃金コストは相対的には低下し（実質賃金は切り下げ）、これによって生産コストが相対的には切り下げられることになろう。従って利潤は上昇し、生産が刺激される。従ってまた、雇用も増大し、失業者が減少する。またもし名目賃金が上がる（実質賃金は据え置き）ならば、その分だけ消費が拡大するであろうから、それはそれで、需要の増大、雇用の増大を可能にする。いずれにせよ雇用の増大、失業の解消という観点からみるならば、ゆるやかなインフレはむしろ望ましいということができる。

　以上のように、ケインズは、有効需要の大きさが社会全体の生産規模をきめる要因であること、そしてまた雇用規模を決定する要因であると主張した。ま

た失業の存在は有効需要の不足によって引き起こされたものであると考え、自発的失業（現行の賃金水準では働く意志がないために生ずる失業）とは区別しなければならないとしている。有効需要の不足を埋めるための経済政策の必要を説いたのである。国家は生産手段の国有というような統制手段を取るのではなくて、利子率の決定と租税機構による適切な対応によって、需要を開発し、完全雇用を達成するに必要な措置をとらねばならないとした。これは、個人主義に対する恐るべき侵害とみえるかもしれないが、実際には、それとは反対に、現存の経済機構の全面的な崩壊を回避するための唯一の実行可能な手段であり、個人の創意を効果的に機能させる条件でもあると指摘している。

　以上のように、政府の財政、金融政策による有効需要の管理、政府の理性主義的財政・金融政策が、国民所得、雇用量、市場利子率などに大きな影響を与えることに注目したのがケインズである。巨視的な所得分析を経済学の中に取り込み、経済全体の枠組みの中でとらえ直すという分析視角を、マクロ経済学の観点という。

4　ケインズ理論の実践と批判

1) ニューディール政策

　マクドナルド内閣によって1931年に実施された緊縮財政政策（失業保険給付額の圧縮→雇用の増大）に対して、ケインズは企業の利潤と社会全体の所得との相違を認識しない政策であるとして、これを退けた。すなわち、なるほど企業にとっては賃金、失業保険負担額が下がればその限りでは生産コストが下がるために、利潤が増加することになり、その結果投資意欲が高まり、雇用が増大するようにみえる。しかし、社会全体としてみると、賃金の切り下げに伴う可処分所得の減少は、需要を減少させ、従って製品の市場価格を低落させるから経済活動は低迷し、雇用水準も低下することになる、というのが彼の反対の理由である。これに対してニューディール政策は、政府が需要を自ら作り出すことによって、最終的には雇用を作り出すことができた（政府による総需要

第3章　独占資本の形成・発展

管理の実施)。

2) 第二次世界大戦後の諸政策

　間もなく第二次世界大戦が始まり、戦争遂行のために資源の計画的、合理的な動員が重要な課題になった。軍事力の増強と資源の有効な配分のための政策が、結局雇用問題を解決することになったのである。

　第二次世界大戦後は、ほとんどすべての資本主義国で、ケインズ理論に基づく金融政策、財政政策（後述）による需要管理政策が採用され、急速な経済成長を支えることになった。それに伴ってインフレが進行したが、かなり高い賃金の上昇率も記録された。同時に生産性の伸びも著しく、失業率は概して低かった（1960年代までは、フィリップス曲線[1]の存在を確認することができた）。このような事実から、1960年頃までは、ケインズ政策の有効性が確認され、これによって経済がコントロールされていたといってよい。

　しかし1970年頃から、財政、金融政策による成長促進－雇用安定という図式に疑問が投げかけられるようになった。財政支出の拡大に伴う相次ぐ国債の発行はインフレを進行させ、経済環境の不安定化を引き起こした。しかも、雇用状態も改善するどころかむしろ悪化した。インフレの進行と失業率の上昇（1970年代、スタグフレーション）という事実、すなわちケインズ理論では説明されていない事実に対して、これをどのように解釈し、この新しい事実をいかにうけとめるか、解決の方法はないか、ということが模索された。こうして脚光を浴び始めたのが次のような理論であり、これらの理論を実際に取り入れて、その経済政策の下敷きにしたのがレーガンであった。以下で簡単にそれらの理論とレーガンの経済政策について紹介しよう。

3) ケインズ批判

① 合理的期待形成

　経済政策の実施と効果は、情報の発達の結果あらかじめほぼ正確に予測することができるから、既に生産主体の行動に反映されており、従って政策の効果は、短期的にしかあらわれない。財政、金融政策は、国民がその実施を全く予

61

② マネタリズム

マネタリズム理論　P（物価）× Y（産出量）= M（貨幣供給量）× V（貨幣の流通速度）、V が一定であるとする（経験的事実としてはこれは安定している）と、名目国民所得 P × Y の大きさは、M の大きさによって決められる。マネーサプライの増大を伴う財政支出の増大はインフレを加速する結果となる。財政政策が雇用に及ぼす影響は一時的なものにとどまり、フィリップス曲線は、自然失業率の水準で垂直になる。言葉を換えると、長期的には経済は自然失業率[2]に対応する水準に戻る（フリードマン）。

すなわちケインズの総需要管理の効果は一時的なものにとどまる。名目国民所得は貨幣数量によって決まる。故に貨幣量増加率を管理（年率で3〜4％程度に固定）することが望ましい。

③ サプライ・サイド経済学

ケインズの需要サイドから見た経済学に対する批判として提唱された供給重視の議論で、税制（インフレと法人会計との関連）や社会保障などによる政策は、労働者の労働意欲の低下、企業の投資意欲の低下を引き起こし、経済活動の停滞の原因を作り出す。ゆえに、経済再生には減税を軸とする税制改革が望ましい（フェルドシュタイン）。

④ レーガンの経済政策（1981 − 89）

ケインズ理論は、政府の介入によって、市場経済がもっているデメリットを克服しようとするものであったが、財政収支の悪化やインフレを引き起こすなどの副作用を伴っていた。そこで80年代には、サッチャーやレーガンなどにより、インフレの収束と経済成長による雇用の回復を政策目標として、上記の②、③の理論が採り入れられた。しかしその結果、次のように双子の赤字（貿易収支の赤字＋財政収支の赤字）が拡大し、また80年代後半には、アメリカは債権国から債務国に転換した。

金利の引き上げ[3]→高利公債への外国資本の投資増加、それに伴うドル買い増加→ドル高→貿易収支の赤字拡大[4]

減税→需要増加→輸入増加→貿易収支の赤字拡大[4]
経済成長の減速化→財政収支の赤字拡大[5]

4）　ケインズ理論の発展

これまで述べてきたケインズ理論の課題は、一国の経済活動を対象とし、第一次世界大戦後の不況の回復、大量の失業の克服策を探ることに置かれてきた。繰り返しになるが、ケインズは、失業の原因を有効需要の不足に求め、適切な財政・金融政策（特に財政政策）によってこの不足をカバーし、雇用の安定を回復することが可能であると考えたのである。そして現実に、各国政府によってその理論が取り入れられ、雇用の改善、各国経済の安定に貢献してきた。彼は所得、貯蓄・消費性向、投資要因、雇用などの間の関係に対して明快な分析を加えたのであるが、成長の要因を問い直し、資本ストックの問題（時間的要素の導入）とも関わらせ、さらにまた投資の増加がもつ波及効果についても改めて問題にした議論が登場した。ケインズ学派と呼ばれる人々（ハロッド、ソロー、トービン、ヒックス、ハンセン、ロビンソン、サミュエルソンなど）の中から代表的な議論を次に紹介しておくことにしよう。

①　ハロッド＝ドーマーの経済成長の理論

現実の投資がどれだけ生産量を拡大させうるかは、資本のストック量によっても異なってくるという点に着目した。資本の生産性ないしは資本係数という考え方を導入して、均衡のとれた経済成長（潜在成長率の実現）の問題を考えてみようというのである。

彼らによると、企業家の満足が得られるような、設備の完全稼働下における経済成長、そして完全雇用の実現を可能にする、いわば最大限の経済成長率は次の式に帰結する。

　　貯蓄率 s ×資本の生産性 $1/C$
　　　　＝労働人口増加率 n ＋技術進歩率（労働生産性増加率）z
　　　　　　C ＝資本係数＝（資本ストック／産出量）

しかし以上のような均衡は偶然的にしか達成されない（ナイフの刃の上の均

衡)。そして現実の成長率がこの水準から遊離すると、成長軌道から次第に遠ざかるという傾向がある。従って軌道修正のための政策的考慮が必要になってくると論じた[6]。

② ソローの成長理論

彼は、ハロッドがほぼ不変と考えた資本係数を、変化するものとして成長理論を書き替えた。すなわちもしも、

$s/C > n + z$ つまり資本ストックの成長率が著しく高く、労働人口増加率が相対的に小さかったとすると、賃金は利子率よりも相対的に高いことになるから、企業は労働を資本に置き換えようとし、その結果資本係数 C が上昇するから、s/C は小さくなり結局両辺が等しくなるという方向を辿る。$s/C = n + z$ という関係は、いずれは成立するというのである（逆の場合は逆）。ソローはまたアメリカ経済の成長要因について、アメリカの1909－49年のデータを分析し、GNP成長率に対する諸要因の寄与度を計算して、技術進歩率が最も高かったとしている。

GNP成長率2.9％＝資本成長率0.32％＋労働人口成長率1.09％＋技術進歩率1.49％[7]

③ ハンセンの長期停滞論

仮にケインズの消費性向についての議論が正しいとするならば、経済発展過程を長期的にみると、経済の順調な発展→所得の増大→限界消費性向の低下→有効需要の不足→長期停滞へ。

また資本節約的な技術革新＝ $S > I$ →有効需要不足→長期停滞へ。

従って、長期停滞に対処するためには、政府財政支出の増大、混合経済への移行が必要である。

5）　ニューエコノミー論の登場

1990年代のアメリカをモデルとして登場した。未だ定説はないが、結局従来の景気循環論を否定し、持続的景気拡大の可能性を示した議論である。図式化すると、次のようになる。

IT産業を中心とする技術革新→生産性の上昇→インフレなき経済成長→実質賃金の上昇・失業率の低下・消費の拡大

これに対しては、IT産業を中心とする技術革新の効果をどのように理解するか、生産性の上昇はどのような局面で実際に可能になったかなど、現在論争中である。

注
  1）イギリスの過去100年の統計分析の結果得られた曲線で、失業率（横軸）、名目賃金上昇率（縦軸）の関係が、負の関係にあることを示す曲線である。
  2）転職などに伴う一時的失業（摩擦的失業）と個人の自由意思による自発的失業。従って、完全雇用状態での失業。
  3）プライムレート（最優遇貸出金利）：1970年代7％前後、1980 21.5％、1981 15.75％、1982 11.5％
  4）貿易収支の赤字（億ドル）1983－524、84－1018、86－1383（外国経済統計年報）
  5）財政収支の赤字（億ドル）1981年度（80／10－81／9）－789、83－2078、86－2212
  6）またハロッドは、景気循環について（1954『景気循環論』）、ケインズの乗数理論をとりあげたうえで、新たに加速度原理（消費財の需要増加＝資本財の需要増加×倍数）を導入した。加速度原理によって投資が増加すると、乗数効果でさらに所得が増加し、消費が拡大する。消費の拡大は加速度原理によって投資の拡大を引き起こすというような過程をとおして景気循環が生じるとしている。
  彼が1933年に刊行（1957改訂）した『国際経済学』では、ケインズ経済学では捨象されていた国際貿易の観点を導入して、乗数理論を次のように発展させている。
    所得増＝（投資増＋輸出増）×1／（限界貯蓄性向＋限界輸入性向）
  7）日本でも、大川＝ロソフスキーの共同研究（1955－61のデータ分析）によって、日本の成長率（$\Delta Y／Y$）13.03％＝資本成長率2.88＋労働人口成長率3.40＋技術進歩率6.75という数式が示されており、諸要因のうちとくに、技術進歩への依存度が高かったことが示されている。その後の成長要因については、次の国民所得の章で検討することにする。
  なお日本の成長率の高さについては、生産技術水準の高さの他に、いくつかの要因が指摘されているが、とくに、良質な労働力、優秀な素材、部品など周辺業種や適応力に優れた中小下請け企業の存在などが、日本の成長を可能にした要因とされている。

第4章 国民所得

第1節 国民所得

① GNPとGDP

　一国の経済活動の全循環を捉えるために作成された統計として、現在は、国民所得勘定、産業連関表、資金循環表、国民貸借対照表、国際収支表などがある。これらのうち、とくに国民所得勘定は、わたくしたちが最もよく触れることが多い統計で、GDP統計として広く利用されている。そこでここでは、GDP、GNPとは何かについて説明しておくことにしよう。

　GNP（国民総生産）は、年々の生産活動（財とサービスの合計）の結果生み出された粗付加価値の合計である。具体的には後述する。これに対して、GNPから海外に進出した企業などが受け取る配当金や利子などの受け・払いの差額（海外からの純所得）を控除した額をGDP（国内総生産）といい（生産物の輸出入は含まれる）、国内における経済活動を純粋に反映した数値として用いられている。海外との資本取引が後述するように拡大している現在においては、これを考慮して国内の経済活動の水準をみていく必要があることから、日本においても90年代に入ってから経済企画庁の発表はGDP統計に改正された。

　以上の数値は、測定時点の生産物の市場価格を基礎にして算出される。いわば名目GDPである。しかし物価の上昇によって、実態以上に高い数値が算出されることがあり得る。インフレが異常な速度で進行している時には、実態との乖離がそれだけ大きくなる。そこでこの点を考慮して算出したのが実質GDPである。実質GDPとは、名目GDPをGDPデフレーター（基準年を100として算出した物価指数）で修正した額である。

第4章　国民所得

　以上名目GDP、実質GDPについて説明してみたが、私たちがよく耳にするのが、経済成長率という言葉である。これは当該年の実質GDPを前年の実質GDPと対比した数値であり、何％の成長率というように表現されている。
　GDPは、一年間にどれだけの付加価値が生産されたかを示すもので、フローの概念であるが、これだけでは私たちの生活の豊かさをはかることはできない。もう一つの指標としてストックの問題（例えば土地、住宅、社会的資本の大きさなど）を導入する必要がある。例えば、私たちの年収の他に、どれだけの預金其他の資産があるかによって、それぞれの豊かさに差がでてくることを考えてみればよい。つまり社会的資本の蓄積如何によっても、豊かさの内容には差が生じる。巻末の表1から、住宅その他の生活環境も参照して考えてみよう。
　さて経済活動は、生産−分配−支出の三面から観測することができる。生産されたものは、賃金、利潤、利子、配当などに分配されるが、これらはそれぞれ労働者、資本家などの所得を形成することになる。所得のうちの大部分は消費または投資されるが、一部は在庫を形成することになる。その結果翌年の生産活動が可能になる。このように、経済活動は、生産、分配、支出の三面から構成されているが、いずれの側面からみても、その数値は基本的には同一である（三面等価の原則）。以下三面について、より具体的な説明を加えていこう。

②　三面からの分析

＜生産面からみた国民所得＞

　まず、生産面から見たGNP（Gross National Products）について考えてみよう。
　GNPは、最終生産物に含まれた粗付加価値の合計であるが、これを計算するにはどのような手続きが必要であろうか。各生産部門の生産額を単純に集計するだけでは正しくない。計算の重複を避けるために、総生産額から原料などの中間生産物を差し引く必要がある。例えば、洋服を取り上げてみよう。その生産のためには、中間生産物である糸ないしは布を購入する必要がある。また

糸などの生産のためには、農産物である綿花や羊毛その他を原料として購入しなければならない。それぞれの売上額を合計すると、原材料費（中間生産物）が重複計算されることになる。そこで粗付加価値の合計を計算するためには、各生産部門の生産活動によって生み出された総生産額から、それぞれが生産に当たって使用した中間生産物を差し引く必要がある。以下にGNP、NNP、NI、GDP（Gross Domestic Product）の関係を示そう。

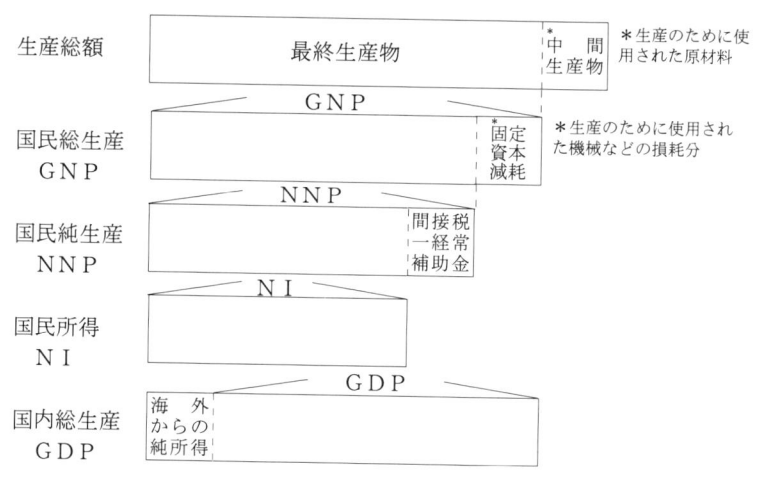

```
生産総額    │  最終生産物  │中間│  *生産のために使
                         │生産│   用された原材料
                         │物  │
              GNP
国民総生産  │            │固定│ *生産のために使用され
 GNP                     │資本│  た機械などの損耗分
                         │減耗│
              NNP
国民純生産  │            │間接税│
 NNP                     │経常 │
                         │補助金│
                NI
国民所得    │            │
 NI
              GDP
国内総生産  │海外│       │
 GDP       │からの│
           │純所得│
```

＜分配面からみた国民所得＞

　新たに生産された粗付加価値は、生産の担い手である労働者と企業などに分配される。

　分配面からみた国民所得＝雇用者所得（賃金、社会保険料など雇用主負担額）＋法人所得（配当控除後）＋財産所得（利子、配当）＋公的企業所得＋固定資本減耗＋間接税－補助金

＜支出面からみた国民所得＞

　分配された所得は、主に個人消費のために用いられる。また一部は、公共サービスを提供する政府によって支出され、さらに拡大再生産のために必要な設備の購入に、あるいは民間の住宅投資などの長期的な目的をもった支出のために使用され、残りは在庫（在庫の対前年比増減）を形成する。また一部は輸出（輸

出－輸入）される。

　支出面から見た国民所得＝民間最終消費支出＋民間総投資（住宅投資、設備投資、在庫投資）＋政府支出（最終消費支出、固定資本形成、在庫投資）＋純輸出（輸出－輸入）

第2節　国民所得決定の理論

国民所得 Y（現実の GDP）
　　＝民間消費＋民間総投資＋政府支出＋輸出－輸入　　　……①
完全雇用国民所得（潜在 GDP）　　　　　　　　　　　　　……②
　（潜在 GDP ＝インフレを引き起こさないで、我々がもっている労働力、資本、技術などの生産要素を完全利用することによって得ることができる生産力＝潜在生産力を基礎にした Y）
　もし①＜②ならば　均衡を回復するためには需要が不足していることになる。
　有効需要が不足している状態をデフレ・ギャップがあるという。このギャップを埋めるためには、公共事業投資などの財政による追加支出が必要である。
　この逆①＞②の場合をインフレ・ギャップといい、物価の上昇、名目賃金の上昇によって、ギャップが埋められる。
　バブル崩壊後はデフレ・ギャップの段階である。成長の制約要因はいろいろあるが、生産年齢人口の動向、物流上の制約、環境問題、対外摩擦などからくる制約、特定のリーディング・インダストリーの不在、消費者志向の変化などがあげられている。
　巻末の表2は、GDP の支出項目をとって、それぞれの最近10年間の対前年増減率をとったものである。GDP の約6割を占めている民間最終消費支出が、97年にはマイナスに転じたことが、経済成長率を押し下げる重要な要因になっていること、その後ようやくプラスに転じたものの、95、96年の伸びに較

べればなお軟調であることが示されている。またGDPの2割近くを占めていた民間企業設備投資も、98、99年の2年続けてマイナスである。既存の設備も労働力もフルに活用されておらず、いわばデフレ・ギャップの状態である。このような時、財政支出によって、ギャップを埋めるにはどの程度の支出が妥当であろうか。次に最も簡単なモデルをとって考えてみよう（但し以下の数式によって算出された数値は、どのような費目の財政支出が、経済成長に対して効率的か、ないしは国民の経済生活の向上に寄与するのかについての答えをだすことはできないが……）。

今仮に完全雇用国民所得＝420兆円、現実の国民所得＝400兆円とすると、需要の不足は20兆円である。20兆円のデフレ・ギャップを埋めるためにはどれだけの投資が必要であろうか。最も単純なケインズの方程式を当てはめて計算してみよう。

　　政府支出＝G、　限界消費性向＝0.6とすると、

　　需要の増加額（補　額）$20 = G \times 1/(1-0.6)$　∴ $G = 20 \div 2.5 = 8$

すなわち8兆円の財政支出の追加が必要である（ケインズの乗数理論の項を参照）。

第3節　日本の国民所得

1　戦後経済成長の軌跡

戦後日本の経済成長率の高さは、諸外国の注目するところであったが、その事実関係を統計的に確認しておくことにしよう。まず1950－60年の10年間について、日本と同様に戦争による大きな破壊を体験したヨーロッパと日本の実質GDPの平均増加率をとると、フランス、オランダなどは平均4.5％－4.8％であるが、日本は約9％でそれらの約2倍に達し、同じく敗戦国であり戦後著しい発展をみたドイツの約8％をも上回る実績をあげていた。この格差は、

第4章　国民所得

以後70年代初頭までほぼ変わることなく維持されていった。その後の推移は各国間のブレが大きいものの、概して日本の実質経済成長率は大きく、その結果1人当たり名目GDPをとると、1988年には、ついにアメリカのそれを上回ることになった。巻末の表3（1）は、70年代以降のGDPを世界各国のそれと比較したものである。70、80年代はアジアの時代ともいわれているが、アジアNIEs諸国（韓国、香港、台湾、シンガポール）は高い成長を実現し、1人当りのGDPが急増していることが示されている（なお、表示はしなかったが80年代の半ばの5年間における各国の実質成長率を示すと、1984－88年平均成長率は日本4.5、アメリカ4.0、イギリス3.3、フランス2.2、西独2.5に対して、83－87年平均成長率は韓国10.5、台湾8.9、シンガポール5.0である）。しかし90年代に入ると様相は一変し、表3（2）のように、日本の成長率は先進国中の最低となった。

　表4は高度成長期以降の日本の経済成長率の推移をみたものであるが、戦後50年間の成長の軌跡を大きく区分すると、復興期（1945－55）、高度成長期（1955－73）、それ以降の安定成長期からバブル経済期、90年以降のバブル崩壊期に分けることができる。まず復興期についてみることにしよう。1931年（昭和6）9月の満州事変以来約15年におよぶ戦争は、日本産業の重化学工業化を押し進めたが、消費財生産部門の発展を犠牲にし、また敗戦時点までには多くの生産財生産部門も戦争による破壊を免れることができなかった。工業用原料の輸入も困難になったこともあって、鉱工業生産指数は戦前の1／3に落ち込み、生産能力の著しい不足に伴って物価は高騰を続けた。生産力の回復、経済の安定は、経済・社会機構の民主化を押し進めていくためにも不可欠の課題であった。そしてそのためには、限られた人的物的資源をいかに効率的に配分していくかが重要課題となった。産業の米といわれる石炭や鉄の生産拡大、戦時中に著しく生産力が低下した消費財生産部門に属する繊維などの生産拡大のために、資金を含む諸資源が重点的に配分された（傾斜生産方式）。その結果50年代に入って間もなく、鉱工業生産指数はほぼ戦前の水準に回復し、1

人当たり実質 GNP は 53 年に戦前水準を突破した。もちろんその過程は決して順調であったわけではない。傾斜生産方式をバックアップした復興金融金庫による巨額の融資、そのための日銀引き受けによる復金債（復興金融金庫債）の発行は、物価を上昇させていく要因になった。すなわち商品の生産（供給）は拡大したが、通貨供給量の増大によって、物価は約 100 倍（46 年基準）の上昇を示した。しかしこの未曾有のインフレは、いわゆるドッジの政策（財政資金を中心とする産業資金供給の縮小、超均衡予算の編成）によって急速に収束の時を迎えることになった。52 年には 11 ％、53 年 7 ％と高い実質成長率を実現しながら、内需拡大を基礎とする消費財生産の拡大、産業基盤を整備、強化するための重化学工業生産の拡大がはかられていった。

　復興を成し遂げた日本経済は、1954 年不況を体験するものの、以後力強く高度成長の時代に入っていくことになる。56（昭和 31）年の経済白書は「もはや戦後ではない」と高らかにうたいあげている。現実の成長テンポは、予想を越えたもので、神武景気（55 - 57）、岩戸景気（59 - 61）と名づけられた好景気を体験した。二つの好景気を体験した 50 年代後半の実質経済成長率の年平均は 8.4 ％であったが、それに続いて 60 年には国民所得倍増計画（以後 10 年間に実質で 2 倍とする目標）が発表され、成長率の一層の上乗せが期待された。その具体的な施策として、太平洋ベルト地帯を中心とした重工業の工場建設が進められていくことになった。実際の成長率について国際比較を試みると、60 -68 年の平均実質成長率は、日本 10.2 ％、アメリカ 4.5、イギリス 3.1、西独 4.1 であり、日本の成長率の高さを再確認することができる。オリンピック景気（63 - 64）、さらに長期のいざなぎ景気（66 - 70）を体験しつつ、日本経済は成長に成長を続けていった（表 4 (1) 参照）。

　しかしここで体験した高度成長は、産業構造がエネルギー多消費型の構造であったがゆえに、エネルギー問題に必然的に直面することになった。かつては黒いダイヤとして重視されていた石炭の生産は、相次ぐ生産合理化、生産コストの引き下げ努力にもかかわらず、採掘条件の悪さをカバーすることができず、

国際競争に敗退していき、代わってエネルギー源の主力は輸入石油になっていった（一次エネルギーの構成比をとると、1953年には石炭52.8％、石油17.7％に対して、61年には両者が同率の39.9％となり、以後石油の比率が急速に増大して70年には70％台に達し、石炭産業は斜陽化の道をたどることになる）。

　予想を上回る高度成長と歩調を合わせて、消費革命も進行した。貿易の規模は大きく引き上げられ、また1960年台に入ってから貿易の自由化が進む中で、貿易収支も恒常的に黒字に転換していくことになった。64年がその転換点であったが、後述するように、黒字幅もまた拡大していった。順風満帆にみえたこの成長に水をさしたのが、73年秋のオイル・ショックであった。

　1971（昭和46）年のドル・ショック（ニクソンによる金とドルの交換停止声明、つまり戦後国際通貨体制の危機）に引き続くオイル・ショック（73.10月原油価格1バーレル3ドル1セント→12月11ドル65セントに引上げ）によって、エネルギーの大部分を輸入石油に依存していた日本経済の受けた衝撃は、当然極めて大きいものであった。表4（1）に示したように、74年には実質成長率はマイナスに落ちこんでいる。一方名目成長率は73、74年とも著しく高いことから、この時期の物価上昇率がいかに高かったかを知ることができよう。トイレットペーパーその他生活必需品の品不足予想が、消費者を買い溜めに走らせたのは、最近の93年から94年にかけてみられた一種の「平成米騒動」に通じるものがあった。このような消費者の行動も、物価引き上げの主たる要因ではないものの、一時的にはそれに一役かっていたものといえよう。

　エネルギー危機に対応した技術革新、産業構造の転換によって、その後の日本経済は長期の安定成長期に入った。国際競争力の強化とともに、高度成長期の負の遺産である公害問題への対応、さらに生活環境、居住環境の改善のための取り組みなど、地球規模での問題、また市場の原理のみでは対応できない環境問題への多面的な配慮が必要になっていった。安定的な経済成長の維持、広い意味での福祉政策、環境政策の実行のために国の財政支出によせる期待はますます高まっていった。

石油ショック後には、高度成長期にみられたような経済成長率を再び体験することはなかったが、表4(1)のアメリカの成長率と比較してもわかるように、相対的に安定的な成長を持続させていった。また貿易収支尻の黒字が1980年代半ば以降大幅に拡大したことが、国際的に問題となったことから、内需の拡大と結びついた成長が、内外から期待された。86年の前川レポートはその方向を内外に示したものである。内需の拡大のために、減税、都市の再開発、労働時間の短縮などの必要が指摘され、そして低金利政策が推進されていくことになった。金融の国際化も進展したため、内外の豊富な低利資金を活用して、株式や土地などを中心とするいわゆる資産への投資が相次ぐことになった。80年代前半には比較的安定した上昇率を示すに止まっていた地価は、87年から大幅な上昇を示すようになった（例えば3大都市圏住宅地の公示価格変動率を示すと、86年には対前年比で2.7％、87年には13.7％）が、これに刺激された地価上昇への期待が、土地の仮需要拡大をもたらし、翌88年の同公示価格上昇率は46.6％と急上昇した。株価も同様に上昇し、日経平均株価は86年末18,701円、87年21,564円、から88年30,159円、89年38,916円へと上昇した。土地や株式に代表される生産活動と直結しない資産評価額の急増が数年間続いてみられたが、これは後にバブルであったことが明らかになった。生産活動を基礎とした付加価値の増加を示すGNP対キャピタルゲインとキャピタルロスとを比較した図1によって、この時期のバブルの大きさを知ることができるであろう。それは田中内閣の列島改造計画時に見られた土地上昇規模をはるかに上回るものであり、低成長期に展開した熱病であった。地価や株価の水準がバブルであるという国民的コンセンサスがないままに、いわゆる財テクブームが続いていった。88年をとって、日本の土地価格の評価残高をとると1842兆円で、日本の面積の25倍といわれるアメリカの444兆円の4倍を記録している。このバブル期は、世界的に土地関連投資が急上昇した時期ではあるが、日本の地価水準の高さは、この数値からもわかるであろう。

　1986－89年のキャピタルゲイン累計は、土地が1148.9兆円で株式の558.7

兆円を上回っていた。この時期のキャピタルゲイン・ロスを主体的にみたのが表5である。非金融法人企業、金融機関が先導する形で、家計もバブルの中に巻き込まれていったことを知ることができよう。それは個人の消費ブームを呼び起こし、ブランド指向に象徴されるような高度消費社会を生み出したのであって、その限りでは内需拡大に寄与することになった。しかし山高ければ谷深しであって、株価（日経平均）は89年末の38,916円をピークとして崩壊（90年末には日経平均株価23,849円）し、地価も91年以降暴落した。法人企業のみならず個人（家計）も、バブルの崩壊によって受けた傷がいかに大きなものであったかを、表5のキャピタルロスの実態から知ることができるのである。しかし、いわば土地本位制経済は、90から91年には遂に崩壊し、後には暴落した株と土地、100兆円前後の巨額の不良債権が残された。不良債権の処理が、90年代の大事業として残ったことになる。経済成長率も表4(2)のように急速に鈍化し、経済成長率の引き上げ、信用制度維持のために、さまざまな財政・金融政策が打ち出されていった。企業の再建、整理のための資金的援助、金融機関の破綻処理制度の新設、預金者に対するペイオフ実施の5年間凍結、金融監督庁による銀行検査など、さまざまな制度新設ないしは改正が実施されたのである。にもかかわらず、上述のように今までに類をみない低成長が持続し、倒産件数の激増、4％を超える失業率など、経済指標は悪化していった。

2　産業構造の変化

　戦後日本の再建は、アメリカの占領政策のもとに開始された。経済・社会の民主化のために農地改革、労働改革を実施するとともに、非軍事化政策を進めるために財閥解体・独占禁止政策が推進された。独占による諸弊害の排除、自由競争による国民の利益の擁護が企図され、競争秩序の維持のために、1947年にはいわゆる独占禁止法が公布された。カルテル行為は全面的に禁止され、同法の実施と監視の機関として、公正取引委員会が開設された。しかし冷戦に伴う占領政策の転換の中で、49、53年の2回にわたり独禁法の改正が実施さ

れ、独占禁止政策は後退していった。すなわち、不況、合理化カルテルが承認され、株式の持ち合いも制限付きで認められた。株式の持ち合いが進み、以後企業集団結成の方向が進行していくことになった。

この時期に採用された経済政策の中心的課題は、何よりも、日本経済の自立的発展の道を探ることに置かれることになった。財政、金融面その他の諸政策によって、重要産業を育成していくことに力が注がれていった。再建政策の具体的な柱として採用されたのが、傾斜生産方式であった。4大重点産業として、鉄鋼、海運、石炭、電力が指定され、低金利融資、税制面での特別措置、技術輸入や原材料確保に際しての優先的措置など、それらの産業発展を促進するために、多面的な政策的考慮がなされている。政策的バックアップや業界団体による生産、労務管理、先進技術導入のための技術者や労働者、経営者の派遣・交流などに支えられ、化学、機械など、比較的歴史の新しい産業部門でも、生産力の発展がみられ、重化学工業化は急速に進んでいったのである。

貿易為替の国際化が進む60年代に入ると、大型合併と大型投資が大企業を中心に見られるようになったが、それに対応して中小企業の合理化も進められていった。政府は中小企業の技術改善のために補助金を交付し、また低利融資によってこれをバックアップしていった。こうして達成された中小企業における労働生産性の向上はまた、それらを下請制度的に支配する大企業（中小企業のうち、下請制下の中小製造企業の比率は、『中小企業庁工業実態基本調査』によると、66年53％、76年61％）にも当然大きな利益をもたらすものであった。前述した高い成長率はこのようにして実現されたのである。

一方農業部門においては、農産物の価格維持策、補助金の支給などの保護政策がとられた。61年には農業基本法を施行して、自立経営農家の育成による農業生産力の発展が企図されはしたものの、重化学工業中心の高度成長の過程で政策は破綻し、69年以降にはむしろ稲作の減反政策が採用されることになった。70年には農政基本方針として、稲作にかたよった農業経営から脱却し、家畜や果樹の生産拡大によって農業経営の安定をはかるという方向転換を決定

したが、農産物の輸入による圧力もあって、農産物の自給率は低下していった（主食用穀物の自給率 1960 年 89 ％、70 年 74 ％、75 年 69 ％、また肉類は、同じ期間に 91 ％、89 ％、77 ％に低下）。

　部門別就業者数をとると、第一次産業部門（農林水産業）の就業者数は、1950 年には 48 ％を占めていたのに対して、60 年には 27 ％、70 年には 17 ％へと著しい減少をみることになった。他方この間に、第二次産業部門（鉱・工業、建設・製造業）のそれは、22 ％、28 ％、35 ％へと上昇し、第三次産業部門（各種サービス業）のそれは、30 ％、45 ％、47 ％へと急速に上昇した。重工業化率（工業製品出荷高に占める割合）も急速に上昇して、60 年ころには 50 ％をこえることになった。

　高度成長期における産業構造の転換を伴うこの急速な発展に必要な資金は、主として銀行からの借入金によって賄われた。次にそれを背後で支えた日本の貯蓄率の高さと、銀行を中心とする企業集団の形成について触れておくことにしたい。60、70 年代における日本の貯蓄性向は 20 ％前後であって、アメリカやイギリスの 3 － 4 倍の高水準を示し、西独のそれをやや上回っていた。差は縮まったものの図 2 に示したように 80 年代に入ってからも、依然として日本の家計貯蓄率は高水準である。基本的には（実際にはより複雑であるが）これが金融機関に預金され、設備投資などに必要な資金として活用されることになる。日本の設備投資の大きさ（民間の設備投資＋政府の公共施設等への投資）を GNP とを対比してみると、他の諸国と比べてその投資の比率は極めて大きかった。まさに投資が投資を呼ぶといわれた活発な投資、それが高度成長を実現していったのである。銀行借入金を主要な資金源とする（いわば間接金融）[2] 活発な投資は、銀行を中心とした企業集団の形成に結びついていく。

　占領政策の一環として、戦前の日本経済を支配した財閥は解体させられたが、占領政策の転換の過程で、さらに国際化、自由化に対応して日本経済の国際競争力の強化が最優先政策課題として採用されたために、独占禁止という戦後に登場した重要政策はなし崩し的に後退し、経済自立化政策にバックアップされ

た高度成長の過程で、銀行による系列融資が企業の成長にとって重要な役割をもつにつれて、銀行を中心とする企業集団が形成されていった。企業集団は、さまざまな産業分野を傘下におさめつつ、相互にいわば同質的な集団として形成され、厳しい競争関係の中で、拡張こそが生き残る最善の方法と主張するかのごとく成長を遂げていった。旧財閥系の三井、三菱、住友グループに次いで、銀行の系列取引を中心にして形成された典型的なグループとして、富士（芙蓉）、第一勧銀、三和など（いわゆる 6 大グループ）をあげることができる。それぞれグループ間での重役派遣、株式持ち合い、情報交換などを通して緊密な連携を構築していった。

　高度成長の足をすくったのは、石油ショックであった。以後日本は、エネルギー多消費型の重厚長大型の産業構造から脱し、エネルギー節約型の知識集約型産業への移行、軽薄短小型の減量経営への移行が試みられ、規模の経済性をひたすらに追求してきた企業は、低成長に対応した多品種少量生産の時代に入っていった。LSI を用いた本格的な NC（Numerically Controlled）工作機械の導入、ME（Micro Electronics）化、その他の技術改革が、多品種少量生産と労働生産性の上昇を可能にする技術的基礎になった。1970 年をとって、主要先進国の製造業付加価値生産性の水準を対比してみよう（通商産業政策史編纂委員会編『通商産業政策史』第 12 巻 78 頁）。日本を 100 とすると、西独 110、アメリカ 155、イギリス 70 であったが、77 年には、同じく日本を 100 とすると、それぞれ 95、122、53 となり、西独を追い越すことになった。この間に、技術水準の大きな飛躍が見られたことが示されている。産業部門別に見直すと、戦後しばらくの間世界の製造技術水準に比べて大幅な遅れを示していた乗用車の生産、電気機械産業の発達が著しい。高度成長期の重厚型の産業に代わって、70、80 年代には、それらがリーディング・インダストリーになり、為替相場（円安）にも助けられて最大の輸出産業になった。80 年代の通信・電子産業の急速な発達は、企業活動における情報の役割を高め、情報基地である東京への企業進出を促した。これが 80 年代後半における東京を中心とする土地騰貴の

第4章　国民所得

要因の一つとなった。

　高度成長期に急成長したサービス産業部門は、さらに一層拡大していったが、再び産業部門別就業人口比によって、その点を確認しておくことにしよう。1975、80、92年の3時点をとると、第一次産業部門は、それぞれ12.7％、10.4％、6.4％、第二次産業部門は、35.2％、34.8％、34.1％と就業人口比を低下させているのに対して、第三次産業部門は、52.1％、54.8％、59.5％（分類不能分0.5％を含む）へと上昇しており（日本銀行国際局『日本経済を中心とする国際比較統計』による）、産業構造のサービス化が急速に進行していることが示されている。

　長期的な企業発展を可能にする合理的な仕組みとして展開していった系列化、中小企業の下請化も、1990年前後の経済発展の伸び悩みの過程で、転換の方向を辿っている。すなわち、下請率の実質的低下（中小製造企業の下請率は、81年には65.5％、87年には55.9％に低下。『中小企業庁工業実態基本調査』による）とともに、次のような下請けの仕組みの変化も認められるのである。すなわち親会社からの資金供給、技術、市場の提供などによって、その支配下に編入されていた中小企業に、情報の相互共有、技術の共同開発などを通して、親会社と横並び的な局面が生じていることが注目される。しかしまた一方では、円高下の厳しい国際競争においては、親会社から要求される合理化努力に耐えることができず、やむなく企業戦線から脱落の道を選ばざるをえない中小企業が増加していることも事実である。中小企業の生き残りのための新しい施策として注目されるのは、通産省が方針として最近打ち出した脱系列支援策である。これは、大手企業の発注情報を各都道府県下の下請企業振興協会に流していくネットワーク作りを基礎として、振興協会から大手企業に対して、受注能力のある中小企業に発注を斡旋するというもので、これによって、系列を超えた取引関係の発展を促し、下請企業の体質強化、産業の空洞化を防ぎたいという構想である。さらに90年代に入るとＩＴ革命が進行（99年の設備投資のうちＩＴ関連設備投資が占める割合34％余）し、企業間取引がネットを通して実行

され、情報を共有することも可能になった。このことは、企業間の取引費用の節約を可能にするという経済効果のみでなく、企業間の関係の変化をも引き起こす引き金になっている。親企業に集積されていた情報を、下請企業もしばしば広範なネットを通して獲得することもできる。それによって、相互補完的な助言、研究開発も可能となるであろう。また新たにいわゆるベンチャー企業を生み出していく可能性も生まれた。さらにネットを通ずる産・官・学の共同研究の動きもみられるようになっている。

　1990年代の前半に普及したワープロに代わってパソコンの個人消費も拡大し、2000年にはパソコンの世帯普及率は30％（95年の世帯普及率は15％）を超えた。このように個人の生活にも深く浸透しつつあるIT革命の進行により、個人の消費生活も変化しつつある。例えば、多様化した通信販売、個人間の情報伝達手段の多様化、BSデータ通信の活用によって、私たちの生活の質を高めていくことも可能になった。また将来は遠隔地医療分野での革新も期待されている。後述するように、就労形態の変化を引き起こす一つの大きな要因にもなっている。しかし、その成果が大きければ大きいほど、それに伴う弊害もさまざまな分野で報告されている。例えば、従来の価格体系を破壊するような、いわば超安値の商品の出現によって、従来型の中小販売店、販売網が破壊され、商店街の空洞化が進行したこと、急速に展開したIT産業雇用者の不足、従来型産業雇用者の過剰→失業、両部門間の賃金格差(所得格差)の進行などをあげることができる。またコンピューターを駆使した犯罪も多発するようになり、その対策に追われるようになった。

3　環境政策の登場

　高度成長期を迎えて、日本の産業育成策に新しい要素が加わることになった。池田内閣が目標とした国民所得倍増計画、高度経済成長を基礎とした消費水準の向上は、予想を超えたスピードで達成されたが、高度成長が生み出したともいえる成長の負の遺産に対応していく必要があった。すなわち公害問題、さら

に環境問題にいかに対処すべきかという問題が問われることになったのである。産業の都市集中とともに始まる特有の環境問題は、産業革命以来対応が急がれてきた問題であったし、また特定の企業を汚染源とする水質汚染、土壌汚染なども古くて新しい問題として、社会に問題を投げかけてきており、それらへの対応には、長い年月をかけた論議がたたかわされてきた。重化学工業を中心とする高度成長は、水俣病、四日市ぜんそくなどを引き起こし、社会的批判が高まっていった。そこで政府は、1967年（昭和42）に公害対策基本法を公布して、企業の公害防止責任と防止事業についての費用負担の原則を明記した。しかしこの法律には、同時に経済発展とのバランスへの考慮の必要も盛り込まれていたことから、問題があいまいにされる可能性も残すものであった。一方、住民の生活環境の保護を第一義的に重視する公害防止協定が、地方自治体で締結されており、防止法を補完する機能を果たすことが期待されていた。しかし公害防止のための施策が充分な効果をあげる前に、さらに自動車の普及とともに拡大した大気汚染、光化学スモッグが人体に影響を与えるようになり、被害はより広域化していった。公害問題に対する世論の高まりを背景として、70年には上記の公害対策基本法が改正され[3]、批判のあった経済発展との調和に関する項目が削除された。このような動きの中でみられた72年の四日市公害訴訟の勝訴は、四日市の空気汚染を大きく改善するのに寄与した。

　高度成長末期にはさらに、複合的な原因から発生した地球的規模の環境汚染問題が発生した。すなわち、地球の温暖化や酸性雨など、当面の生存条件に対する悪影響だけでなくて、人類の将来に不安を残す環境破壊が注目されるようになった。汚染による被害者も、地球上の生命体すべてに及ぶ問題であった。各国政府は、環境問題処理のための専門省庁を設置（1970年アメリカで環境保護庁、イギリスで環境省、フランスで環境省、71年日本でも環境庁）して、環境問題に本格的に取り組む体制を整えていたが、環境の保護は、各国単位の取組みだけでは処理しえない問題であることが明らかになった。80年代には経済の国際化が進展したが、それとともに公害の輸出も問題視され、また社会

主義諸国の開放化政策の採用や急速な発展に伴って、社会主義国の環境問題の深刻さが、世界の人々の目に触れることになった。さらに発展途上国の貧困も環境破壊の一因となっていることにも目が向けられた。地球規模の環境問題を討議するための国際会議として、1972年ストックホルムで人間環境会議が開催されたのを初めとして、各地で環境に関する会議が開催されている。日本は国連の環境計画に理事国として参加し、アメリカに次ぐ事業資金を拠出して、その事業に協力している。しかし、80年代には、国内の公害対策費の年間支出額は、過去から引きずってきている公害被害が問題にされる中で、むしろ減少傾向にある。

　一方産業活動の結果であると同時に、一般消費者が汚染源を作り出すという、大量生産、大量消費、人口の都市集中に伴う環境悪化の問題として、1970年代からクローズアップされ、現在深刻な問題となっているのがゴミ問題である。政府ないしは地方自治体レベルの問題としては、ゴミ処理場問題があるが、汚染者である生産者や消費者自体がこの問題の処理に積極的に関わる必要がある。これは、環境を維持し、ないしは回復するための費用負担の問題とも絡み合わせることが必要であり、わたくしたちのもっとも身近な緊急課題となっている。リサイクルのための処理施設の建設、リサイクル運動によってゴミの減量化を実施し、ゴミの有料化によって汚染者負担の原則を家計においても適用しようという試みが見られるようになっていった。汚染という結果についての処理だけでなく、汚染を予防しようという企業側の努力も積極化しているが、政府は汚染予防装置の設置に対して補助金を給付して環境改善を側面からバックアップしている。環境関連企業が有望企業として登場しつつあり、また既存の企業も関連分野への投資比率を高めつつあるのが現状である。

　企業にとっては、生産コストの引き下げという観点からみると、リサイクル費用負担はコストに対して上乗せ費用となることから、消極的となる傾向が生まれる。最終的に費用負担をすることになる消費者の前向きの対応が、リサイクルの推進には欠かせない条件である。その他にも、生産力の上昇、私たちの

生活水準の向上に伴って大きな課題となっているものに、エネルギー問題がある。すでに70年代の石油危機以来その対応策が議論されてきたが、さらに2000年に入ってから、再び急騰した石油価格への対応もあって、エネルギー問題への関心が高まっている。今後は、コストの高いクリーンエネルギーの利用もあわせて検討課題とされるであろう。一方市民の環境意識の向上を反映して、最近は、証券会社も、投資信託の中にエコファンドを設定するなど[4)]、環境重視型企業の投資活動を支援する姿勢を示すようになった。

4　日本的経営の展開と転換

戦後、日本は目をみはるような経済復興と経済成長を遂げたが、その過程で、アメリカの生産技術はもとより生産・労務管理技法などが導入された。しかしこれはアメリカ的な管理技法への転換を意味するものではなかった。アメリカにおいて一般的であった契約的な人間関係を基礎として発達した合理的労務管理、生産管理の導入に官民あげて積極的に取り組んだ（技術者の招聘、調査団の派遣、講習会の開催など）が、その運用に当たっては、日本の伝統である集団的様式が活かされることになった。例えば日本企業の競争力の要因といわれている製品の品質管理に関して見てみると、戦後アメリカからＱＣ管理手法が積極的に取り入れられたのであるが、それは職場の小集団活動の中に引き継がれ、その中でさらに研究、検討の手が加えられていった。労使関係の日本的特徴とされている協調的関係を前提とし、それを深化させていくような取り組みが見られたのである。

日本的経営の特徴として、集団主義的な意思決定（→責任の所在のあいまいさ）、労使の協調的関係、その前提になる企業別労働組合、終身雇用制、年功序列型賃金体系、企業内福利厚生施設などがあげられている。ここにあげた労務管理システムの特徴は、戦後の経営の特徴ではあるが、戦前の日本においても多かれ少なかれ、一部の大企業を中心に採用されていた。もちろん以上の諸施策のうちどの施策を柱にするかは、各産業が要求する労働力の質によって、

また個別企業の戦略によって異なっていた。例えば、戦前（戦時体制時を除く）日本において労働者雇用数がもっとも大きかった繊維産業においては、主として家計補充的な女子労働力が雇用対象であったが、そこでは終身雇用制よりも、家族的な親子関係になぞらえた温情主義的な施策（福利政策）が採用され、それが労働者の企業への定着率を高め、従って熟練度の向上に寄与したのである（とはいっても、女子労働者の雇用期間はせいぜい数年間で、その程度で得られた熟練をもって、繊維王国日本を築いていくことができた。低い賃金が生産性の相対的な低さを補っていた）。長期雇用制度は、戦前日本の家族制度のもとでは、男子の工場労働者が労働市場における大きなウエイトを占めた時に、一般的な制度として登場することになる。また戦後に体系的に採用されるようになった経営福利主義的諸施策も、戦前にしばしば見られたように温情によって与えられたものではなく、労働者が権利として勝ち取ったものが少なくなかった。労働者の定着策として採用されていた労務管理政策は、戦後には労働運動の高まりに対応して、さらにまた技術水準の相対的低さを補い、定着率を高める政策として体系化され、多くの企業で採用されていった。

　戦後民主化政策の中で積極的に組織された日本の労働組合（労働組合推定組織率は、1946 年 41.5 ％、89 年には 25.9 ％に低下、イギリスの 88 年組織率 45.9 ％、西独同 40.9 ％、アメリカ 89 年 16.4 ％）は、一般的には企業別組合であり、イギリスやアメリカにおける職能別組合、産業別組合のような、企業の枠を越えて組織され雇用条件の改善などについて積極的に問題を提起する強い交渉力をもつ団体とは組織原理が異なっている。日本では、協調的労使関係を前提とし、またそれを醸成させていくような意思決定システムとして労使協議制が活用され、経営上の問題のうちかなりの問題がそのもとで協議され労使協調主義的に運用されることが多かった。経営体の維持・発展によって、労使双方の利益が守られるという考え方が基礎にあったのである。細部にわたる契約関係の締結よりもむしろ合意による決定が尊重され、それがまた弾力的な意思決定と運用を可能にしていくことになった。また現場においても、上述したように小

集団による協議と提案が奨励されたが、その際、労働者が自ら積極的にグループを組織し、それに参加することが期待された。このような過程を経て、労働者の経営に対する参加意識が形成されていった。情報を企業内で横につなぐ人間系のネットワークシステムともいうべきものが形成されていったのである。終身雇用制は、このような運用形態を基底から支えていたのである。日本の経済成長を支えた優れた雇用システムとして欧米が注目し、日本の製造企業の海外現地生産工場の建設とともに、欧米でも採用例が見られるようになった。

しかし石油ショック以降の低成長のもとで展開した企業間の激しい競争は、国際化の進展とともに一層激化していき、加えてバブルの崩壊、長期にわたる成長率の低下によって、経営環境が悪化したことから、日本の企業は新たな対応を迫られることになった。最近、日本においても、さまざまなシステムの見直しが始まっている。労務管理においてもまず終身雇用制の維持に赤ランプがともり、年功序列型の生活保障的要素をもった賃金体系にもひびが広がりつつあるのが現状である。すでに70年代の技術革新のもとで進行しつつあった能力給の採用がいっそう進み、またホワイト・カラーの待遇にも、業績評価を盛り込んだ年俸制や資格制度の導入が見られるようになった。労働者の側でも意識変化が見られ、離職や転職に対する抵抗感が薄れている。自分の能力や性格に適合した職場への就労に固執（求職動機は就社→就労）して移動を繰り返すものが増大する一方、仕事よりも心のゆとりを大切にするという風潮が強まっている。

以上のような労使双方にみられる変化に加えて、産業構造の変化、長期の低成長を背景にして、非自発的失業、とくに中高年を中心とするリストラが増大（1998・99年には完全失業率はついに4％台に達し、アメリカ並ないしはそれを越えた）したことも、就労形態の変化をもたらすことになった。パート労働者が増大し、就業者全体に占める正規就業者数の比率は低下している（男性；87年83.2％→97年80.9％）。景気の低迷、職種、年齢などに関する雇用のミスマッチが、失業率を押し上げたのである。雇用市場の流動化が進行する

なかで、急成長したのが大小の人材派遣会社であった。99年末には労働者派遣法が改正され、26業種に限定されていた派遣労働の対象枠がはずされ、特種な業務を除くすべての業務に解放された。現在このように流動的な雇用形態下にある労働者の権利を保護するための制度（雇用保険、年金制度など）作りが進められている。

　今後は、表6のように、急速に少子高齢化が進行し、2020年には、65歳以上の人口比が1/4以上となることが見込まれている。保険、年金制度の改正とともに、雇用制度の面でも新たな対応が必要である。以上のように、日本の経営の特徴とされてきた長期の終身雇用制、年功序列型賃金体系は、大幅に修正されようとしている。

注
1）景気動向を示すものとして次のような指標が使われている。主な項目をあげてみよう。
先行指標（leading indicator）景気動向に先行して変動する指標
　　機械受注高、建設工事受注高、新設住宅着工戸数、新車新規登録台数
　　マネーサプライ、日経商品指数
一致指標（coincident indicator）
　　鉱工業生産指数、製造業原材料消費高、大口電力使用量、百貨店販売高
　　製造業中小企業売上高、有効求人倍率（求人数／求職者数）
遅効指標（lagging indicator）
　　家計消費支出、製造業常用雇用指数、最終消費財在庫指数
　　完全失業率（失業者＝求職活動中／満15歳以上の労働力人口）
2）戦後日本は高度な経済成長を実現したが、それに伴って必要となった多額の設備資金・長期資金を供給したのは、主として銀行であった。金融機関は、個人（図2のように、日本の家計貯蓄率は高水準）や機関投資家から預金を吸収し、それを企業に貸し付けることによって、安定的な利益を得ることができた。このような資金調達構造のことを間接金融という。しかし80年代以降になると、企業は資本市場から直接的に資金を調達するようになった（直接金融への転換）。すなわち「エクイティ・ファイナンス」（新株発行を伴う資金調達）によって、資金を調達することが多くなり、企業は株式の時価発行によって多額のプレミアム収入を得ることができた。また社債利子よりも、一般に低金利で発行できる転換社債（株式に転換できる権利

付きの社債)の発行も相次いだ。その結果、資金調達額に占める借入金の割合は、1971－75年度53.3％から、81－85年度には20.1％にまで低下した。しかも、金融自由化の恩恵をうけて、企業は、国内にとどまらず海外市場からも低利で豊富な資金を調達することができた。このようにして大企業を中心に、銀行離れが進行したことから、金融機関は資金の運用先として、不動産や有価証券などを選択する傾向が生まれた。表5で示したように、金融機関、非金融機関、個人も財テクに走り、バブルへの道筋が辿られていった。

3) 公害対策基本法に規定する典型7公害(大気汚染、、水質汚濁、土壌汚濁、騒音、振動、地盤沈下、異臭)の苦情件数は、1972年の年間8万件弱をピークに減少傾向にあり、90年には5万件を割っている。しかしそれ以外の公害(動物に関する苦情、廃棄物に関するもの、その他)は増加傾向にあり、72年の8千件から、90年には2.5万件へと3倍以上の伸びを示している(「公害紛争処理白書」による)。地方でとりあげられた公害処理件数も減少傾向にあるが、質を変えて、つまり環境問題としてみるとむしろ増大している。

4) 個々の株式銘柄や債券に対して投資すると、高い利益が得られることもあるが、大きな損失をだすリスクもある。そこでリスクを分散するために、投資信託会社が多数の銘柄や金融商品を組み込んだファンド・投資信託を作って投資家に提供する。設定された投資信託の種類は極めて多く、投資対象を特定産業部門、特定業種、特定地域に限定したものもあるが、最近浮上してきた健康、シルバー、エコなどの分野に力点をおいている企業を組み込んだファンドが登場している。

第5章 財　　政

第1節　財政活動の機能

　財政とは、公共部門（中央政府、地方政府）の経済活動を指している。中央政府の活動、その機能については、アダム・スミス以来の議論がある。スミスは夜警国家論を展開し、安上がりの政府を是としたが、かれの議論のモデルとなったイギリスにおいても、19世紀の半ばには財政規模が拡張していった。後進国では、産業資本の発展のためには、安上がりの政府よりも、むしろ国家による様々な保護政策（産業助成費、社会政策費その他の支出）が必要とされた。20世紀には、財政に対する期待はますます高まり、次のような諸機能が期待されることになった。

　第一には資源配分機能で、資本主義経済が本来もっていると期待されている価格調整機構ではカバーしえない費目の支出を財政支出に求めようというものである。教育、防衛、外交などスミスが国家の機能として求めたものはもちろんのこと、エネルギーの開発など民間資本では採算上投資が困難な費目の支出も、政府の活動として期待された。

　第二に、所得再分配機能がある。所得の不公平をカバーし、経済的弱者を救済し、不公平感を緩和することを企図した活動である。累進課税、各種控除、社会保障制度、土地税制、地域間の財源調整と再配分、などがこれに当たる。

　第三に、経済の安定化（景気調整）機能がある。総需要管理政策の一手段と言い換えることもできる。これは、失業率、物価上昇率、国際収支などを参考にして、経済の安定と成長の促進を企図してとられる政策である。公共投資の拡大、減税や、社会保障給付額の増大、インフレ抑制策などが、その具体的政

第5章　財　政

策である。財政には、もともとビルト・イン・スタビライザー（自動安定装置）の機能があり、例えば好況の時には税金の徴収額が増大して、企業や家計の需要の増大を抑制し、逆の場合には、税金が減少して、需要の極端な減少が抑制される（従って完全雇用時を基準とした財政支出を常時適用すればよいという考え方も成立する）。これに加えて、積極的な財政政策の運用によって、経済の安定化機能を財政に期待しようというのである。先にみたケインズ経済学は、財政政策のもつ経済の安定と成長の機能に理論的な枠組みを与えようとしたのである。

　経済成長の促進、景気対策、国民生活の向上など、人々の財政に寄せる期待を担って、また国会議員の選出母体への利益還元という政治的利益とも結びついて、予算の規模は年々拡大の道を辿ってきた。経済成長率と、予算規模の拡大率との間に大きな格差が生まれた時、国家財政は危機を迎えることになる。そして今多くの国が、この問題に直面しているといっても言い過ぎではない。財政支出が経済成長に及ぼす影響については既に国民所得決定の理論として、単純なモデルを設定して示したので、以下では、日本をとりあげて、財政の機能と問題点をみていくことにしよう。

第2節　日本の財政構造

1　財政収支の内容、項目

　財政は、公的機関（政府および政府出資の特殊法人を含む）が実施する予決算措置を指している。財政は、私達が新聞などを通して知ることが多い一般会計、特定の事業を推進するために設定された特別会計、長期にわたる公共事業投資の推進を主な目的とする財政投融資、地方公共団体などが実施する地方財政に分類することができる。それぞれ資金の調達源が異なっているが、それだからといって、それぞれまったく別々の独立した財源に依存して会計措置がとられているというわけではない。相互に錯綜した関係（各部門間での勘定移転）

にあり、全体で国民の経済生活を支え、経済成長を促進することが企図されている。まず一般会計の仕組みについて説明していくことにしよう。

2 一般会計

一般会計の規模の推移を示したのが表7である。1971年には年10兆円以下であった予算規模は、90年代に入ると70兆円に達している。対前年比でこの間の増加率をみていくと、70年代の伸びは著しく大きく、特に74年には30%近い伸びを示している。この伸びを支えていたのが2桁台を記録した高度成長であったが、73年の石油危機を契機として翌年には経済成長率はマイナスに転じ、その後も2桁の成長率を回復することはなかった。1975年には税収は対前年比で8%余の減少を記録することになった。他方景気調整のための財政出動への期待は大きく、財政規模の拡大は避けられなかった。低成長、税収の伸び悩みという状況下で、財政規模を拡大するためには、国債の発行が避けられないことになり、戦後間もなく公布された財政法[1]が修正された。すなわち、1947年法以来日本の財政の基本原理とされていた健全財政主義が修正されて、景気浮揚策としての財政の役割が重視され、建設国債に加えて赤字公債（特例国債）の発行による財政支出の拡大という構図が描かれていくことになった。

これに対して80年代の財政規模の伸びは1桁にとどまり、1%前後にとどまっている年が何年か記録されている。これは、借金財政からの脱却を企図して始まった財政改革の成果を反映している。1981年臨時行政調査会（臨調）が発足して、増税なき財政再建の道が検討されていった。財政規模の拡大に歯止めがかけられ、財政赤字も80年代後半には減少傾向を辿ったことを、表7から確認できる。財政収支尻の赤字基調そのものは、先進国にはほぼ共通した現象であった。次に財政赤字をGDPと対比した表8によって、検討してみよう。財政改革が始まる前の80年の日本の数値は、OECD諸国の中では、イタリアに次ぐ高さを示している。しかしその後90年台初頭まで、アメリカの赤字が急速に増大したのに反して、日本の赤字は相対的に低下している。80

年代の財政改革は、いわゆる行政改革と税制改革（消費税の導入）の両側面から進められていった。上述した70年代に発行された累積国債の整理を重要課題として、税制改革による歳入の増加（増税）と、行政改革による歳出の削減ないしは増加の抑制が試みられたのである。

　まず税制改革を、その中でも特に社会的に大きな論争を引き起こした消費税の導入過程について見ておくことにしよう。歳入のうち圧倒的割合を占めているのは租税であるが、その内訳を見ると直接税と間接税に分類できる。85年をとってその比率を示すと、73％対27％である。これは戦後日本の税体系がアメリカ型の税制を導入したという歴史的事実を反映している。一方ヨーロッパにおいては、間接税の比率が高い税制がとられている。同じく85年の数値を示すと、アメリカの直接税89％対間接税11％に対して、イギリスの直間比率は58％対42％、フランスのそれは38％対62％である。税収の増大をはかりたい日本はこの点に着目した。消費税の導入問題についての検討が開始され、多くの議論を引き出すことになった。新しい財源として一般消費税を導入すべきであるという議論は、70年代後半から登場していたが、国民の強い反対に遭って日の目を見ず、既述のように1981年には、増税なき財政再建が基本方針として採用されていた。しかし88年のマル優原則廃止に続いて翌89年には3％の消費税が導入された。

　次に支出削減のためにとられた行政改革について見ることにしよう。支出のうち金額が大きいのは、表10のように公共事業関係費、地方交付税交付金と社会保障関係費である。しかし地方交付税交付金や社会保障関係費の支出は、「地方の時代」への移行という一般的傾向、さらなる国民福祉の向上という世論に応えるためにも、削減する余地は残されていない。また公共事業関係費も、社会資本の整備拡充による豊かな社会の実現、景気対策、それに加えて、貿易収支改善のための内需拡大という外国側の要求に応えるためにも、削減は許されない。そこで臨調の提言をいれた政府は、政府管掌事業の縮小、つまり民営化による経費削減に着手した。これに該当する企業には、3公社（日本国有鉄

道、日本電信電話公社、日本専売公社）と 5 現業（郵政事業、国有林野事業、造幣事業、印刷事業、アルコール専売事業）があるが、第 2 臨調の提言で、3 公社の民営化（株式会社への組織替え）が決定され、1985 年には日本電信電話公社が民営化されて NTT、また日本専売公社（煙草）が JT として発足することになった。87 年には、国鉄の分割・民営化（JR グループ 11 法人と、国鉄清算事業団の発足）が始まる。それに伴う株式の入札方式による市場売却に人々の関心が高まり、最初のステップである NTT 株の第一次売りだし（87 年 2 月 195 万株）には初値 160 万円（券面価格は 1 株 5 万円）の高値がつけられた。続く 87 年 11 月の第二次売りだし（195 万株）においては公募価格が 255 万円、同じく第三次売りだし（88 年 10 月 150 万株）には公募価格は 190 万円に落ち着いたものの、依然として高値水準を維持していたといえる。NTT はもともと全額政府出資（1,560 万株）によって設立されるという形がとられたから、株式の売却によって政府は多額の利益を得ることになった。それらの利益は、そもそも財政改革の発端になった巨額の累積国債の償還財源として、また社会資本の整備事業費として活用された。現在俎上にのっている行政改革は、政府管掌諸事業団の整理と省庁の再編による経費削減問題であるが、これは 2000 年をはさんで、現在漸く具体化されつつある。

　しかし 90 年代には、日米の傾向は逆転し、アメリカは好景気を反映して赤字の大幅な減少がみられたのに対して、日本は長引く不況で赤字が拡大していった。すなわち、次々に景気対策のための財政支出（92 年 8 月には総合経済対策として 10.7 兆円、93 年 4 月にも同 13.2 兆円、93 年 9 月には緊急経済対策として 13.2 兆円、94 年 2 月には再度総合経済対策として 14.2 兆円、95 年 4 月には緊急円高経済対策として 7 兆円、95 年 9 月には 14.2 兆円の経済対策費）を計上していく必要に迫られたからである。しかし 96 年前後から、ようやく景気指標に好転の兆しがみられ、株価も同様に回復基調に乗った。この流れをうけてすかさず 97 年に成立したのが財政構造改革法である。それまで休眠状態にあった財政改革の推進を企図したもので、具体的には、2003 年度までに

財政赤字を GDP 比 3% 以内に削減しようという計画であった。97 年には以下でみるような、消費税率の引き上げによる税収の増加がはかられたのであるが、早くも同年秋には、北拓銀行、山一証券などの経営破綻が表面化し、以後企業倒産件数の増加、失業率の上昇など、景気は低迷を続けることになった。97 年度には、経済成長率（実質 GDP の伸び率）はついにマイナスに転じた（表 2 参照）。その結果同年には、財政構造改革法は一時凍結に追い込まれ、98 年には、多額の景気対策費支出により、経済の下支えがはかられることになった。すなわち、98 年 4 月には 16 兆円の経済対策費、同 11 月には緊急経済対策として 23.9 兆円がさらに上積みされるなど、矢継ぎ早の景気対策がうたれたのである。

　一方低成長の影響で、所得税や法人税から構成される直接税は大幅に減少していった。すなわち表 9 のように、国税に占める直接税の比率は、90 年の 74 ％ から 95 年には 66 ％ に低下、絶対額でも所得税、法人税収入ともに大幅な減収をみている。そこで、景気の影響が相対的に小さい間接税の増率（97 年に消費税率を 3 ％ から 5 ％ に増率）による税収の増加がはかられた。表 9 によって間接税を主要費目別にみると、消費税の大幅増、揮発油（ガソリン）に対する税収増が際立っていることなども読み取ることができるであろう。

　なお財政支出の削減のために、80 年代とは異なった次元の対策がとられるようになったのも、90 年代後半の特徴である。例えば社会的な要請である福祉事業の面でも、介護保険の新設や介護や医療利用者の一部自己負担などが原則となった。また年金制度も改編されようとしているが、とくにこれまでの確定給付型（年金支給額があらかじめ決定されている現行制度）に加えて、日本版 401K と称されている年金制度の導入の方向が打ち出されているのが注目される。これは労使の合意により、両者が資金を拠出して運用対象商品（特定の投資信託）に投資し、その運用成績（損益）次第で、将来の年金額が変動するという制度である。最終的な運用利回りは、各人が選択した運用対象商品によって異なるが、仮に利回りが低迷しても企業は穴埋めをする必要はなく、それを選択した個人の責任である。従って、企業にとっては、現在直面しているよ

うな、赤字化した基金を穴埋めするための企業負担を回避できるという利点がある。また加入者にとっては、現在の厚生年金基金の運用予定利率（5.5％）を超える利回りを確保できる（または予想外の損失発生）可能性がある。企業転職時には、年金積立金を別の企業に移し替えることができるため、流動的労働市場には適合しているというメリットが加わる。この制度は、80年代にアメリカで導入（歳入法401K条項により規定）され、現在のアメリカの株価上昇を支えている大きな要因の一つともいわれている。なお日本では、上記の企業拠出型をとっていない企業に勤める勤労者其他にもこの制度を導入し、国民年金基金連合会がこれを管理することを考えている。つまり、個人の将来の生活保障に、個人の自己責任という考え方を組み込もうというのである。

現在直面している最大の問題は、累積国債問題である。既述のように赤字国債の発行によって税収の不足を補うという路線が定着することになったのは、75年以降であるが、この結果年々発行された公債（80年代前半には、毎年の一般会計歳入に占める公債依存度は1/3-1/4に達した）の累積残高は、80年代半ばにはGNPの40％を超え、公債という国民からの借金の返済や利払いのために、財政支出から控除しなければならない額（表10の国債費）も増大していき、予算の弾力性が縮小した。財政収支の赤字は先進国にほぼ共通した現象であるということは既に記したが、次に国債依存度について国際比較をしておくことにしよう。図3に見られるように、日本の公債依存度は、70年代後半には、先進各国の中でも抜きんでた水準であり、79年にそのピークを記録している。その後89年までこの比率は急速に低下していき、西独やフランスの水準に近づいた。一方アメリカは、81年から83年までむしろ増大傾向を辿り、86年以降は日本の水準を凌駕してさえいる。日本の公債発行依存度は低下していったが、それでも80年代には、歳出合計に占める国債費の割合は増大していくことになり、表10のように、90年度には発行残高が164兆円に達した。さらにその後の10年間で、その額は倍増している。

国債発行残高の増大を招いた基本的原因は、景気の長期低迷にあったから、

第 5 章 財　　政

同じ条件は、後に述べる地方財政にも大きな影響を及ぼすことは当然である。国債、地方債、借入金などの合計額、いわゆる国の長期債務残高は、99 年には遂に 600 兆円を超え、表 11 のように、ＧＤＰの 120% 台に達した。すなわち国民 1 人当たりの長期債務残高は、ついに 400 万円を越え、社会保障負担の世代間格差の問題と並んで大きな問題になっている。表 6 でみられるように、少子高齢化が急速に進行することが見通されるだけに、その対策は急務である。

　最後に、わたくしたちの租税負担能力について考えてみよう。この問題は、累進課税の問題や社会保障制度の充実度など、さまざまな問題と関連づけて論じる必要があるので、一言で、ないしは一つの指標だけを基準として論じるわけにはいかない。ここでは租税負担率との関連で、各国と対比しながら、実態を紹介しておくことにしたい。わたくしたちは、これまで見てきた政府への税金支払いのほかに、地方政府に対していわゆる地方税を支払い、さらに社会保険料を徴収されている。各国の税体系の違いを考慮して、これら 3 つの税の合計を検討の対象として取りあげよう。図 4 は、各負担額を国民所得と対比したものである。これによるとフランス、ドイツなどに比べれば、社会保障負担率は必ずしも高いとはいえない。高齢化が先進国のスピードを超えて進むということを考慮すると、誰が、どのような形で負担していくのかという大きな問題が残されている。国税＋地方税（図 4 の注 2 参照）に関しても、租税負担率のもっとも高いのはイギリス（38.7 %）で、日本のそれ（22.5 %）はアメリカ（27.5 %）にほぼ近い。今後はヨーロッパ並みの負担増が予測されている。社会資本の整備が遅れている日本では、これを補完するための経費をわたくしたちが自己負担しなければならないということも考慮すると、わたくしたちの置かれている位置、実質的な面での社会保障負担の大きさについて再確認してみる必要があろう。

3　財政投融資

　財政投融資計画は、1953 年度予算編成時から国の予算策定作業と並行して

作成されるようになった。その規模は、一般会計の2分の1ないしはそれ以上（表7参照）に達しており、社会資本整備などの政策目標を実現するための重要な事業を遂行することができることから、「第二の予算」とも言われて注目されている。規模拡大の背景には、主要な資金源となっている郵便貯金の著しい増加と、他方では社会基盤整備に対する強い要請がある。1年間を運用の会計単位とする、いわば使いきりの形をとった一般会計とは異なり、財政投融資においては、以下に記すような長期の資金をファンドとして、長期の資金運用ができることから、長期にわたる巨額の資金が必要であり、社会的利益と結びつくような分野、しかも民間資金だけでは不足するような分野（社会基盤整備など）への投資を実行することができる。最近では、景気対策としても公共事業投資の大幅な拡大が期待されていることや、さらに赤字国債発行を手控える必要などから、運用が柔軟な財政投融資へのしわ寄せが目立つようになっている。

　まず財政投融資に必要な資金のファンドについて見ることにしよう。下図「財政投融資の仕組み」で示したようにその主なファンドは郵便貯金、厚生年金、国民年金などの長期の資金（積立金、余裕金）から成る大蔵省資金運用部資金である。資金運用部資金からの預託金が財政投融資原資に占める割合は約80％に達しているが、そのうち特に大きなウエイトを占めているのが郵便貯金である。郵便貯金は、もともと零細預金者を対象としていることから、社会政策的

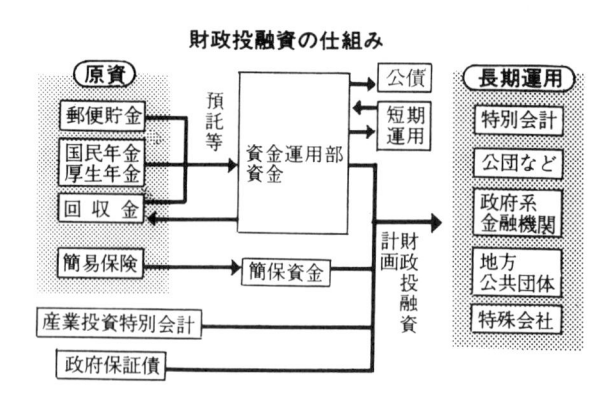

財政投融資の仕組み

原資		長期運用
郵便貯金	預託等 → 資金運用部資金 → 公債／短期運用／計画財政投融資	特別会計
国民年金・厚生年金		公団など
回収金		政府系金融機関
簡易保険	→ 簡保資金	地方公共団体
産業投資特別会計		特殊会社
政府保証債		

な意味で、普通銀行よりも相対的に高い利子がつけられており、急速に預金量を伸ばし、財投資金の拡大に寄与している。利子つきの資金（預託金利は国債の利子その他を参考として決められる）を活用することになるから、その運用に際しても低利ではあるが一定の利子が付けられている。社会的福祉の立場からみると低金利であることが望ましいが、利子つきの資金をファンドとしていることから、同時に運用収益性も考慮に入れる必要があるからである。この点が一般会計と財政投融資が異なるもう一つの特徴である。資金運用部資金に次いで大きなウェイトを占めているのが簡保会計積立金で約 10 %、これに政府保証債（政府が債務を保証した債券で、準国債ともいわれる）、産業投資特別会計からの出資などによって、財政投融資が実行されることになっている。

　次に財政投融資を使途別に分類してみよう。財投会計の運用先は、当初は基幹産業に対する産業政策的な融資が運用の中心であった。例えば 1955 年をとると、基幹産業向けが 15.8 % でもっとも大きく、住宅向け 13.8 %、生活環境 7.7 %、中小企業 8.1 %、農林漁業 8.9 % であった。しかし最近は、住宅、生活環境など国民の生活水準の向上と結びつくものに投資のウエイトが移っている。1991 年（当初計画）をとると、住宅向け資金のウエイトが最も高くて 32.6 %、生活環境整備のための融資が 14.8 %、中小企業向け融資が 15.4 %、道路 10.2 %、貿易・経済協力関係融資 6.5 % と続いている。これらの融資は、公団、公社など多数の事業団、地方公共団体その他をとおして実行されている。いわゆる財投の実施機関の数は、財投の事業範囲の拡大に伴って増大してきており、現在その数は 60 前後に達している。このため効率化の流れの中で整理統合が議論されている。

　財投は上述したように有償の資金を活用する（ただし産業投資特別会計の出資金は無償）ということから、本来効率性という観点が必要なのであるが、実際には公共政策的な観点から実施されるという特性をもっているために、運用に当たって効率性への観点が後退して、政策促進的な低金利で運用されることが多い。市場金利が高く、これを反映して郵便貯金利子など、いわば財投の資

金調達金利が高水準の場合には、その運用利子のほうが低くなる、すなわち逆鞘になることがあるが、この時には、一般会計から利子が補給される。このような仕組みのために、財投の実質的な赤字が隠蔽されやすいという点にも問題が指摘されている。また運用先についてみると、同様な分野への民間金融機関融資と競合関係にあるものも少なくない（例えば、住宅ローンのように、住宅金融公庫や年金事業団、雇用促進事業団などの貸付と、民間金融機関のそれが競合関係に立つ場合）。その場合には、融資対象を絞りこむなどの方法によって、いちおう相互補完的関係が保たれるような措置がとられている。しかしこのバランスをどのように形成していくか、行政機関の整理の問題ともからんで、今後の検討課題として残されている。

　財政投融資は、上記の積極的な意義をもった投融資の他に、赤字補のために発行された国債や地方債の一部を引き受け、それらの市場消化を円滑にする機能ももっている。いわば弾力的な機能をもつ勘定である。しかし、財投の主要な財源となっている郵便貯金（98年現在の郵貯残255兆円、銀行預金残555兆円、なお簡保残は106兆円、民間生保残184兆円）や年金の運用方法改革が、2001年度から実施される予定になっている。すなわち、現行の資金運用部資金への繰り入れ＝運用委託という既述の運用方法が、当面は元本保証のある債券を中心とするという限定付きではあるが、金融市場における自主運用となることが予定されている。従ってこれまでの財投の運用先である特殊法人なども、整理再編、機関が必要とする資金の調達方法の変更、すなわち、主に財投債の発行によって必要資金を賄う方向が決定された。今後は財投資金の入り口と出口の部分が、ともに基本的には市場原理により運用されていくことが予定されている。

4　地方財政

　表7のように、地方財政規模も最近特に大きな規模に達している。日本には47の都道府県、約3300の市町村があり、それぞれが住民と直接的に関連の深

さまざまな事業を実施している。国の行政よりも身近な問題を処理することが多いので、住民の地方行政に寄せる期待は高い。その財政収入のうちもっともウェイトが大きいのが地方税で、所得を基準として徴収される。わたくしたちが普通住民税と呼んでいるのが個人を対象とする地方税で、都道府県民税と市町村民税から構成されている。[3]個人所得に課される地方税の総額は、各地域の人口密度や住民の所得構成によって差が生まれるが、地域格差が大きいのは法人事業税である。事業税も所得を基準として課税額が決定されるので、大企業が多い6大都市と、中小企業の多い地域では、それぞれ大きな格差が生まれてくる。財政支出額の枠を財政収入額に限定した場合、つまり各地方公共団体の独立採算性（自主財源）を原則として財政規模を決めようとするならば、国民の平等な生活の権利が侵害されることになる。そこで、前述した一般会計などからの交付金や補助金、そして地方債など（依存財源）が、地方公共団体間の財源格差を埋める機能を果たすことになる。地方財政収入は、一般会計その他の会計と複雑にからみ合っていて、全体像をつかみにくいという難点があるので、次に基本的な資金の流れを示しておくことにしよう（次頁図参照）。

　一般会計からの移転勘定の一つである②地方交付税交付金の総額は、所得税、法人税、酒税のそれぞれ32％、89年の税制改革後には、これらに加えて消費税の24％、たばこ消費税の25％（一般会計の地方交付税特別会計としてプール）があてられる。この財源から各地方公共団体に実際に交付される割合は、財政力指数が基準となる。財政力指数とは、基準財政収入額を基準財政需要額[4]で除した数値（3年間平均）であるが、地方財政の逼迫が問題になっている現在では、かつては1を超えていた（自前で必要な財源をもつことができる）大阪、神奈川、愛知などの県庁所在都市も交付金に依存することになった。高度成長期に採用された全国総合開発計画では、成功の可否はとにかくとして、後進地域の開発、全国的にバランスのとれた産業配置と公共投資の推進が試みられた。いま人口の地域間移動を指標にとると、60年代には、三大都市圏への人口移動率の低下が見られ、この指標からは地方分散化が進んでいるようにみら

地方財政の仕組み（歳入）

[①～⑥は地方財政収入　①と⑥は自主財源]

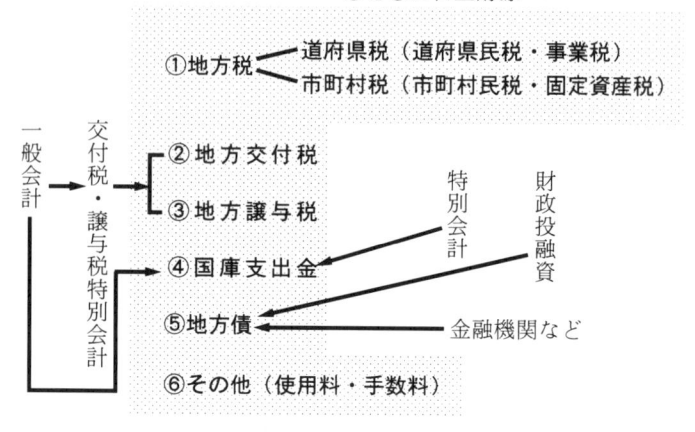

- ①地方税
  - 道府県税（道府県民税・事業税）
  - 市町村税（市町村民税・固定資産税）

一般会計 → 交付税・譲与税特別会計
- ②地方交付税
- ③地方譲与税
- ④国庫支出金 ← 特別会計
- ⑤地方債 ← 金融機関など、財政投融資
- ⑥その他（使用料・手数料）

れるが、80年代に特に急速に進んだ前述した産業構造の変化、情報化・サービス化の進行は、それらのウエイトが高い東京を中心とする首都圏への人口移動を再び高め、またそれらの地域の住民所得や企業所得を高めたことから、地域間の税収格差は拡大することになった。交付金によって、地方間の財政力格差を是正し、地方自治の確立を促すとともに、国民としての同様な質の行政サービスを得る権利を保証したものといえよう。地方の独自性を掘り起こすことを狙った交付金として、記憶に新しい試みに、88年の「ふるさと創生交付金」がある。これは全国市町村に対して各1億円を交付したもので、交付税の一部があてられたが、その効果についての追跡調査は発表されていない。

　この他に中央政府から地方公共団体に交付されるものに、③地方譲与税や④国庫支出金がある。地方譲与税の財源は、地方道路譲与税、石油ガス譲与税、自動車重量譲与税、消費譲与税その他から構成されており、それぞれ一定の割合が、地方財政収入として国から地方へ還元される。国庫支出金は、国が奨励したいと考えている事業で、地方自治体が実施する特定事業に対して交付される。例えば国土開発、国土保全事業、農業基盤整備などへの社会資本投資、学校教育やデイ・サービスのような医療・看護など各種の厚生福祉費目への補

第5章 財　政

助などがそれで、計画に応じて一定の割合で、またはあらかじめ規則によって定められた一定率の額が、国庫から地方の自治体に補助金として交付される。補助金の有無、その額の大きさは、地方が実施する事業の規模に大きな影響をもつことから、いわゆる陳情合戦が展開することになり、官官接待などが発生する土壌となっている。またこれらの事業資金の提供者である国は、その事業の実施に当たって、事業者を指導し監視する必要があるとはいうものの、その干渉が大きい場合には、地方の自主的な創意工夫の妨げになり、地方自治の健全な発展を妨げることにもなりかねない。現在地方自治の範囲を拡大していくことが求められているが、そのためには、できるだけ多くの財源を地方が独自にもち、国庫支出金への依存度を減らしていくことが必要であるといえよう。

　国の財政と同様に、地方財政も、70年代半ばころから多額の財源不足に悩まされることになったが、地方財政の不足を補うために発行されたのが、⑤地方債であり、さらに交付税特別会計からの借り入れであった。国と同様、地方政府も借金財政の道を辿ることになったのである。地方財政収入に占める地方債の割合は、60年度には4.6％、70年度には6.5％であったが、その割合が高い70年代には10％を超えている。地方債には公募地方債と非公募地方債（縁故債）があるが、公募地方債が発行できるのは30に満たない団体に限定されているために、多くの団体は非公募地方債によらざるをえない。後者は、前者のほぼ2倍の規模に達しており、地方公共団体の指定金融機関（都市銀行、地方銀行その他）がその発行を引き受けている。また発行された地方債[5]のうち、かなりの部分を先に図示したように、財政投融資の資金で消化している。1990年度末をとって地方債の残高をみてみよう。普通会計債55兆円のほか公営企業債が33兆円に達しており、合計88兆円余を債務残とみることができる。さらに2000年には、地方財政の債務残高は180兆円を超えることが予測されている。

　次に地方財政を収入費目別にみてみよう。1990年度を例にして示すと、地方税は地方財政収入の42％、地方交付税18％、国庫支出金13％、その他19％である。一方地方財政支出は、総務費、土木費、教育費、民生費、その他各地

方公共団体の独自の事業費に分けられる。収入の側面については、既にみたように、中央政府会計から地方会計への移転がみられた（地方から中央政府に対しても分担金などの費目の移転額があるが、この流れは逆の流れに比べれば僅少である）が、その結果、国と地方の実質的な歳出の構成比は、国が約30％台、地方が60％台となっている。その中でも、教育や地域開発事業、福祉事業などは、その多くが地方公共団体を推進主体として実行に移されているのである。このことは、昭和50年代からさかんに主張されるようになった「地方の時代」が現実のものになりつつあるとも、地方自治が強化されつつあることの証左ともとれるのであるが、一方では、地方で実行される公共事業投資その他が、中央政府から移管された事業費にも依存しているということでもある。この点に着目すると、次の点が問題になってくる。すなわち、予算配分をめぐる地方出身議員と政府機関との間の不透明な関係が生まれる可能性の存在、横並びの予算配分による非効率性などの問題である。そこで、文字通り地方自治に裏付けられた地方財政システムの構築が期待されている。2000年に入ってから、新たに発足した介護保険制度は、その実際の運用を地方行政機関に委ねるものであるが、地方財政、地方毎の介護施設の充実度などの差によって、受益者の満足度などに差が生じることなども予測されており、今後の大きな課題として残されている。

注
1) 財政法（1947）
　　第4条　「国の歳出は、公債又は借入金以外の歳入を以て、その財源としなければならない。但し、公共事業費、出資金及び貸付金の財源については、国会の議決を経た金額の範囲内で、公債を発行し又は借入金をなすことができる。」
（建設国債発行の原則……建設国債は公共事業などの遂行にあたって、建設資金の充足を目的として発行される国債であるが、これは経済成長を促進して将来GNPを拡大するから、国債の償還はこれによって可能になる。これに反して赤字国債は、単なる借金であるから、返済のためにまた借金（赤字国債の発行）をするという自転

車操業の危険性をもっている。従って公債発行を建設国債に限定しようというものである。)

　　第5条　「すべて、公債の発行については、日本銀行にこれを引き受けさせ、又、借入金の借入については、日本銀行からこれを借り入れてはならない。」

(国債の市中消化の原則……日銀引き受けによる国債発行は、発行額の枠を拡大し、インフレを増進させる可能性をもっている。そこで、インフレの可能性を回避するために、国債の発行は市中引受方式によるものとした。)

　1965年戦後初の赤字国債発行を閣議決定
　　　昭和40年度における財政処理の特別措置に関する法律公布施行
　1975年には、昭和50年度の公債の発行の特例に関する法律が交付されたが、これによって特例国債（赤字国債）の発行が承認された。以後国債発行額は著増していく。

2) NTTとJRでは、民営化の経緯が異なっている。NTTの場合には、営業独占に対する批判が背後にあった。70年代の半ばころまでは、電話の開設希望者が供給を上回っており、長期の架設待ち期間と、電話債券の購入が必要であった。しかし70年代半ばには、タイムラグもなくなり、加入電話数も3000万台に達した。77年には静止通信衛星が打ち上げられ、電話ネットワークも大きく変化していった。このような技術変化、需要の拡大、多様化を背景として、通信事業経営は飛躍の時期に入った。これを背景に、電電公社の独占への批判、事業効率化が問題となり、行革の一環として民営化に踏み切ることになった。

　JRは、赤字路線を抱えていたが、自動車や宅配便の普及その他輸送手段の変化の中で、さらに赤字が拡大し、財政の大きな負担の一つになっていた。経営効率化による赤字からの脱却の方法としても、分割・民営化が進められた。ちなみに、民営化以前の国鉄の長期債務は37.3兆円である。このうち約30兆円が国鉄清算事業団に継承され、その後旧国鉄所有地の売却その他によって清算事業が継続中である。

　国鉄債務は現在でも28兆円の残がある。これは厚生年金に対する国庫負担繰り延べ、政府管掌健保の国庫負担繰り延べなどとともに、国のいわゆる隠れ借金の大きな部分となっている。

3) 道府県税収入は、都道府県民税のほか、事業税、たばこ消費税、飲食消費税、自動車税から成っている。市町村税収入は、市町村民税や固定資産税、電気ガス税などの独自の財源のほか、たばこ消費税の一部が財源として充てられる。

4) 基準財政需要額は、各行政経費（警察費、土木費、教育費、厚生費など）ごとに、一定率を乗じて算出される。最近、高齢化の進行に対応した新しい動きとして高齢者保険福祉費が設定されたが、これは65歳以上の高齢人口数を基準として算出され、これを基準財政需要額の構成要素の一つとするという考え方で、高齢者の人口

比が大きい地方にとっては福音となる。

5）地方債を発行形態からみると、証券発行形式と証書借入形式に大別できる。後者の本質は、長期借入金であり、借入団体から借入先あてに発行された借用証書である。地方債市場で売買されることがあるのは前者の証券で、政府資金、民間等資金（市場公募債、銀行等縁故債、地方公務員共済組合等縁故債）のほか、公営企業金融公庫（公営企業債）なども、これを引き受けている。

第6章　貨幣と金融

第1節　「貨幣」とは何か

　「貨幣」とはいったい何であろうか。この問いに対して、《貨幣とは人びとが貨幣として使っているものである》といってのけた有名な理論経済学者がいる。しかも氏は、ではなぜ人びとはそれを使うのか、との逆の問いをみずからに発している。氏の回答は、次のようなものであった。《それが貨幣だからである》。一種の詭弁であり循環論法ともいえるこの意味深長な問答に不満をもつ読者は、けっして少なくないはずである。そして諸君の疑問のもち方は、まぎれもなく正しい。ただし半分だけである。というのは、《貨幣とは貨幣として使用されるものであり、貨幣として使用されるのはそれが貨幣だからである》という説明は、一種の詭弁、循環論法、したがって虚偽のように一見みえるが、それは、曲げようのない一つの厳然たる事実（日常的真理）だということである。実は先ほどの氏の問いは、これまで支配的になされてきた伝統的経済学（新古典派経済学）の表層的貨幣観に対する痛烈な皮肉であって、貨幣論として解明されねばならない事柄が貨幣事実の背後の、しかももっと深いところに横たわっていることを示唆したものなのである。「貨幣」とは何かというわたしたちの問いは、貨幣のこうした新古典派的表層認識より格段に深いものでなければならない。上の事実を否定することなく貨幣実在の意味を解明するために、彼らとは別の発想とアプローチ（接近方法）をとってみよう。

1　貨幣の必然性
　一等前後賞あわせて「億」単位のお金を獲得したひとは、それまでの仕事を

たいていはやめてしまう。そして必ずといって良いほど次のようにいう、「もうこれで、一生あそんで暮らせる」、と。「あそんで暮らせる」とは「働かなくて済む」ということである。これが真実であることはいうまでもない。お金とは、それをもつ人が働かなくても済むようにしてくれるものであり、働くこと＝労働をその人に代わってしてくれるものなのである。ということは、《お金とは労働そのものだ》ということにならないであろうか。お金とは労働なのだから、それを「使う」ということは、労働を「する」ことに等しい。もちろん、お金の所有者が労働するのではない。「お金が労働する」のであり、お金のこの労働のお蔭で、その所有者の方は労働することを免除されることになる、ということである。

　賃金が労働の対価＝報酬だということは誰でも知っている。しかし、賃金を初めとしてお金一般が労働そのものだということは、少し頭をひねらないと認識できない。わたしたちは労働（正確には労働力）を提供することによって、つまり労働力を商品として売る（使用者としての雇用主に一定期間売り渡す）ことによって賃金を獲得する。これは、働き手が労働力というものを、商品というみすぼらしい形態から貨幣という立派な形態へと変えること、商品形態から貨幣形態への労働力のメタモルフォーゼに他ならない。「労働」というものは、労働力と商品、どちらの形をとっていても目にはみえないが、貨幣という形をとっているときだけは、はっきりと目にみえるのである。貨幣を受けとらない人はいない。それを法外に取得した場合には、人は、みずからの労働を、労働力の売り手たる賃金労働者としての自分そのものをこの世から捨象し、まさに労働の支配者となることができるからである。

　さて、わたしたちが日ごろ使っているのは、日本銀行券という紙幣やコインという「おカネ」である。１万円札がいくら１万円の「値打ち」があり１万円の労働をしてくれるからといって、１万円分の労働をお札それ自体としてもっているというのは、どうみてもおかしいであろう。「お金」とは労働であるということは、「お金」それ自体がそれ相応の労働の所産、労働生産物でなけれ

ばならないということを意味する。ところが、1万円札をつくるのには、紙代と印刷代で何十円かぐらいの費用しかかからない。製造のための費用が額面をかなりの程度上まわるのは、5円硬貨ぐらいなものである。

　そこで、昔は「金（きん）」という金属がおカネであり、唯一「お金」とみなされていたという歴史的事実を思いだそう。日本語の「金」という文字は、「貴金属」の意味でも「貨幣」の意味でも用いられるが、それは、昔は金（きん）そのものがお金（カネ）だったからである。そこでは、銀行券という紙っピラは、金という貴金属物質のいわば影にすぎなかった。銀行券という「無」価値物は、金という「有」価値物からその値打ちを反射させてもらい、そのかぎりでのみ「お金であること」、いや、「お金の代わりとして働くこと」を許されていたのである。日本銀行券やコインが、その所有者のために労働そのものであるのは、貴金属たる金という本家（家元）が労働そのものであることの、代理人としてのことなのである。銀行券が値打ちをもつのは、それ自身が値打ちをもつからではなくて、金という貴金属のもつ値打ちを、借りているからなのである。それは、トラの威を借るキツネのようなものである。

　ここで、これまで便宜上使ってきた「お金」という俗っぽい言葉を、含蓄のある「貨幣」という経済学的概念にかえよう。銀行券という紙幣は《紙製の貨幣》または《貨幣の紙製の複製》であって、《貨幣そのもの》ではない。それは paper gold であって gold in itself ではないのである。《貨幣そのもの》は「金 metal gold」だけである。

　しかしこうはいっても、諸君は次のように思うかもしれない。「金廃貨」という言葉があるように、金はどこの国でも「貨幣」としては廃却されており、現在は記念コイン以外のものはつくられていない、と。この疑問に対しては、以下の事実を指摘しよう。今日なおいかなる国家も、対外的には「金」を追放することはしていない。金は依然として外貨準備とともに対外準備の一部を形成している。さらに、各国は「廃貨」されたはずの「金」のために、わざわざ先物市場をはじめ各種の市場を開設してやらざるをえない現状にある。経済社

会は金というこの厄介ものを、くやしいことではあろうが、今もって廃棄できないでいるのである。コイン（金貨、金貨幣、金鋳貨）としての非使用＝非鋳造は単に見かけ上のものであり、この事実だけでは、諸通貨の本体（Substanz）、目に見える「労働それ自身」としての「金」の役割が解消されていることの証明にはならない。形式上の不在（量的になくなっていること）は、内容上での非実存（質的になくなっていること）の根拠にはならないのである。制度側による金廃貨の努力は事実側（民間）によって抵抗・拒絶されるのである。吉野俊彦氏によれば、スイスの市中銀行には、金の売買について今もなお次のようなポスターが掲げられているそうである。

「『金はそれ自体価値のある物質であり、しかも換価しようと思えば、いつでも換価できる高度の流動性を保有する。したがって古来、金は金属貨幣として最も適当であるとされてきたし、さらに財産を物的に蓄積しようとする場合に最も格好な商品である。当行はお客の皆さんにとって、最も有利なように、金貨ならびに金製品を売買しますのでどうぞご利用ください。』」（『通貨の知識』日本経済新聞社、1978年、220頁から引用）

対象化された労働としての経済価値を反射するのは「金」だけであり、不換銀行券やコインは経済価値の反射物ではない。それらは、対象化された労働としての経済価値からではなく「金」からその通用許可を得るのであり、経済価値の反射物としては間接物でしかない。厳密な意味で貨幣と呼べるのは、金以外にはないのである。こう述べると、「元始、女性は実に太陽であった」に始まる、平塚らいてうの有名な文章が想起されないだろうか。「……今、女性は月である。他に依って生き、他の光によって輝く、病人のような蒼白い顔の月である……。女性よ、隠された太陽を取り戻せ。」この文章が弱冠25歳の女性の手によって、しかも夜を徹し泣きながらしたためられたという衝撃的な事実はひとまず置き、文中の「女性」「太陽」「月」をそれぞれ《貨幣》《金》《紙幣》に読みかえてみよう。みずから光り輝くのは、太陽であり月ではない。月も確かに光り輝くが、それは太陽の光の威力を借りた上でのことにすぎない。同じ

ように、みずから価値を有するのは金であり紙幣ではない。紙幣が価値を有する（ように見える）のは、金の威力を借りた上でのことにすぎない。かくして次のようになる。「元始、」貨幣「は実に」金「であった」、貨幣「よ、隠された」金「を取り戻せ」。何ゆえにこうも、女性と貨幣とは規定が重なり合うのか。結論だけをいえば、それは、「相対的価値形態」という「使用価値」的位置に立つ男性にとって、女性とはまさに「等価形態」たる「交換価値」の立場にあるからであり、女性とは男性の内面的な良心的呵責のまさに権化・具現物として、貨幣の立場そのものだからである。この問題に興味のある読者は、カール・マルクス『資本論』第1巻第1章第3節「価値形態または交換価値」の部分（いわゆる価値形態論）を読まれたい。

2 貨幣の諸機能

貨幣は3つの主要な機能をもつ、とよくいわれる。

1) 価値尺度
2) 流通手段・支払手段
3) 価値保蔵手段

ここで貨幣の「機能」とは、貨幣の果たす「役割」のことである。

まず1) の「価値尺度」とは、商品価値を尺度すること、商品の「値打ち」をはかり「値段」として表示すること、である。日本中のどこの店にいっても、円という価格単位の記された値札がついていない品物は、まずみられない。どんなに色や形や大きさがちがっても、値札がついているという質的な点では、どの品物も共通であり同じである。もちろん、量的な意味での値段のちがいという点ではそうではないが。

つぎに2) の「流通手段」と「支払手段」。これが、わたしたちにとってはもっともなじみの深いものであろう。わたしたちは、何らかの欲望をみたすためにさまざまなものを買う。買い方は二通りしかない。現金で買うか、掛けで買うかである。前者の場合、貨幣は「流通手段」ないし「購買手段」として役

だち、後者の場合には「支払手段」ないし「決済手段」として役だつ。後者のいわゆる掛け売買の場合、貨幣はその場では登場しない。それは「買い」なき「売り」であり、支払約束証書とひきかえの「品物の一方的移動」である。貨幣はあとから（たとえば1年後に）登場する。それはあとから支払われる。それは、先ほどとは逆に「売り」なき「買い」であり、支払約束証書とひきかえの「貨幣の一方的移動」である。支払約束証書とひきかえの「品物の一方的移動」とは、無現金経済であり信用経済であるが、ここに現代のカード社会の落とし穴がある。それには必ず、支払約束証書とひきかえの「貨幣の一方的移動」、過程の締めくくりとしての貨幣の絶対的登場が待ちかまえているからである。無現金経済を陰でささえているのは有現金経済であり、信用経済には必ず貨幣経済が対応している。

　最後に3）の「価値保蔵手段」とは、かんたんにいえば貯蓄手段または「財テク手段」としての役割にほかならない。わたしたちは貨幣を使わないでおくこともできる。預貯金（預金と貯金）である。危険が多すぎて使えないという場合もあろう。貨幣や信用パニックのとき、貨幣は一夜にして市場からその姿を消す。しかしそれは、貨幣が消滅してしまったのではもちろんない。みんなが貨幣をしっかりにぎって手ばなさないだけである。貨幣はインフレーションのとき以外、その価値＝購買力を減少させることはない。

　以上、貨幣の役割をきわめて日常的で平凡な観点からみてきた。しかし、まだかたづいていない問題が、ひとつだけある。「金」である。貨幣としての金は、これらのうちのどの機能を果たす（あるいは、果たしている）のであろうか。

　まず、2）「流通手段・支払手段」ではありそうもない。わたしたちはふつう、金貨をもって買い物には行かない。「天皇在位六十周年記念十万円金貨」なるものがあるにはある。しかしこれは、法律上は20枚までしか使用を強制されないのみならず、1枚20グラムの純金であるとはいえ10万円という過当な額面を付与された、あくまでも補助鋳貨でしかない（現在金は1グラム約1300

円だから、時価にして2万6000円)。この金貨が10年近く前に発行されたとき、ひとびとはそれを熱心に買い求めた。国家は当時、約4万円の金を10万円という高値で国民に売ったのである。しかしこの「十万円金貨」は、人びとのもとに長居はしなかった。それを保存することによって可処分所得に不足をきたした人びとは、「十万円金貨」を生活用品（消費財）に転換せざるをえなかったからである。しかも事はそれだけでは済まなかった。大手の銀行やデパートは、手元に大量に集まった「十万円金貨」を銀行券や預金に転換した。「十万円金貨」は、製造元の大蔵省という古巣にもどってしまったのである。

3)「価値保蔵手段」としてはどうか。現にトルコなどの国では、入手した現金（国家によって指定された通貨）をすぐに金塊や金製の装飾品やに換えて身につけ、肌身はなさず生活するという。しかしこうしたことは、金が「普遍的価値」または「価値そのもの」であるとの意識または認識がなければ行われえない。とすれば、残るのは1)「価値尺度」としての機能である。

実は、本節第2項のはじめのところで、貨幣の第一の機能とは商品の値段を何々円と表示することといったのは、金という「貨幣」の機能なのではなく円やドルという「通貨」の役割のこと、価格換算単位ないし価格表示基準としての通貨の役割のことだったのである。それは正確には、価格標準（価格の度量標準）としての貨幣の機能である。「価値尺度」としての貨幣の機能は、別にある。

金がその現身現物のままで世界共通の普遍的経済財たる貨幣となりえたのは、それ自身が他のものと同じく商品だったからであり、地中深くから掘りだされるとき（つまり生産されるとき）おおくの労働を必要とする（したがってまた、おおくの労働を体現する）有価値の生産物だったからである。商品たちは、自分の内部にあって目にはみえない価値を外的に価格として表示し目にみえるようにするために、共同の行為でもって一つの商品を選出し、商品という職位にくわえ、貨幣という一段たかい特別の職位をもう一つ与えたのである。貨幣というのは、他の全商品によって、価値を尺度すること、価値という内在

物を外在物として表示することを許された、独占的経済財である。金は一商品でありながら貨幣商品であり、諸商品の神、貨幣という神なのである。金は諸商品の価値を尺度する手段であるだけでなく、「価値そのもの」になる。これは、いわゆる分銅というものが、他のいろいろなものの重量をはかるための材料（重量尺度の手段、重量ばかり）であるだけでなく、目に見える重量、重量そのものであるのに似ている。

　ところでこの金という神（地上神）は、価値そのものたるものとしては色も値打ちもそれこそピカ一であり、容易に熔解融合が可能であるという延性・展性にくわえ、いわゆる王水（硝酸1塩酸3の混合溶液、「1升3円」と覚えると良い）以外には溶解しないという勇猛な性質を備えている反面で、摩耗・磨損・摩滅に対してはきわめて抵抗力が低いという女性存在にも類似した脆弱性（Frailty, thei name is woman.「かよわき者よ、汝の名は女なり。」とはウイリアム・シェイクスピア劇中の名文句である）を合わせもっている。そこで人は、摩耗・磨損・摩滅からこの金を保護・隔離する方法を捻出した。ケースの採用である。表面にいくらいくらと金の量が書かれた入れ物のなかで、金の現身は安らぎを見いだしたかにみえた。ところがそれもつかの間、金はまもなく、厳重な監視のもとに金庫という地下室での鎮座を余儀なくされるようになる。金は預かり証という紙片とひきかえに、保管されるようになる。預かり証という紙製の証明書が、金の代理物として、いわば「紙製の金貨」として金現身にとって代わることになるのである。これが兌換銀行券の、ひいては今日の銀行券の起源であることは、いうまでもない（以上の点については、岩井克人「ホンモノのおカネの作り方」『貨幣論』筑摩書房、1993年所収、109頁-114頁を参照）。

　貨幣のほかの機能、流通手段（購買手段、商品流通＝交換媒介手段）や支払手段（債務決済手段）、蓄財手段（価値保蔵手段）などは、うえにみた「価値尺度」（商品価値のはかり）という貨幣商品機能から派生した二義的副次的な機能なのである。流通手段や支払手段は、紙製の代理物でも充分にその役割を果たしうるのであり、金の現物を少しも必要とはしないのである。

第2節　貨幣の需要（Demand）と供給（Supply）

貨幣とは、どのような目的で需要されるのであろうか。そしてまた、貨幣とはどのような形で供給されるのであろうか。

1　貨幣の需要（Demand for Money）

貨幣が需要される場合はいろいろあるが、貨幣の保有それ自体を目的とする需要はまずない、といってよい。貨幣が需要されるのは、それで何かを買うためか、それをもっと増やすためである。前者は消費者の購買行動に、後者は企業の投資行動に結びついているものであることはすぐにわかる。ここでは後者を中心に見ていこう。貨幣需要の分析としては、ケインズ（John Maynard Keynes, 1883-1946）の有名な流動性選好理論（Liquidity-preference Theory）がある。彼は貨幣需要の動機（motive）を三つに大別している。

1) 取引動機（transaction motive）
2) 予備的動機（precautionary motive）
3) 投機的動機（speculative motive）

1) は、通常の一般的取引から生じた決済のために必要とされる貨幣への需要である。一般的取引のための貨幣とは、賃金、原料費、材料費など日常的な支払いのために必要な出納金のほか、さまざまな決済のために必要な貨幣であり、また、各種の積立金（減価償却積立金、利潤積立金）などもこれにはいる。

2) は、有利不利を問わず、予期しない不時の支出のために必要とされる貨幣への需要である。この貨幣にはふつう需要者自身の準備金があてられるが、それに不足をきたすときには、借入れを行わねばならない。企業は、いわゆる天変地異に対しては保険で対処するので、準備金とは区別しなければならない。

3) は、投機を目的として行われる貨幣需要である。これは、価格騰貴が予想される対象商品の購買と、再販売（転売）による返済との二つを目的として

貨幣が需要されるものであり、いわゆるキャピタル・ゲイン（差額利益、差益）の獲得が目指される。投機的動機を含め、一般に投資的な動機にもとづく貨幣需要は、利子率Ｚの関数である。貨幣需要は騰貴する利子率の減少関数であり、逆にいえば、下落する利子率の増加関数である。対象商品の期首価格と期末価格とをＰ、Ｐ′、その差額を⊿Ｐとし、利子率をＺとすれば、⊿Ｐ（＝Ｐ′－Ｐ）は利子率ＺとキャピタルゲインΔＰ－Ｚ（＝Ｇとする）とに分かれる。Ｐ＋Ｚ（またはＰ′－Ｇ）は、元本（借入元本）プラス利子であり、貨幣供給者（貸し手）への返済額をあらわす。残額Ｇは、もちろん貨幣需要者（借り手）の稼得分である。

　いま、銀行預金利子率（銀行金利）である「市場利子率」が年４％であるとき、額面金額 1,000 円で利率 8 ％の確定利付き国債が発行されることになったとしよう。国債とは国家の借金証書（債務証書）であるが、その買い手たる所有者には毎年 80 円の利子が支払われる。1,000 円の余剰貨幣所有者は、１年後にその 1,000 円がどれだけ増えるかを計算する。国債を買うことによる年間利子収入は 80 円であるが、銀行への預金による年間利子収入は 40 円にしかならない。人びとは、銀行預金という資産よりは国債という資産に投資する（貨幣を投下する）ことを選択することになるが、この結果として国債の価格（「相場」という）は、額面金額をはなれ、国債の年間確定利子収入 80 円が市場利子率 4 ％と等しくなるまで、つまり 2,000 円にまで騰貴することになる。この理論値は、国債の年間確定利子収入 80 円を市場利子率 4 ％（0.04）で除すること（この算定手続きを「資本還元」という）によって得られる。国債の年間確定利子収入 80 円を国債の時価相場（ここでは 2,000 円）で除したものを「利回り」（国債利回り）といい、「長期金利」といわれるものをあらわす。「長期金利」＝「利回り the rate of yield」は、「短期金利」＝「利子率 the rate of interest」に一致しようとする傾向をもつのである。逆に市場利子率が 10 ％に上昇すると、国債相場は 800 円にまで下落する（80 円÷0.1 ＝ 800 円）。

　国債の買い手は、自分の貨幣の年 8 ％の増加を有利として 1,000 円を投資し

国債所有者となったのであった。彼はより多くの国債を買い入れるために、自分の貨幣だけでは飽きたらず、銀行から貨幣をさらに借り入れるかもしれない。これは銀行に対する貨幣の借入需要であり、この貨幣需要者の媒介によって、貨幣は銀行の手から国債の販売者である国家のもとに流れる。銀行にある貨幣の減少から、市場利子率は徐々に騰貴しだす。国債相場も買いの増大から徐々に騰貴する結果、その利回りは反比例的に下落する。利子率の上昇は、貨幣需要を徐々に削減するとともに、国債に対する買いをも徐々に減少させてゆく。利子率は下げ止まり、国債価格は、利子率と利回りとがほぼ一致をみるようになるにおよんで上騰を休止するにいたる。貨幣需要の変動（減少と増大）と利子率の変動（上昇と下落）とは、相関関係にあるのである。

2 貨幣の供給（Supply of Money）

1） 通貨統計

実際の統計では、貨幣や通貨の概念はどうでもよい。通貨が現実に存在し流通しているという事実が重要なのであり、貨幣の発生や通貨の存在理由を問うても仕方がないからである。問題となるのは、とにかく通貨流通量というその量的側面だけである。通貨統計では、つぎのような定義が用いられている。これをマネー・サプライという。

M_1 ＝銀行を除く民間の保有する現金（銀行券・硬貨）＋、民間銀行の要求払預金（当座預金・通知預金など）

M_2 ＝M_1＋民間銀行の定期預金

M_3 ＝M_2＋銀行以外の金融機関（郵便局・信用金庫・労働金庫など）の預貯金

このほかにも、Mの種類は10いくつまであるといわれるが、代表的な指標はいわば広義のマネー・サプライM_2＋ＣＤ（「譲渡性預金」これについては次節を参照）である。わが国の中央銀行（central bank）である日本銀行（Bank of

Japan) は、この M_2+CD を中心とする統計データを毎月一回発表するとともに、金融政策 (後述) を行う上での最も重要な指標として用いている。

 M_2+CD が代表的なマネー・サプライ指標とみなされるのは、それが統計的・相関係数的にみて、物価や景気動向との関係がもっとも大きいと判断されるからである。『〈新版〉わが国の金融制度』(日本銀行金融研究所、1986年、464頁— 465頁) は三つの理由をあげている。

「その第1の理由は、……〔M_2+CD〕は、所得や支出に先行して動き、将来の所得や支出に影響を与える (変動の先行性) という意味で所得や支出と最も密接な関係がある点である。つまり、現時点の所得や支出と最も密接な関係にあるのはM_1であるが、そのM_1の動きは、すでに実現してしまった所得や支出の反映にすぎない。しかし、中央銀行にとって大切なことは、将来のポテンシャルな所得や支出と密接な関係にある通貨指標をコントロールすることである。この点では、〔M_2+CD〕の方がM_1よりも将来の所得や支出と因果関係が深いというのが、これまでの実証分析で得られた結論である。

第2の理由は、〔M_2+CD〕はコントローラビリティの点でも、最もすぐれていることである。現在の所得や支出と関係の深いベース・マネーやM_1を短期的にコントロールすることにはかなり限界がある。現金とM_1の間、あるいはM_1と定期性預金の間の資金移動を短期的にコントロールすることは難しいからである。〔M_2+CD〕であれば、これらの資金移動は内部の構成変化であり、銀行の与信総額を抑えることによって短期的にも総額をコントロールできる。

第3に、〔M_2+CD〕は信頼度の高い統計であり、しかも速報性に優れている点で、ベース・マネーやM_1に劣ることはない。」

2) Marshallian k (マーシャルのk)

ケインズの師アルフレッド・マーシャルは、通貨量 (流通貨幣量) と国民所

得との間に一定の関係を指摘した。後世それを「マーシャルの k」と呼び、通貨量をM、国民所得をYとし $M = k \cdot Y$ をもってあらわす。「フィッシャー交換方程式」の変形式 $M = T / V \cdot P$ と比較すれば、$Y = P \cdot T$ であるから、マーシャルの k とは、通貨の流通度数の逆数であることがわかる。この考え方を少し敷延して、マネー・サプライをGNP（国民総生産）と対比した数値、Ms／GNPを見てみよう。ここでGNP（正確には名目GNP）とは、貨幣額であらわされた生産物のことであり、実物経済（実体経済）をあらわす。マネー・サプライは文字どおり貨幣額であるから、両者の比は、貨幣と商品、カネとモノとの比率、つまり商品価格の実現にどれだけの貨幣が必要とされたかというその比率をあらわしていることになる。これも近似的「マーシャルの k」といえなくはない。

　マーシャルの k は、貨幣の過不足（カネ余り、または、カネ不足）の程度を示す指標として用いられ、たとえばその突然の増加はインフレーションの危険性の判断材料となる。分子の数値には M_1 が用いられることもあるが、ふつうは $M_2 +$ CD が用いられる。表10に示されているように、この数値は、1980年代の後半に入ってから急上昇をとげている。これは過剰流動性の発生、経済体質の「バブル」的性格への移行を物語るものである。

3　貨幣の必要量

　どの国にも、その国の商品経済がそれみずからの諸価格を実現し流通するのに最低限かならず必要とするところの、流通必要通貨量と呼ぶべきものが存在する。それは、流通すべき商品量の規模（大きさ）や通貨の平均回転度数または通貨の単位（通貨名称）などによって、歴史的または国によってかなりの格差があるけれども、一国のある時代ある一定の発展段階をとってみれば、かなり安定的なものである。商品はみずからのからだに値札をつけて流通界に入りこむが、通貨の量は、それらを実現するのに充分なもの、それを上回るものでなければならない。流通必要通貨量は多少とも常に変動するからである。

ちなみに、1990年（平成2）中の日本銀行券の平均発行高、つまり毎日毎日の発行残高（発行総額）を合計し一年中の日数で除した平均流通高は、31兆6,241億円となっている。以上は平均残高（平残）であるが、年末発行残高（末残）は33兆7,239億円であり、前者とはかなりの開きがある。また、通貨の平均回転度数とはいっても、現金の回転度数と預金通貨のそれとがあり、当然に両者では値が異なる。前者は、全国銀行の要求払い預金回転率という統計によれば、86年12月中で19.07回である。後者は、「正確な算定は非常に困難」なようで、日本銀行調査局のかつての調査（35年から42年までの8年間のみ毎年行われた）によれば、35年（昭和10）で14.22回、39年（昭和14）で15.84回であった（吉野俊彦『通貨の知識』日本経済新聞社、1978年、57頁―58頁を参照）。

いま仮に、通貨の平均回転度数と通貨の単位とを与えられたものとすれば、流通必要通貨量は平均的に実現されるべき商品の価格総額によって決まる。その縮小は余分な通貨を流通のなかから追いだして、預金通貨などに転化させるか、外国に投資させるかする。その拡大は逆に、不足している通貨を流通のなかに呼び戻す。商品流通世界はつねに、一部の通貨量を発散したり吸収したりしている。これは、流通界にある貨幣をフロー量（流量）、その外にある貨幣をストック量（貯量）と呼び、前者をFl 後者をSt であらわすとするならば、つねに次の式が成り立っていなければならないことを意味する。

$Fl \leq Fl + St$、つまり $0 \leq St$

ある量の貨幣 α は、Fl から St へ、そして St から Fl へと絶えず行ったり来たりしている。Fl も α も固定的な大きさではない。つまり、

$Fl - \alpha = St + \alpha$

である。Fl というフローの経済部分（流通部面）にかぎって、取引される商品と貨幣量との関係を定式化しておこう。次頁の図で、ABCの3人の商人は、10万円という同じ価格の異種商品 abc をそれぞれもっている。Aは商品aをBに売り（①）、Cから商品cを買う（②）。CはBから商品bを買う（③）。貨幣10

万円は、BからAの手にわたり（①）、さらにCの手をとおって（②）再びBのもとに帰る（③）。通貨の流通度数をV（Velocity、例では3回転）、商品の取引される量をT（Transactions、例では3種類）、物価水準または商品の単位当たり平均価格をP（Price、例では10万円）、通貨量をM（Money）とすれば、

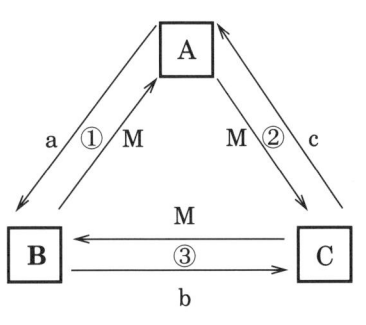

　M・V＝P・T

　これは、名著『貨幣の購買力 *Purchasing Power of Money*』（1911年）で有名なアメリカの経済学者アーヴィング・フィッシャーが提示したものである。この「フィッシャー交換方程式」の両辺をVで除して、

　M＝T／V・P

　この変形式から、つぎの法則が得られる。

《流通に必要な通貨の量は、取引される諸商品の量と通貨の流通度数とを与えられたものとすれば、諸商品の価格に比例して増減する》
または、
《諸商品の価格は、取引される諸商品の量と通貨の流通度数とを与えられたものとすれば、流通に必要な通貨の量に比例して騰落する》

　前者を「貨幣流通の法則（一般法則）」、後者を「紙幣流通の法則（特殊法則）」という。この法則は、資本主義市場経済を常に支配するものである。

第3節　金融市場

　第2節では、「貨幣」という実在を中心として、それが需要されたり供給されたりする姿を、マクロ社会的かつ結果的な観点から鳥瞰してきた。では、「金融」(finance) とはなんであろうか。それは貨幣を「融通する」こと、貨幣を貸したり借りたりすること、「貨幣貸借」のことである。金融市場 (financial markets) とは、貨幣が貸（し出）されたり借（入れ）られたりする場、貨幣が貸し借りされる空間のことに他ならない。

　貨幣の貸借には、信用がともなう。貸与された貨幣は、あとになって返済されなければならないからである。金融とは信用であるといわれるのは、そのためである。金融取引は信用取引でもある。しかし厳密には、信用取引は必ずしも金融取引ではない。信用取引には物品としての一般財の貸借も含まれうるからである。金融取引とは、貨幣の信用取引である。

　また、貸借ではなく単なる売買にも信用はともなう。しかし売買とは、商品と貨幣との同時取引ないし同時交換であり、貸借のような異時取引ないし異時交換ではないから、それにかかわる信用や保証は、販売物品の品質やそれに対する消費者の嗜好（シコウ、好みの意）など、いわば特定の個別的なものにすぎない。売買には、かならず対価の同時的入手——つまり、売り手にとっては貨幣の同時的入手、買い手にとっては商品の同時的入手——がともなう。しかし貸借はちがう。貸借という特殊な契約において取引されるのは、貨幣という《社会的商品》＝《普遍財》であり、しかも貸借とは、期限つきとはいえ、貨幣を一方的に、つまり対価なしに手放してしまう行為だからである。

　金融市場は、貨幣が手放されている期間のちがいによって、おもに二つに分かれる。ふつう、1年以内のものを短期、1年をこえるものを長期として区別している。

第6章　貨幣と金融

1　短期金融市場としての手形・貨幣市場

1) 対顧客市場（market with customers）
2) 銀行間市場（inter-bank market）〜銀行同士の間に成立する市場で、「手形市場」「コール市場」などに代表される。
銀行同士で資金の過不足を調整するための市場
3) open money market〜「債券現先市場」「ＣＤ市場」「ＣＰ市場」「政府短期証券市場」などに代表される公開貨幣市場
一般企業も参加することができる。
いくつかの代表的な市場について、個別的に概説しておこう。

手形市場（bills market）

コール市場（call money market）〜半日物、2日物、3週間物など。
　コール・ローン（出し手からみてのコール資金）〜信託銀行、地方銀行、保険会社など。
　コール・マネー（取り手からみてのコール資金）〜都市銀行ほか、外国銀行（無担保物）

債券現先市場（bonds market with repurchase agreement）
　一定期間後の買い戻し、ないし売り戻しという条件のついた債券の売買が行われる市場で、昭和30年代後半、証券会社の資金調達手段（公社債投信の解約が増加したことへの対応策）として発達した。

譲渡性預金（negotiable certificate of deposit, ＣＤ）市場（79年＝昭和54年5月〜）
　発行者　　預金業務を認められている金融機関
　下限　　　5,000万円（85年1億円←84年3億円←当初5億円）
　預入単位　1,000万円
　預入期間　1カ月以上6カ月以内（85年から←3カ月以上6カ月以内）
満期以前でも第三者に売却・換金できる定期預金証書、正確には譲渡可能定期預金証書といい、アメリカのＮＣＤ（譲渡可能定期預金証書 negotiable time

certificates of deposit）にならって導入された。ちなみに預金通帳はもとより一般の定期預金証書も、定款によって「譲渡・質入れ禁止」であるが、これを「小切手」なみに改変・改造したものと思えばよい。

ただ、注意すべきことは、アメリカのNCDが無記名の有価証券であるのと異なり、CDがあくまでも指定債券という預金であり、有価証券ではないことである。証券取引法上の有価証券ではないことによって、有価証券取引税がかからないかわりに、逆に預金であることによって準備預金制度の対象となり、銀行にとっては定期性預金と同率の準備率が課される。

ＣＰ（commercial paper）市場（1987年＝昭和62年11月〜）

一流（first-rate）企業の発行する債務証書で、手形法上、単名の約束手形とされている。内実的には短期の社債であるが、有価証券とはされていないため、発行の際に証券取引法上の煩瑣性がない。

円建銀行引受手形（bank acceptance, ＢＡ）市場（85年6月〜）

円の国際化・金融の自由化の一環として、円建て貿易金融の円滑化をはかるべく欧米にならって導入・創設された。貿易業者と為替銀行との相対（アイタイ）取引であった貿易金融を市場取引に移行させ、銀行が引き受けた貿易手形を一般投資家の投資対象にすることをねらいとする。

政府短期証券（financial bill, ＦＢ）市場〜当該年度の歳入（財政収入）で償還

　「大蔵省証券（蔵券）」

　　一般会計の不足に対して発行、割引形式、期限約2カ月、市中消化はわ
　　ずかで大半は日銀引き受け、一部は資金運用部・公団などへ転売

　「外国為替資金証券（為券）」「食糧証券（糧券）」

　　特別会計の不足に対して発行

短期国債（treasury bill, ＴＢ）市場

　「割引短期国庫債券」

　　最低取引単位は1億円、期間6カ月以内

　　振替決済債方式により日銀名義で登録され、本券の所得はできない。

2　長期金融市場としての証券・資本市場

有価証券市場（bonds market or securities market）
　株式市場〜「株式（share）」のみを取り扱う市場
　債券市場〜「債券（bonds）」を扱う市場
　　　　　　「公債」〜「国債」「地方債」
　　　　　　　　　これらに「政府保証債」（いわゆる「政保債」といい、「銀行法」は「政府が元本の償還及び利息の支払について保証している社債その他の債券」と定義）をくわえたものを特に「公共債」という
　　　　　　「社債」〜「事業債」「金融債」「転換社債」（convertible bond, CB）、ワラント債などの債券
債券の種類〜公募債と私募債（縁故債）
市場の種類
　発行市場（起債市場）
　　新規発行証券の投資家への売却市場
　流通市場
　　既発証券の転売市場（証券取引所、店頭市場）

3　金融の担当者（担い手）

貨幣市場の担当者としての、銀行に代表される金融仲介機関
資本市場の担当者としての、証券会社に代表される投資斡旋機関
本源（的）証券と間接証券
赤字単位（貨幣不足単位）と黒字単位（貨幣余剰単位）
直接金融と間接金融
株式（株券）の種類
　記名株と無記名株

額面株と無額面株

　　議決権付株と無議決権株

　　優先株と普通株

　　累積株と非累積株

利子率（interest）と利回り（yield）

有価証券の額面（額面価格）と相場（相場価格）

　　《貨幣市場の図解》

　　　　債務証書 ⇄ G　　……　　G ⇄ 債務証書
　　　　G ⇄ 債務証書　　……　　債務証書 ⇄ G

　　《資本市場の図解》

　　　　社債 ⇄ G　　……　　G ⇄ 社債
　　　　G ⇄ 社債　　……　　社債 ⇄ G

　　　　株式 ⇄ G　　……　　G ⇄ 株式
　　　　G ⇄ 株式　　……　　株式 ⇄ G

4　最近の諸変化

1）大企業による銀行離れ

　まず、80 年代後半における企業の長期資金調達構造の変化があげられる。いわゆる「エクイティー・ファイナンス」（新株発行をともなう資金調達）や海外での資金調達の増大にともない、大企業（資本金 10 億円以上）の銀行借入金依存度が低下した。71 年度—75 年度に 53.3 ％に達していたそれは、81 年度—85 年度には 20.1 ％に著減している。これは大企業の銀行離れ、間接金融から直接金融へのシフトといわれる事態を意味する。「セキュリタイゼーション」（金融の証券化）や「ディスインターミディエーション」などは、この時期の流行語であった。

2）いわゆる「ＢＩＳ規制」

　ＢＩＳとはスイスのバーゼルにある国際決済銀行 Bank for International Settlement の略称である。同行は 1930 年（昭和 5）ドイツの賠償金処理のため

に設立されたものであり、戦後は国際金融調整機構として、また、EC（欧州共同体）の事実上の中央銀行として、重要な役割を担っている。BISは87年1月、自己資本比率に関する米英共同提案を発表し、国際的な金融秩序維持のための目標値を設定した。これが「BIS規制」といわれるものである。

当時日本の銀行や証券会社は、国際金融市場への急速な進出、同市場でのシェア拡大という二つの事実によって世界の注目を集めていた。大方の見方としては、この背後に比較的ゆるい自己資本規制と薄い利ザヤでの金融業務の実施があるとされ、世界市場での競争の公平化という名分で国際的な調整策が協議されることになったのである。規制目標値は、基準達成年度を93年度末（94年3月31日）とし、次のように設定された（自己資本とは、資本金と積立金と補完的自己資本の合計額である）。

　　　自己資本÷総資産×100 = 8（％）

都市銀行の自己資本比率は、86年度（87年3月）末の時点で3％前後、欧米は6％―8％であったので、BIS規制の達成は、日本にとって大きな課題と思われたが、補完的資本として45％までの有価証券含み益を参入することが認められていたために、株価高騰を反映した株式の含み益（簿価と時価との格差）の大きさから、目標値の達成に困難をきたすとは予測されなかった。ところが90年以降の大幅な有価証券の下落によって生じた含み益の縮小は、この予想を見事に裏切ることになる。各金融機関は、減少部分の補填のために、「劣後債」（企業が倒産した際の債券回収順位が普通社債のあとになる社債で、一般社債よりも高利回りの社債）の発行や総資産の縮小を余儀なくされるなど、大きな影響をこうむることになった。

しかしながら、BIS規制によって総資産そのものが縮小したとはいうものの、日本の銀行資産額は依然として大きいのが現状である。世界上位100行のうち実に28行が日本の銀行である。さらに、1位から5位はすべて日本の都市銀行（第一勧業、住友、富士、三菱、三和）で占められている（『フォーチュン』誌、1990年）。

3）金融の自由化と金融革命

「二つのコクサイ化」という言葉がある（吉野俊彦『金融の知識』日本経済新聞社、1985年、223頁）。一つは「国際」化、もう一つは「国債」化のことである。

わが国の金融行政と金融政策は、「昭和金融恐慌」（1927年3月14日勃発）における多数の銀行の倒破産という苦い経験に鑑み、いわゆる「護送船団方式」という長い伝統的レールの上で運営され、銀行その他の金融機関は政府の厳重な監督下に置かれてきた。それが今や多大な変化を余儀なくされ、従来の多くの規制が緩和・撤廃されようとしている。それを契機づけたものこそ、上記の「二つのコクサイ化」であった。

第1の「コクサイ化」とは金融の国際化のことである。これは、1979年（昭和54）における「外国為替及び外国貿易管理法」いわゆる「外為法」の改正（施行は80年12月）、そして「日米円ドル委員会」報告書（84年5月末発表）という一種の外圧の二つによって進展した。前者の法律は、49年（昭和24）制定以来わが国の為替管理の基本法であったが、同法の改正によって内外資本の輸出入は、「原則規制・例外自由」から「原則自由・例外規制」へと180度転換された。これは経済という実態部分からする制度改変要求の結果であり、金利の自由化を促進せずにはいない。

第2の「コクサイ化」は、国債の大量償還である。国債（赤字国債を含む）の大量発行は、第一次石油危機直後の1975年（昭和50年、当時の蔵相は三木武夫内閣の福田赳夫氏）に始まる。そのかなりの部分が、10年後の85年に満期を迎えたのである。100兆円をゆうに上回る巨額の国債（86年3月末で134兆円）を一挙に償還する能力は、政府といえどもない（償還のための財源を「減債基金」、償還にあてる会計上の費目を「国債費」という）。40数兆円の一般会計からすれば、金利の支払いは可能であるが、その金利でさえ10兆円を超えるのである。政府は「借換債」という別の国債を発行して、償還を事実上繰り延べることになる。

国債は、額面価格に対して金利の決まった債券つまり確定利付き債券であるが、流通価格である相場価格の方は、市場の実勢に応じ額面価格を離れて自由に変動するので、金利そのものは定数であっても、相場価格に対する金利の比としての「利回り」は変数となる。そこでたとえば、償還にあと1年を残すだけの国債は、1年物の定期預金と競合することになる。銀行は、国債への対抗上、定期預金の金利を高めに設定するであろう。借換債の金利も、政府という公的立場の都合だけで低く設定することはままならなくなる。

以上のようなわけで、金融の自由化は必然的に推し進められることになる。今後予想されるのは、この金融の自由化に伴う金融機関同士の競争の激化ないし形態変化である。それは、金利の自由化とともに、金融システムそのものの自由化・改変をもたらすであろう。

前者（金利の自由化）は、ＣＤを初めとして、預入期間2年以上の大口定期預金、ＭＭＣ（money market certificates、市場金利連動型預金）などの自由金利商品の創設や、最低預入金額の引き下げなどの形をとりつつ進行していった。ＭＭＣは、1カ月以上6カ月以内を預入期間とし最低預入金額を5千万円として、85年（昭和60）3月に導入された。89年（平成元）6月に登場した小口ＭＭＣは、当初の最低預入限度は300万円であったが、現在では限度はなくなっている。大口定期預金は85年10月、10億円以上のものについて金利規制が撤廃されたが、最低預入限度はその後段階的に引き下げられ、89年10月からは1千万円となっている。これらは新しい金融商品であり、既存の金融商品に占めるその割合は85年末の10％から89年末の35％へと急増、特に都市銀行では、調達資金総額の過半が自由金利商品（の販売）によるものであった。93年（平成5）4月には金融制度関連法が施行された（成立は前年6月）。これを決定的契機として、同年6月には定期性預金の金利が、翌94年10月には流動性預金の金利が、それぞれ完全に自由化された。

後者（金融システムそのものの自由化・改変）は、信託、証券、長短金融、内外金融などに存在した障壁（垣根）を徐々にとりのぞこうというもので、た

とえば銀行窓口での国債の販売いわゆる「国債窓販」(マドハンと読む)や信託業務への参加をあげることができる。「銀証分離の撤廃・自由化」「業態間相互乗り入れ」(銀行や証券などは「業種」ではなく「業態」として区別する)であり、現在の段階では、銀行と証券会社がそれぞれ100％出資の他業態子会社を設立するという、いわゆる「業態別子会社方式」がとられている。

　金融の自由化は、摩擦なしにすんなりと進んだわけではない。それは、カネ余りという経済環境の下、金融機関同士の激烈な競争を引き起こさずにはいなかった。事実として競争は、金融機関、殊に銀行の同質化を進行させた。過度の同質化は企業存続の危機を意味する。各銀行は、利ザヤが縮小するなか、その相対量(利益率)をその絶対量(利益量)によってカバーすべく資金運用量の拡大を図り、そのための原資を海外金融市場からの短期資金によって賄った(インパクト・ローンの取り入れ)。「バブル経済下の銀行運営」(『エコノミスト』93年9月21日号所収、71頁)によれば、85年－90年の全国銀行の貸出増加額153兆円(うち、対不動産業25兆円、対個人40兆円、対金融・保険業25兆円、その他63兆円)に占める海外分は、実に43兆円(28.1％)、わが国の国家予算の一般会計にほぼ匹敵する巨額なものであった。

　内外の豊富な資金の運用先として各金融機関は、個人金融や不動産関連融資の拡大を図っていった。こうした金融機関の積極的な融資活動は、資産価格の上昇期待と結びつき、地価と株価の急上昇を引き起こした。それは「近似貨幣」(near money)や「準貨幣」(quasi money)などの言葉を生み出し、「貨幣」を「金融資産」の一種と錯覚し、金融手段としての「証券」と金融対象としての「貨幣」とを混同・同一視するという誤謬、さらには、土地や株式などの「資産」は《貨幣以上の貨幣、貨幣以上に貨幣らしい財》であるとする幻想など、正気の沙汰とは到底思えない心理を醸成し世間一般に蔓延・瀰漫せしめたのである。「バブル経済」とは、市場経済において定期的に繰り返される程度をはるかに超えた、まさに狂気現象であった。

　しかしそれが破裂してしまった今、《夢よもう一度》といって過去に逆戻り

することは、もはや許されない。歴史は決して繰り返さないからであり、各金融機関は、過去とは違った金融の自由化・国際化という競争的経済環境のなかで、その存在を維持してゆかねばならないからである。競争は貸出金利の下位平準化と預金金利の上位平準化とを同時に導く。これは、いわば強制法則としての競争のなせる技・結果であって、金利に関してまたもや銀行が同質化せざるを得ないことを意味する。「明治・大正・昭和の初め以来の金融制度、金融行政、金融政策の大転換期に入っている」(吉野、前掲書、227頁)といわれる現在、同質化の再度の解消策として今後の金融経済界は、一般財生産部門としての産業界がすでに経験済みの、「非価格競争」ならぬ「非金利競争」に駆り立てられることになろう。

第4節　金融政策（Monetary Policy）の展開

金融政策には、金融制度そのものの構造の改善・改良にまでかかわる極めて広い意味のものもあるが、ふつうには狭義のそれ、つまり中央銀行を政策主体とする政策（中央銀行政策）を意味している。経済政策一般の区別にあっても、短期的・量的・経過的なものとしての狭義の経済政策と、長期的・質的・秩序的なものとしての広義の経済政策との二つがあるが、おもに用いられるのは、前者の狭義の意味においてである。金融政策もこれにならい、中央銀行によって善後策・応急策的に行われる短期的・量的・経過的な政策の意味で考えることにしよう。

資本主義経済は、資本という経済主体が生産（production）という運動をしている部面＝「生産過程」と、資本が流通（circulation）という運動をしている部面＝「流通過程」とに分かれる。資本＝資本主義的企業には、メーカーのように生産部面で活動するものもあれば、商業や銀行のように流通部面にだけ拠点をおくもの、いわゆるアパレルのように両方の部面にまたがるものなど、さまざまなものがある。しかし、金融政策の対象となるのは、資本の流通部面、

つまり一般に「市場経済」といわれる部分のみである。しかも厄介なことに、この部面はさらに二つのいわば亜部面、つまり商品や貨幣がアクティヴに動きまわる部面＝フローの領域と、それらがさしあたり休息している部面＝ストックの領域とに細分化されている。資本主義経済が仮に一つの有機体（「社会有機体」という）であるとすれば、貨幣とはそのなかで循環する血液のようなものであるといってよい。金融政策はまさに、循環する血液の量を調節するのにも等しい操作、いわば一種の内科医的な診療（臨床治療）のようなものとして行われている。

1　公定歩合操作（金利政策、割引政策）

　これは、金融政策の手段としてはもっとも古い伝統をもつものである。公定歩合（the Bank rate）とは公定割引歩合（central bank rediscount rate）のことであり、民間銀行が一旦割り引き取得した商業手形（commercial bill）などが、さらに中央銀行によって再割引される際に適用される割引率、というのがその本来の意味である。しかしわが国の公定歩合は、1972年（昭和47）10月以降、次の2本立てとなっている。

　A）「商業手形割引歩合ならびに国債、とくに指定する債券または商業手形に準ずる手形を担保とする貸付利子歩合」
　B）「その他のものを担保とする貸付利子歩合」

　つまり公定歩合は、中央銀行が民間銀行に貸し付けをする際に適用する利子率（中央銀行貸出金利、lending interest rate）の意味でも用いられている訳である。公定歩合に対比されるものが「市中金利」であり、これは民間金融機関が（借り手に対して）適用する金利の総称であるが、通常は、市中銀行の短期貸出金利を指して使用される。

　日本銀行による公定歩合の変更は、短期金融市場に対するスタンスを示すものとして、効果（公示効果という）が大きいとされる。なぜか。具体例で示しておこう。

第6章　貨幣と金融

　民間企業は、多かれ少なかれ民間銀行から借入れをしている。ところが民間銀行もまた、資金の面で中央銀行としての日本銀行に依存している。銀行が銀行から借金をしているのである。日本銀行は企業には融資しないで、銀行（市中銀行）にのみ貨幣を貸す。日本銀行の営業とは、対市中銀行営業である。この、日本銀行が市中銀行に貨幣を貸し付けるときの利子率（金利ともいう）が公定歩合なのであるから、それが上昇するということは、日本銀行によるいわばネジの締め上げ（スクリュー・ドライヴィング）であり、市中銀行としては貨幣が借りにくくなること、返済時の負担コストが増すことを意味する。公定歩合の引き下げはこの逆であり、貨幣が借りやすくなることを意味する。95年春（4月14日）、日本銀行はそれまで1.75％だった公定歩合を1％とし、さらに9月8日以降、史上初の0.5％にまで引き下げた。これは、日米間の利子率の格差（同時点のアメリカの公定歩合は約5％）をより拡大することによって、日本から米国に貨幣を流出させ為替相場を円安・ドル高に誘導することを直接の狙いとしたものであるが、市中銀行の日本銀行からの借入を容易にするものであるという点では、上述の場合と何ら変わるところはない。

2　公開市場操作（Open Market Operations）

　公定歩合操作が、蛇口による水量調節のようなものであるのに対して、公開市場操作とは蛇口のかわりにバケツをもってする水量調節である、といえばわかりやすいであろうか。中央銀行は、民間金融機関や企業の保有する国債などの債券や手形などを買い入れたり売却したりすることによって、貨幣供給量を調節している。最近では、ＣＤ（譲渡性預金証書）もその対象となっている。中央銀行による国債の購入（買いオペ buying operations という）は、市場への貨幣供給量を増やし金融を緩和させることになり、国債の売却（売りオペ selling operations という）は逆に、市場から貨幣を吸い上げ金融を引き締めることになる。この操作は金本位制の時代にはほとんどみられなかったものであり、今世紀の30年代に入り各国が管理通貨制度を採用するようになって、一般的に

採用されるようになった。今日でも重要な金融政策の手段であることに変わりはない。

　中央銀行が市中から国債などを買い取って資金を放出する買いオペには、意味の異なる二つの場合があることを注意しておこう。一つは「成長通貨オペ」と呼ばれるものであり、通常の経済成長にともなって自ずと生ずる資金の増大要求に対応する場合である。これは単純に市中に出回る貨幣量が潤沢となり、経済活動が円滑になることを意味する。もう一つは既述したCD買いオペのように、経済の底上げのための政策（景気刺激策）として、長期金利を低めに誘導する手段として実施される場合である。この場合には、中央銀行が買いオペを行う結果として、債券の価格が徐々に上昇する。金利が債券の額面に対する固定量として定数（「確定利付き」という）であるのに対して、債券価格としての相場は変数であるので、後者に対する前者の比である長期金利（正確には、債券の「利回り」yield という）は低下することになるからである。

3　支払準備率操作（Reserve Requirements Operations、預金準備率操作ともいう）

　この政策は、支払資金準備不足による市中銀行の支払い不能を防止するために、1930年代にアメリカで設けられたものである。

　民間銀行の現金準備は、中央銀行預け金と手元現金準備との二つからなるが、前者は普通、民間銀行の要求に応じて中央銀行券で払い戻される。だからこそそれは、民間銀行の第二線準備として役立つのであるが、その一部を拘束性預金として払い戻し不可能な預金とする制度が、支払準備率操作または支払準備率政策である。日本では1957年（昭和32）5月の「準備預金制度に関する法律」をもってスタートし（日本銀行政策委員会による実際の発動は59年9月）、72年5月の改正で、準備預金の対象範囲の拡大や準備率の最高限度の引き上げが行われた。

　この操作の特色は、法律的強制力をもって銀行その他の金融機関の流動性を

第6章　貨幣と金融

直接に規制するという点にある。この点、市場機構を通じる公定歩合操作や公開市場操作とは根本的に異なった性格をもっている。民間銀行がこうした拘束性の預金（無利子）を任意に積み立てることはありえない。そこで中央銀行は、一定の貨幣を準備預金として預け入れることを民間銀行に命令し強制する。実際には、すでに預けられている貨幣の一部が、準備預金として凍結されることになる。準備率の引き上げは、預け金の一部が現金準備としては役に立たない拘束性の預金へと質的に転化することを意味するから、民間銀行の貸し出し能力は減退してしまう。準備率の引き上げは金融の引き締めとなる。逆にその引き下げは、金融の緩和となる。この政策は効果がきわめて強力であり、準備率そのものは銀行の種類（だいたい5段階）や預金の種類（定期性預金か否か）によって0.05％から1.3％までの開きがあるとはいえ、準備率の変更の方は、対象となる金融機関のすべてに無差別的かつ画一的に適用される。そのため、金融市場の短期的変動への応急策としてこの操作を安易かつ弾力的に実施することは一般に適当ではない、といわれている。ここにも他の二つの政策との性格の違いがあらわれている。ちなみに銀行・長期信用銀行・外国為替銀行・信用金庫の場合、94年度（95年3月）末時点の「国内円預金についての準備率」は、2.5兆円超の定期性預金1.2％（その他の預金は1.3％）、1.2兆円超2.5兆円以下の定期性預金0.9％（同1.3％）、0.5兆円超1.2兆円以下の定期性預金0.05％（同0.8％）、500億円超0.5兆円以下の定期性預金0.05％（同0.1％）となっている。

　1991年の秋に準備率の引き下げが行われ、約2兆円の資金が市中に解放された。改正前に日本銀行に無利子で預けられていた準備預金は約5兆円であったから、平均にして実に40％の引き下げである。これは産業への資金供給を促進し、銀行のいわゆるクレジット・クランチ（貸し渋り）に歯止めをかけようとしたものであり、金融緩和の一つの施策であった。

　ついでにいえば、準備預金制度はもともと、預金者保護のための政策でもあった。有事の際の預金者への預金の払い戻しのための準備金であり、準備預金

を取り崩して払い戻すのである。しかし現在は、「預金保険機構」という専門機関がある。わが国では1971年（昭和46）に設立されている。金融機関はこの機構に預金残高の0.012％（10兆円の預金で12億円）を保険料として支払い、預金者は預金先の金融機関が倒破産や他の金融機関との合併などで危急に瀕し預金者への払い戻しが不可能となった場合、預金額に見合う保険金の支払いを同機構から受けるのである。

4　窓口指導（道徳的説得）

　中央銀行による市中銀行への個別的な指導のことで、法律に基づくものではないが、金融政策の補助的な手段をなすものである。例としては、信用の割り宛てや大口融資の規制などがある。とりわけ高度経済成長期には、その効果には絶大なものがあった。都市銀行が、預金を貸出が上回るいわゆるオーバー・ローンの状態に陥り、その差額部分を日本銀行からの資金借り入れに依存していたからである。しかし1980年（昭和55）後半からは、オーバー・ローンの解消と政策の転換とに対応して徐々に緩和され、82年以降は各金融機関の自主的な貸出計画を全面的に尊重する形で運営されている。

　窓口指導とは各金融機関の協力を前提とする道徳的説得であるから、あくまでも前期の三つの政策手段を補完する手段として、しかも引き締め期を中心として用いられるべきものである。今後の金融の自由化・国際化の進展のなかで、窓口指導の役割がどのようになるかが注目されるところである。

第7章　国際収支と国際金融

第1節　貿易の必然性

　国際貿易または外国貿易（international trade or foreign trade）を行っていない国はない。いわゆるアウタルキー経済（自給自足経済）も、ごく一部の地方には存在するであろうが、国家的な規模のものとしては存在していない。二百数十年のあいだ鎖国を続けた、かの江戸徳川幕府政権でさえ、オランダと中国に対してだけは門戸を開き、長崎の出島という限定された地域においてであるとはいえ、外国貿易を維持したのである。現在ではどの国も例外なく、多かれ少なかれ何らかの取引を数多くの外国とのあいだで行っている。

　貿易がきわめて古い歴史をもっていることは、だれでも知っている。ではなぜ、貿易は行われてきたのであろうか。それは、世界の各国がそれぞれにきわめて多様な発展を遂げてきたことからわかるように、各国が生産物生産の条件とりわけ自然的諸条件（歴史的風土的諸条件）を異にしているからである。それは生産物の種類の多様性と相違とを生みだす。ある作物は、ある国では生産可能であっても別の国ではそうではない、というようにである。国際間の生産物取引である貿易の発生は、まず各国における作物の相違を起源とする。各国は、国内生産物だけで一国の需要を基本的にまかないうる場合であっても、より珍しい種類の外国生産物、より安価な外国製品を求め、それらを輸入することによって、あるいは逆に、他国にはない自国の独自の生産物を輸出することによって、国富（national wealth）というものを維持してきたのである。

　ちなみに、ギリシァ帝国やローマ帝国などの古代帝政国家も外国の生産物に大きく依存していたが、それは、国家間の対等な交易ではなく、生産の基盤と

しての奴隷（奴隷労働力）を確保し、版図（国土）を拡大するための略奪であった。この点、詳論の余地はないが、一つだけ注意しておきたいのは、略奪国家が存命可能であるためには、とにかく被略奪物が何らかの形で生産され存在していなければならないということである。歴史が厳然たる事実として教えているように、それが尽きたとき略奪国家そのものの命脈も尽きたのである。

　閑話休題。貿易は二つの部分からなる。輸出（export）と輸入（import）である。輸出とは商品を外国に売りだす行為（対外販売行為）であり、輸入とは商品を外国から買い入れる行為（対外購買行為）である。貿易が行われる市場は国際市場ないし外国市場であり、それはまた世界市場（Weltmarkt, world market）とも呼ばれる。商品がほとんど例外なくそうであるように、貿易品も、あらかじめ価格をもって、つまり値札を付けて市場に入っていく。違いはただ、それが内貨建て（内貨表示のこと、邦貨建てまたは自国通貨建てともいう）の価格ではなく外貨建て（外貨表示のこと、外貨建てまたは外国通貨建てともいう）の価格であるということだけである。輸出額と輸入額とは、その担い手がほとんど無数のミクロ的取引主体であり、彼らが前もって示し合わせることもできないという理由から、両者が同額となることは万が一の可能性でしかない。もちろん、どちらかまたは両方がゼロとなることなどは、戦争などの有事の事態を別とすればまずありえないことである。輸出額と輸入額とのこの不一致の部分の額＝差額（貿易差額、輸出入差額）のことを特に「貿易収支」と呼び、後にみる「資本収支」と二大項目をなす「経常収支」（current balance）のなかの一つに数えている。

　さて、貿易には、上にみたような目に見える有形の物である財（財貨）の取引の他に、目には見えない無形の物であるサーヴィス（用役）の取引がある。代表的な例としては旅行を考えればよい。旅先の外国で買った舶来の品は、もちろん旅行の産物であるが、ここでいっているのは旅行という行為そのもののことである。舶来品は有形物であるが、旅行は無形物である。前者は持って帰国することができ貿易収支に入る（旅行者はそれを輸入したのである）が、後

者は入らない。それは持って帰国することができないからである。とはいえ旅行も、貨幣を外国に支払うという結果的な点では貿易（この場合は輸入）となんら変わらない。それは、旅行サーヴィスという≪無形物を輸入した≫のと同じこととして見なすことができる。だからそれは、貿易収支と同じく経常収支に入ることになる。ただし、目には見えないとの理由で、「貿易外収支」としてである。

　次は、「資本収支」(capital balance) であるが、これは「経常収支」とはまったく別のものである。個人や企業は、金融的な観点からさまざまな投資 (investment) を行う。日本人がアメリカの物件を購入する場合を考えよう。物件はその性質によって二つの種類に分かれる。一つは、アメリカ政府の国債やアメリカ企業の株式などの有価証券への投資であり、もう一つは、アメリカの企業そのものの買収や吸収を目的とする、その建物や土地への投資である。前者への投資を「証券投資」、後者への投資を「直接投資」というが、この区別は資本収支では問題にならない。資本収支では、何に投資されたかではなく、どのぐらいの期間にわたって投資されたかという時間の差異の方が重要とされているからである。普通は1年を境にして、それ未満の投資を「短期資本収支」の項目に、それ以上の投資を「長期資本収支」の項目に入れる。

　なぜ投資物件（投資対象物）の差異ではなく、投資期間の差異が重要なのであろうか。統計作成者の意図としては、証券投資などの間接的な投資はおおむね短期の投資であり、直接投資は長期の投資であるということが当初の事実としてあったのであろう。しかし現在では、このような区別はあまりというよりもほとんど役に立たなくなっている。経済という現実的事態の発展が、収支統計の作成という机上の作業を時代から立ち遅れたものにし、形骸化させてしまっているからである。最近では、いわゆる多国籍企業の発展と、国家間にまたがる多国籍企業同士の内部取引すなわち企業内貿易の進展とによって、国際統計さえ実態を反映しないものになりつつあるとの、驚くべき指摘がなされるにいたっている。しかしながら問題は、実はこれに留まらないほど深いのであ

る。以下、国際収支の各項目を図式的にもう少し詳しく示した上で、われわれなりの突っ込んだ見解を述べてみよう。

第2節　国際収支（International Balance of Payments）の構造

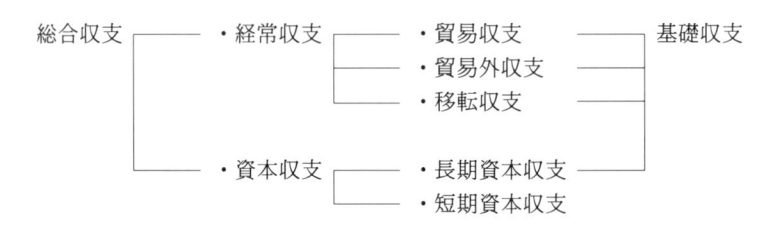

```
総合収支 ┬─・経常収支 ┬─・貿易収支 ─── 基礎収支
        │           ├─・貿易外収支
        │           └─・移転収支
        │
        └─・資本収支 ┬─・長期資本収支
                    └─・短期資本収支
```

　国際収支とは国際間の収入と支出の差というぐらいの意味であるが、英語のbalance of international paymentsを直訳すれば、「国際支払差額（残高）」となる。つまり、何らかの国際的取引の支払金額と受取金額との差額＝決済残高のことにほかならない（専門的には「収支尻」という）。上の図は、国際収支とはいってもいろいろな収支があることを示している。貿易収支、貿易外収支、資本収支については前節でみたので、ここでは「移転収支」(balance of unilateral transfers)と「基礎収支」(basic balance)をまず説明しよう。

　移転収支とは、反対給付のない一方的な貨幣移転額の差額であり、寄付・贈与・仕送り・賠償金などがこの項目に入る。基礎収支とは、経常収支と長期資本収支との合計額である。経常収支に長期資本収支を加えたものは、過去においては、為替相場の動きとの関係がきわめて強かったために、一国の経済の実態を読みとるうえでの重要な指標との判断から、特に「基礎収支」と命名され重宝されたものである。ところが、最近の為替相場の動きがこの基礎収支を反映しないとの一部の人びとの嘆きに示されているように、現在ではあまり役立つ指標ではなくなっている。ファンダメンタルスがファンダメンタルスたりえなくなっている、というのが現代経済というものの特徴なのである。

　ところで、この収支つまり差額は、プラスにもマイナスにもなりうる。国際

収支は、経常収支であろうと資本収支であろうと、また他の収支であろうと、一国から外に出ていく貨幣（支払いのための貨幣）の方が入ってくる貨幣（受け取りのための貨幣）よりも多い場合には、赤字（厳密には「逆調」または「払超」という）であり、外から一国に入ってくる貨幣の方が出ていく貨幣よりも多い場合には、黒字（「順調」または「受超」という）である。赤字・黒字の別にあっては、自国の貨幣であろうと外国からの借金であろうと、一切その中身は問題にはならない。たとえば日本の収支の赤字は円が下落する要因（円安要因）であり、黒字は円が騰貴する要因（円高要因）である。国家財政や家計の場合を考えればわかるように、一時的に使用可能な現金が借金によって増えたとしても、その状態を「黒字」とは普通はいわない。このように、国際収支上の「黒字」「赤字」という表現は、一般的表現とはその内容が異なるのである。

　国際間の取引には、次の組み合わせに応じてさまざまな経済主体のあいだの取引がある。これらは一般に、いわゆる「掛け credit」＝信用で行われ、現金（cash）ではまず行われない。貨幣が決済のために実際に登場し市場をかけま

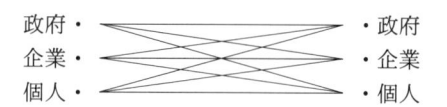

```
政府・ ─────── ・政府
企業・ ─────── ・企業
個人・ ─────── ・個人
```

わることになるのは、取引が行われてからずっとあと、支払期限がきた時点（満期日 maturity day という）においてである。為替市場（foreign exchange market）とは本来、過去の何らかの取引の清算の場（clearing spot）である。しかもこれらの取引は、不断に時間の流れのなかにあって、いっ時といえども留まることはない。決済も同じである。新たな取引（新規債権債務の締結、いわゆる契約）が日々行われ、過去の取引の決済（既存債権債務の清算）が日々行われる。この不断に流れている経済の状態を、われわれは一体どのようにして　みとることができるであろうか。問われているのは、「現実」という客観的事実と、「統計」という主観的人為的操作との兼ね合いであり、換言すれば、「動学的」客

観存在を「静学的」主観存在に転換するという手法の是非の問題である。

統計（統計的な操作）とは、個々別々に行われる経済主体のミクロの行為を、全体的なマクロの経済状態として数量的に把握するための方法である。ここでは、次の三つの概念をとりあげよう。

1) 支払差額

2) 国際収支

3) 国際貸借（balance of international indebtedness）

3) の国際貸借は、一定の時点における二国間のすべての債権総額と債務総額との差額である。これは、ある時点においてどれだけの契約がなされているかをあらわす金額であり、企業会計上のいわば取引金額である。外貨に対する需要供給となって為替市場にあらわれることはなく、為替相場を動かす要因にはならないが、一国がどのくらいの規模で対外的な経済活動を行っているのかを計る重要な指標をなしている。これに対して、満期が到来し現実に支払いが行われる決済額が 1) の支払差額であり、これが為替市場に外貨に対する需要・供給となってあらわれるものである。どちらも瞬間値であるが、前者は、企業に帳簿付けと提出とを義務づけることによって計測可能であるが、後者の統計処理は不可能である。

2) が 1) と異なるのは、それが、一定「時点」ではなくて一定「期間」の数値であるということである。日々行われる支払差額の、ある期間、たとえば 1 カ月や 1 年にわたる結果が国際収支であると考えればよい。

支払差額がどれだけかは、為替銀行といえども判断できない。支払差額に対しては、彼らはいつも後手の立場にあり、その行動は場当たり的である。いま建てられている相場に関して、外貨を買いたいという人（外貨・為替の買い手、需要者）と外貨を売りたいという人（外貨・為替の売り手、供給者）とがどこからかやってきて相対する。為替銀行は彼らの狭間に立って、両者を調整しなければならないが、売られようとする外貨の額と買われようとする外貨の額とが同一であることはまずない。両者の外貨の種類（幣種という）が同じである

第7章　国際収支と国際金融

という保証すらないが、いま仮に、外貨の種類は同一であるとし、需要額＞供給額であるとしよう。需要額のほうが供給額を上回っているというのは、為替銀行が、売り手の外貨の全部を買い手にまわしても（横流ししても）、まだ外貨が足りないことを意味する。この状態に窮した為替銀行は、為替相場を外貨高のほうへと変化させる。この結果、外貨の買い手は減ってゆき、外貨の売り手が増えてくる。需要額－α＝供給額＋αとなったところで、為替相場は落ち着くことになる。為替銀行は取引の実現部分つまり実際に売り買いされた結果だけを記帳するので、需要額－α＝供給額＋αについては明確となるが、αそのものの額については不明のままとなる。αは闇の領域、つまり市場の外へと消えてなくなるからである。前者（需要額－α＝供給額＋α）は「国際収支」という結果値であり常に均衡するものである。しかし後者（需給差額α）は、「支払差額」という瞬間値であり決して均衡しないものである。

　現在では資本収支が重要となっており、経常収支以上のウエイトを占めている。資本収支と経常収支とが統計上仮に同額となっている場合であっても、それはあくまでも結果であって、日本経済が経常取引の黒字部分を意図的に資本取引に使用（転用）し、資本収支の赤字が生じているのではない点、注意しておきたい。因果関係を倒錯的に理解すべきではない。

　こういうわけで、国際収支は均衡概念（科学方法論的にいえば、「静学」上の概念）であり、支払差額は不均衡概念（「動学」上の概念）である。後者には「質としての動機」が存在するが、前者には「量としての結果」しか存在しない。

　ちなみに、世界の資本収支の流出額に占める日本のそれは16.4％で、世界第1位である。しかし、海外への直接投資の規模を例えば90年（平成2）前後の現地生産についてみると、製造業の海外生産比率は、アメリカの25％に対して日本は6％というようにアメリカの1／4以下であり、日本の比率はなお低いといえる。証券投資は、88年には直接投資を上回ったがその後減少し、バブルの崩壊とそれにともなう成長の鈍化とを背景として、対外投下資金の本

国引き上げがみられた。短期資本の流入は、87年（昭和62）926.5億ドル、88年 508.7億ドル、90年 315.4億ドルと減少の一途をたどっている。

　貿易収支が黒字だということは、輸出商品が外国の市場を侵食することとともに、外国がそれだけの支払いを行わねばならないことを意味する。また、資本収支が赤字だということは、資本輸入国の証券や不動産物件が資本輸出国の資本によって買い取られ、経済的侵食を受けることを意味する。ところが日本は、貿易収支の黒字額も資本収支の赤字額も、ともにケタハズレに巨大なのである。日本経済の努力の結果であるとはいえ、外国からの風当たりは強い。現在は、貿易赤字国だけが責任を負えばよいといった昔の時代ではない。貿易黒字国もその責任を負わされ、黒字減少努力を迫られる双務的協調の時代である。現地生産に切り換えることは、その抜本的解決には到底ならないが、輸出額の減少につながるということでは、まったく意味のないことでもないように思われる。銀行をも含めて早くから多国籍化した米国企業の経験が、教訓として活かされるべきであろう。

第3節　国際金融機構の変遷

1　古典的金本位制度（金貨本位制度）

　金本位制または金本位制度（gold standard）とは、国家が法律によって貨幣は金であると決めている制度、すなわち、法定の一定金量を価格の単位ないし基準——これを「価格の度量標準」略して「価格標準」（standard of prices）と呼ぶ——として用い、中央銀行券との間に無条件の兌換（固定比率での交換）を保証する制度であり、歴史的には1816年、イギリスでの採用に始まる。それ以前には、金と銀、とくに銀が全商品世界の「価値尺度」（measure of value）の地位についており、事実上の「世界貨幣」（money of the world）となっていた。しかし次第に、内在価値がより多く物質的にもすぐれた金属である金が世界貨幣の座を奪い、各国の貨幣制度も、金を本位貨幣とするものに統一・一本

化されるようになった。銀単本位制から金銀複本位制さらに金単本位制への、貨幣制度の進化・発展であり、社会の下部構造的な事実＝経済実態（Wesen）が、上部構造的な法制度（System）においても追認されることになったのである。金本位制が多くの国で採用されている場合、それを国際金本位制（ここでは古典的国際金本位制）と呼ぶ。

この制度はおおむね、各国が第一次世界大戦という有事に際し、金の兌換または輸出を緊急措置として禁止するまで継続した。大戦前に世界貨幣たる金のいわば別名となっていたのが、イギリスの国民通貨たる£＝ポンド（正式にはパウンド・スターリングと発音する、漢字では「磅」と書き、重さの「封度」と区別する）であった。ロンドンのロンバート街が国際金融市場としての中枢的な地位を占め、貿易金融の組織＝機構は高度に発展していたのには、決定的な理由がある。

イギリスの金融業は輸出入に対して、外国の為替手形（foreign bill）の割引を行うなどの信用を供与しており、その所在地たるロンバート街には、海上保険など、外国との取引上必要な各種の保険機関も備わっていた。ロンドンの金融街一帯のことを City というが、そこに君臨していたのが、海外投資を媒介するマーチャント・バンカーである。二頭のライオンが向かい合って立つ真っ赤な楯の紋章で有名なロスチャイルド商会（「赤い楯」の意で、ドイツ語ではロートシルトと発音する）や、最近デリバティヴ（金融派生商品）取引の失敗によって破産したベアリング商会などは、諸君もお馴染みであろう。既に述べたように、19世紀の第4・四半世紀において、イギリスの工業製品輸出は世界貿易全体の4分の1以上という巨大なシェアーを占めていた。その後このウェイトは低下するものの、資本輸出（海外投資）は逆に急増し、第一次世界大戦直前には、世界の資本輸出の40％（約40億ポンド、仏20％、独13％、米7％）という圧倒的な地位を有するにいたった。貿易および資本取引上のこのような突出した地位がポンドを世界貨幣の代名詞にし、ロンドンを世界の金融市場にしたのである。金は国際取引上の最終決済手段であるが、通常において世界貿

易の大部分は、ポンド為替つまりポンド建ての為替手形によって決済された。ポンド・スターリングは、国民通貨であると同時に国際通貨でもあったのである。

　イギリスに続き、1870年以降には他の主要な資本主義諸国も金本位制を採用するにいたった。日本の金本位制は1897年（明治30）の「貨幣法」の採用による。これは日清戦争（1894-95）の賠償金2億3千万テール（両）の金を基礎としていたが、ロンドンで支払われたために、その日本送還（金現送）による影響の大きさを憂慮し、「在外正貨」としてそのままロンドンに保管することになった。したがって、金本位制が確立し新しい金鋳貨が製造されたとはいえ、もっぱら流通したのはこの「在外正貨」を保証準備とする日本銀行券であって、金貨流通は一般にはほとんどみられなかった。銀行券とほぼ同額の金貨が流通していたイギリスやドイツやアメリカとは、対照的である。ちなみに、このときの日米為替平価は1ドル＝2円である。その価値（代表する金の量）は、1871年（明治4）「新貨条例」時の1ドル＝1円からすれば2分の1であり、さらに、1853年（嘉永6）ペリー来航時（厳密にいえばその翌年、安政元年の「日米和親条約」締結時）の1両＝4ドルと比較すれば、実に8分の1となる。明治の新貨幣「円」は、維新から30年もかかってようやく日の目をみたのであった。

2　再建金本位制度（金地金本位制度）

　第一次世界大戦という「異常な」事態は、それまでの各国の関係に重大な転換をもたらした。大戦中から大戦後にかけてのアメリカ合衆国の大幅な輸出入増、その債務国から債権国への転化、世界の公的金準備の4割集中などによって、世界経済はアメリカの対外投資を軸にして再編成されることになったのである。このような新しい情勢を背景として、アメリカの国民通貨ドルが、国際通貨としての地位をポンドと分け合うことになった。

　第一次世界大戦の終結とほとんど時を同じくして、金輸出禁止措置を解除し

(これを金解禁という)金本位制への復帰を果たしたのは、唯一アメリカだけであった(1919年＝大正8年)。アメリカは戦前の平価である金1オンス＝35ドルを堅持し、いわゆる旧平価で金本位制を再建したのである。ところが他の諸国は、なかなか金解禁に踏み切れなかった。戦時中における巨額の軍事費の支出がインフレーションを招き、戦前に比べて異常な高物価をもたらしていたからである。インフレーションは、自由金市場での金価格の高騰にあらわれていた。たとえば日本では貨幣法によって、「円」とは「価格の単位」(貨幣名)として「純金の量目二分」(0.75g)に相当するとされていたから(第二条)、逆に表現すれば金1gは約1.33円となる。ところが自由市場では金1gが2円であるならば、実際上「円」は金0.75gではなく0.50gしかあらわさないものに変わってしまっていることになる。これは「価格標準」が、法律的には不変でも、経済事実上は変更されていること(減価していること)、「貨幣法」はもはや、実態にそぐわない名ばかりのもの(死文)となっていることを意味する。

そこで、金解禁を行い金本位制を再建するには、当然に次の二つの選択肢がありうることになる。インフレーション現象を引き起こしている過剰な通貨(不換銀行券)を回収して、市場金価格と物価を戦前の状態に戻してから再建するか、それとも、現在の状態を追認し貨幣法を改正した上で再建するか、のどちらかである。前者を「旧平価」解禁(平価切上げ＝リヴァリュエーション解禁)、後者を「新平価」解禁(平価切下げ＝ディヴァリュエーション解禁)という。グスタフ・カッセル(スウェーデン)やジョン・メイナード・ケインズ(イギリス)、そして石橋湛山などは後者の議論をもって当時の言論界をリードしたが、イギリス(第一次マクドナルド労働党内閣、ウインストン・チャーチル蔵相)も日本(浜口雄幸立憲民政党内閣、井上準之助蔵相)も、「新平価」には見向きもせず、「旧平価」による金解禁を断行し金本位制への復帰を果たしたのであった。イギリスは1925年(大正14)4月、日本は1930年(昭和5)1月のことである。「新平価」解禁国は、フランスやイタリアなどごく一部の国にすぎなかった。

金本位制の再建（再建国際金本位制）は、アメリカではなく牙城イギリスの金解禁をもって始まる。イギリスの金復帰は、各国の復帰の決定的契機となったからである。ただそれは、中心国たるイギリスにしてさえ、金貨が実際に流通する「金貨本位制」ではなく、金の地金（延べ棒）を引き当てとする「金地金本位制」であった。兌換は保証されていたものの、下限は400オンスという巨額であり、個人としてはまず不可能な兌換水準であった。19世紀から20世紀にかけて活躍したアメリカの経済学者アーヴィング・フィッシャーの個人的経験によれば、400オンス相当のポンドを持参したにも拘らず、イギリス当局は兌換に応じなかったという。兌換は実際には、政府などの公的機関や一部の大銀行や商社にかぎられていたのである。古典的国際金本位制と区別して再建国際金本位制といわれる所以は、両者が時期を異にするというだけでなく、同じく兌換が保証されているとはいえ、その基準が大きく異なるためであった。

3　国際金本位制度の崩壊：ブロック経済圏の成立

　ところが、歴史というのは皮肉なものである。イギリスの金解禁をゴー・サインとし、日本の金解禁をもって完了した再建国際金本位制は、その船出の段階で「世界大恐慌（世界経済恐慌）」の急襲を受けたのである。この恐慌は、1929年（昭和4）10月の「暗黒の木曜日」ニューヨーク・ウォール街の株価暴落（これを「ガラ」と呼ぶ）に端を発するが、その深さと広さと長さのどれにおいても、まさに前古未曾有・前代未聞のものであった。さらに次には、2度目の世界大戦という事態が加わる。しかしこのようなことは、その後の歴史を知る者にとってだけ可能な認識であって、当時の人びとには知る由もない。各国は、この劇甚・激烈な恐慌からの脱出の道を、政策当局の試行錯誤も含めさまざまに歩んで行ったのであった。

　金本位制の支持者の観念には、経済の自動調節者としての金の万能的機能に対する過剰ともいえる期待、異常なまでの執着があった。この観念は、金本位神崇拝とか拝金主義などと呼ばれるが、それによれば、各国経済は国際間にお

ける金の自由な移動を媒介にして、以下のようなサイクリカルな運動を、政策担当者の手を煩わせることなく自動的に達成する、という(これを、前記の井上準之助蔵相は「天然自然の妙法」とまで称した)。いわゆる「金の自動調節機能」である。

物価下落(不況)→輸出増・輸入減→貿易収支順調(輸出超過)→金流入→貨幣流通量増大→物価騰貴→好況→輸出減・輸入増→貿易収支逆調(輸入超過)→金流出→貨幣流通量減少→物価下落(不況)→……

この整理は一見、《理論分析》として極めてもっともかつスマートなものにみえるが、《実証分析》からの反証によって、実は致命的ともいえる難点をかかえていることが明らかにされている。金本位制支持者の議論によれば、ある一国が不況で金が流入している場合には、他の一国は好況で金が流出している状態にあるはずである。ところが統計的事実によれば、1)ある一国が不況のときには、他の一国のみならず他のすべての諸国も同じように不況であり、逆の場合には逆であること。2)金も、好況国と不況国との間を定期的に行ったり来たりしているわけではなく、ある時期には大量に、またある時期には微量に各国間を不定期に移動するだけであること、である。「金の自動調節機能」というものは、まったくの幻想にすぎない。

それはともあれ金本位制に対する信頼は、1930年代の長期不況の過程で確実に失われていった。現に、世界経済および世界貿易の全面的停滞という事実の前に、イギリスの対外債権は凍結され、ロンドンの金融的支払い能力に対する不安が高まった。金本位制に固執する勢力は依然大きかったが、ケインズに代表されるような「管理通貨制度」への移行論、すなわち、銀行券の発行量を金という自然的基礎から量的に切断することによって、金本位制という法制度そのものを廃棄し、経済情勢に応じて人為的にコントロールしうる新しい制度

を創設すべきであるという議論が台頭することになった。ロンドンのポンド建て手形の残高はつぎつぎに換金されていき、それは激烈なポンド売りとなってあらわれた。この市場圧力に耐え兼ねたイギリスの通貨当局は、31年（昭和6）9月21日ついに金本位制を離脱、他の主要国もこれにならうことになる。このなかには日本もアメリカも含まれる。日本は、イギリスの金本位制離脱直後から始まった大量の外貨投機（円売りポンド買い、円売りドル買い）に屈する形で、同年12月金本位制の停止に追い込まれた。日本の再建金本位制は、民政党内閣総辞職・犬養毅政友会内閣の成立という政変、後者による金輸出再禁止の結末をとり、わずか1年11カ月の短命に終わったのである。大戦を契機に経済力を急膨張させたアメリカも、33年ついに金本位制を離脱した。ここに再建国際金本位制は、世界恐慌によって全面的に崩壊したのである。金獲得という私的行為が金本位制という公的機構の維持を不可能にしたというのは、パラドックスとしかいいようがない。

　各国が、貿易量の回復、経済活動の刺激策として次に採用したのは、為替相場変動の放任と、ブロック経済体制への移行であった。本国・植民地間の貿易など、経済関係が旧来から密接な経済圏の内部での交易の促進と、共通の通貨による決済、圏外諸国との取引に対する高率保護関税の設定など、経済圏のブロック化（ブロック経済化）が推進され、自由貿易や為替・資本取引を大幅に制限するなかで、圏内貿易の内包的拡大および経済領域そのものの外延的拡大が図られたのである。例えば、「スターリング・ブロック」や「ドル・ブロック」「マルク・ブロック」などがそれで、日本も、満州や中国とともに「円ブロック（大東亜共栄圏）」を形成してこれらに対抗した。準戦時体制から戦時体制への移行とともに、こうした関係は一層強化されていった。それは、あたかも社会主義計画経済であるかのごとき外観をまとった、一切を中央政府が集中的に管理する体制、「動員型経済」としての「資本主義的計画経済」ないし「統制資本主義経済」の出現であった。それらの対抗関係からする矛盾のゆき着く先が、第二次世界大戦であったことはいうまでもない。

4 ブレトン・ウッズ体制（旧 IMF 体制）

　第二次世界大戦中の 1942 年（昭和 17）ごろから、イギリスとアメリカとを中心に戦後の経済復興プランが練られ、戦後国際通貨制度についての立案作業が進められた。ブロック経済→対外強行外交としての戦争への転化に対する反省、戦後の通貨管理を、各国が自国の利害だけを考えるのではなくて、国際的な協調関係のなかで行っていこうという機運の高まりからであった。こうして、国際通貨体制の設立についての独自の協議が重ねられることになった。新国際通貨「バンコール」を設定し超国家的な世界中央銀行を創設することを提唱したイギリスの「国際清算同盟案」（提唱者ケインズの名をとって「ケインズ案」ともいう）と、新国際計算単位「ユニタス」の創設によってアメリカを主導とする超国家機関の設立を提唱したアメリカの「国際安定基金案」（提唱者ハリー・デクスター・ホワイトの名をとって「ホワイト案」ともいう）とが俎上にのったが、結局、アメリカ案に近い金為替本位制（ドル本位制）が採用されることになった。44 年（昭和 19）7 月、アメリカのニュー・ハンプシャー州ブレトン・ウッズにおいて、「国際通貨基金（IMF）協定」と「国際復興開発銀行（IBRD）協定」の二つの条文を含む「連合国通貨金融会議最終議定書」が調印されたことから、これを「ブレトン・ウッズ協定」（発効は 45 年 12 月）といい、以後の国際通貨体制を「ブレトン・ウッズ体制」または「IMF 体制」と呼んでいる。

　国際収支の調整については固定相場制が採用されることになり、為替平価の競争的切り下げを排除し為替相場の安定を図ることを目的として、IMF（International Monetary Fund）が設立された（営業開始は 47 年 3 月）。IMF は、為替平価の変更をあくまでも最後の手段とし、それに至る前に為替の安定のための資金を短期に貸し付けようというもので、もし為替相場の変動幅が IMF 平価（日米間は 1 ドル＝ 360 円、日英間は 1 ポンド＝ 1,008 円）の上下各 1 ％（これを支持点というが、実際に採用されたのは各 0.75 ％である）を超える恐

れのあるときには、それを阻止すべく資金を供与し、これによって、金1オンス（31.103481グラム）＝35ドルを基準とする自国通貨表示額（IMF平価）を維持していこうとした。ちなみに日本の為替相場は、戦時中より貿易がほとんど皆無となった結果として事実上消滅したが、敗戦後は、連合国軍関係者の保有していたドルと円とのオフィシャル・レートという形態で復活をみた。それは、敗戦直後の1ドル＝15円から、50円（47年3月）、270円（48年7月）と推移し、49年4月になって上記の360円が公定の平価であるIMF平価として承認されたのである。

　また、平価の変更は、IMFの承認を得た上でなければならないとしている。IMFの資金貸し付けの方法としては、借り手国の通貨で他の加盟国通貨を買い入れるという形をとること、貸し付け限度は割り当て額（クオータ）の200％までとすることなどが決められている。クオータの絶対額は国ごとに異なるが、25％は金で残りの75％は自国通貨で払い込まれた。IMFからの引き出しは一般に自国通貨以外の外貨または金そのものであるから、貸し付け限度が200％ということは、クオータの125％に相当する外貨または金の引き出しが可能であるということに等しい。IMFはこれを25％ずつ五つに区分し、初めの25％分を「ゴールド・トランシュ」、残りを「クレディット・トランシュ」（第1から第4まで）と規定しているが、無条件引き出しが可能なのは、ゴールド・トランシュと第1クレディット・トランシュのみである。

　IMF平価の決定は、アメリカによる世界経済支配の確立を意味している。社会主義国ソ連（ソビエト社会主義共和国連邦）は、ブレトン・ウッズ協定の締結そのものには反対しなかったが、受託の段階で批准を渋った。

　また、IBRD（International Bank for Reconstruction and Development）も設立された（営業開始は46年6月、世界銀行World Bankともいわれる）。これは、被災国ないしは開発途上国に対する復興と開発のための資金の長期貸し付けを業務とするものである。

　しかしアメリカにおいては、1960年（昭和35）前後から金の流出が相次ぎ、

ロンドンの自由金市場では、金1オンスが35ドルを超えて騰貴する事態に見舞われた。ドル危機と呼ばれるこの状態によって、IMF体制に亀裂が生じることになった。ドル危機とはアメリカ国際収支の黒字幅減少の裏がえしの表現でしかないが、根本的には、海外軍事支出の増大、民間企業の対外投資の拡大および多国籍化、そして、日本やヨーロッパの労働生産性上昇によるアメリカ産業の競争力・輸出力の相対的低下などを原因とする。基軸通貨であるドルの防衛のために、国際的な協力体制が組まれることになった。61年には、金1オンス＝35ドルの維持を目標として、欧米8カ国が金を拠出しこれをプールして金市場に介入し（介入銀行はイングランド銀行）、金価格の安定を図ろうという、いわゆる金プール制が採用された。しかし、効果のほどは期待どおりではなく、金は高騰を続け、68年には逆に金プール制の方が解体することになってしまった。この間の金流出により、アメリカの対外準備資産中の金は58年の222億ドルから68年には100億ドル近くにまで減少した。

　国際通貨危機であるドル危機への対応策として次に登場したのが、SDRである。これは、支払い準備資産の補完のために、69年にIMF内部に設けられた特別引出権（Special Drawing Rights）という名の計算貨幣単位であり、銀行券などのような通貨ではないが、その「価値」は当初、アメリカ・ドルと同等のものとされた。つまり、1SDR＝金0.88671グラム＝1／35オンスである。ところが、以上のような諸措置にもかかわらず、ドル危機には一向に歯止めがかからなかった。1971年（昭和46）8月15日正午、アメリカは国内のインフレ対策、輸入課徴金の設定とならんで、金とドルとの交換停止を発表した。世にいう「ニクソン・ショック」である（当時の大統領リチャード・ニクソンは、後のウォーター・ゲート事件で退陣する）。こうしてドルを基軸とした諸国通貨の固定相場制（金為替本位制としてのIMF体制）は、25年余の歴史にその幕を閉じたのである。

　次の表は、アメリカの金準備とドル債務（外国のドル債権）の関係をみたものである。アメリカの公的金準備、うち法定金準備および余剰金準備をそれぞ

れG、G_1、G_2とし（$G = G_1 + G_2$）、外国保有のドル債権残高、うち公的機関保有部分および民間保有部分をそれぞれD、D_1、D_2として（$D = D_1 + D_2$）あらわしてある。

年	G_2とD	G_2とD_1	GとD	GとD_1
1934 ～	$G_2 > D$	$G_2 > D_1$	$G > D$	$G > D_1$
1953 ～	$G_2 < D$	$G_2 > D_1$	$G > D$	$G > D_1$
1958 ～	$G_2 < D$	$G_2 < D_1$	$G > D$	$G > D_1$
1960 ～	$G_2 < D$	$G_2 < D_1$	$G < D$	$G > D_1$
1965 ～ 1971	$G_2 < D$	$G_2 < D_1$	$G < D$	$G < D_1$

資料）則武保夫「IMF体制」小野朝男・西村閑也共編『国際金融論入門〔第3版〕』（有斐閣,1989年）所収（第10章）168頁の「第8-1表」を転載。

表の網掛け部分の推移をみれば明らかなように、1952年（昭和27）までは余剰金準備G_2だけでもドル債務全体Dを超過していた。ドルは強力な金の裏づけをもっており、ドルに対する信任は揺るぎようがなかった。ところが65年（昭和40）以降になると、すべての金準備Gをもってしても外国の公的機関保有部分D_1すら兌換不可能の状態になる。実際アメリカの金準備が公的対外流動債務を下回るのは64年である（前者154億ドルに対して後者158億ドル、前者156億ドルに対し後者144億ドルだった前年から逆転）。またアメリカは、巨額の金売却が行われた68年（昭和43）以降、スイスやイタリアなど若干の国とそれもごくわずかな金交換にしか応じておらず、停止の公式発表も時間の問題と見なされていた。

5　ブレトン・ウッズ体制の崩壊：固定為替相場制度から変動為替相場制への移行

下落を続けるドルを前に、アメリカは《夢よもう一度》とばかりに固定相場制への復帰を図った。1971年（昭和46）12月17・18両日開催のG10多国間通貨調整会議は、アメリカの輸入課徴金賦課の廃止、金に対するドルの7.89％切り下げ

（ドル建て金価格の引き上げ率としては 8.57 ％）などを決定し、各国も新しい通貨交換比率を決定することに合意した。ワシントンのスミソニアン自然史博物館で行われたことから、これをスミソニアン協定という。新交換レートたるスミソニアン平価（Smithonian Parity）を決定した国は、同年 12 月 30 日までで 107 カ国にのぼった。内訳は、対ドル切り上げ国（ドルに対して自国通貨の平価を切り上げた国、平価切上げのことを revaluation という）58、切り下げ国（同、切り下げ devaluation）7、不変 42 カ国である。主要国について列挙すると、次のようになる。

1 ドル＝ 1 ／ 35 オンス→ 1 ／ 38 オンス
7.89 ％の切り下げ

1 ドル＝ 360 円→ 308 円
16.88 ％の切り上げ（金平価予定切り上げ率は 7.66 ％）

1 ドル＝ 3.66 マルク→ 3.22 マルク
13.58 ％の切り上げ（金平価予定切り上げ率は 4.61 ％）

1 ドル＝ 0.42 ポンド→ 0.36 ポンド
8.57 ％の切り上げ（金平価不変）

1 ドル＝ 5.55 フラン→ 5.12 フラン
8.57 ％の切り上げ（金平価不変）

また、SDR は 1SDR ＝ 1 ドルから 1.2063 ドルへ（1 ドル＝ 1SDR → 0.82898 SDR、切り上げ率 20.63 ％）と改定され、支持点も上下各 2.25 ％計 4.5 ％に拡大されることになった。

ところが、スミソニアン体制は長続きしなかった。中心になったアメリカは、1 オンス＝ 38 ドルでの金交換を一度も行うことなく、修正金・ドル交換レート（ドルの修正金平価）も、まさに名ばかりのものに終わることになる。というのも、1973 年（昭和 48）2 月ベトナム戦争の終結（アメリカの敗北）が報じられると、猛烈なドルの投げ売り（ドル売り円買い、ドル売りマルク買いに代表

される、ドルの他国通貨への逃避）が発生し、各国の外国為替市場は「立会い」を軒並み停止したからである。各国は、いわばなし崩し的に「変動相場制」に移行していくのである。日本の移行は2月、EC6カ国のスネーク（共同フロート制）への移行は3月である。同年秋には、OPECによる原油価格の4倍引き上げが世界経済の異変にさらなる追い撃ちをかけた（オイル・ショック、73年10月1バレル3ドル1セント→12月11ドル65セント）。

　変動相場制は、こうした経済環境の劇的な変動を体験するなかで採用されたにもかかわらず、その後76年ジャマイカのキングストンで開催されたIMF委員会によって正式に承認されただけでなく、78年にはIMF協定そのものを改定させるまでになる。変動相場制は正確にいえば、単なる「無法状態」であって「制度」ではない。それは固定相場制という「制度」の消滅後に一つの「経済事実」として発生し、存在を継続させているところの《無制度的制度》でしかないからであるが、以後為替相場は、主に各国の《物価水準》と《産業構造》を反映して変動することになった。各国の錯綜した《通貨購買力の状態》と《対外決済関係》とが、市場為替相場のダイナミックな変動として瞬時に顕現することになったのである。

　1975年（昭和50）には、二重金価格制（公私二つの金価格の存在を公認する制度、第9章末尾の注1を参照のこと）が廃止をみる。もはや名目化したIMF公定金価格が破棄され、市場金価格という実勢価格一本となった訳である。金は、あたかもそれまでの屈辱をはね返し本来の栄光を奪回しようとするかのように、異常ともいえる暴騰をみせた。これが均衡の攪乱（不均衡化）を意味するのか、それとも不均衡の解消（均衡化）を意味するのかは、今は問うまい。とにかく、為替相場にせよ金価格にせよ、現在にまでいたるそれらの自由な変動の基礎は、この時点でつくられたのである。

　確かに、すでに固定相場制の時代から変動相場制の採用を提唱し、その下での経済の自動安定を殊のほか披瀝する者がいるにはいた。76年度ノーベル経済学賞受賞者ミルトン・フリードマン（1912年–）である。彼は、国際収支の

動向に対応して為替相場を自由に変動するようにすれば、国際収支のアンバランスは自動的に逆方向に修正され、したがって各国は、国際収支の不均衡に煩わされることなく自主的な政策運営が可能となる、とその効力（国際収支自動調節作用）を説いた。そこに、力学の経済学へ定位・応用を読み込むことは容易である。

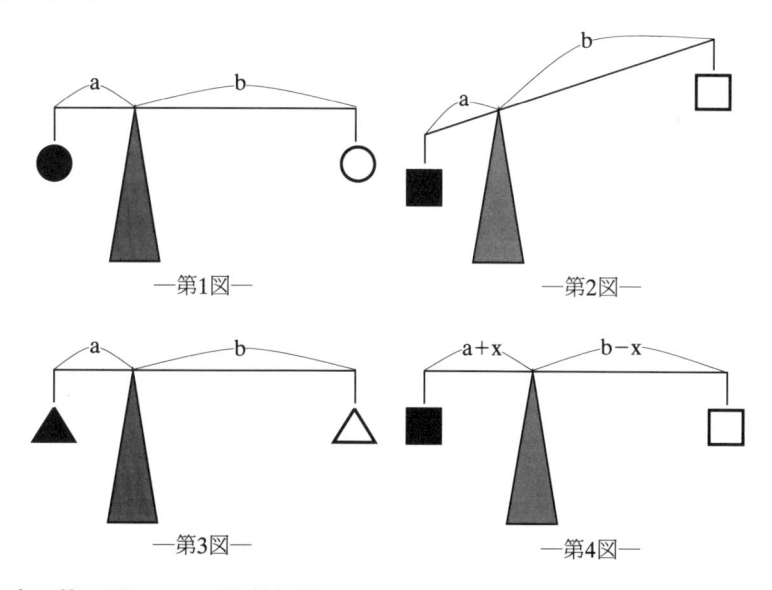

―第1図―　　　―第2図―

―第3図―　　　―第4図―

今、第1図において為替相場 a = b で均衡状態にある二つの国、支点の左側の甲国（●で表現）と右側の乙国（○で表現）が、何らかの理由で第2図の不均衡状態に陥ったとしよう。固定相場制は a = b の比率を動かしえないシステムであるから、この不均衡を解消するために甲乙各国は、■を軽くするか、□を重くするか、あるいはその両方を同時に行うか、いずれかの対策を講じねばならない。しかも、政策が奏効し第3図のように均衡が回復したからといって、■が●に戻るという保証もない（▲になるかも知れない）。□についても同じである。それは○とはならずに、△になるかも知れない。このように固定相場制は一方または両方の国に、政策と結果の双方において非常な努力と苦痛を強いるシステムである。しかし、変動相場制は違う。為替相場が a = b から a + x

＝b－x（xは変化分で、x＞0）へと自由に変化するようにしてやれば、第2図は自動的に均衡（第4図）にいたる、と提唱者のフリードマンはいう。しかも甲国も乙国も、■や□に変更を加える何らの政策も必要とはしない。変動相場制とはまさに好いこと尽くめの、魔法のような制度であった。

　しかしこうした期待は、現実化した変動相場制そのものによって裏切られることになった。フリードマンが見落としていたものとは一体何だったのか。その点については、第9章第4節で言及する。

第8章　戦後世界貿易の展開

第1節　戦後世界の再建と貿易の自由化過程

　アメリカによって構築された戦後の世界秩序のことを、「パクス・アメリカーナ」(Pax Americana) と呼ぶ。本節では、そうした構図が第二次世界大戦の覇権国アメリカによってどのように行われたのかを、政治と経済との二つの面に分けて考察しよう。前者はいわゆる「マーシャル・プラン」に、後者は「ガット」にそれぞれ結実することになった。

1　いわゆる Marshall Plan

　これは、実は正式名称ではない。「いわゆる」を冠した理由である。最初の公式的提案者（当時の国務省長官）がジョージ・マーシャルという人物であったために、それにちなみ通称マーシャル・プランと俗称され今日にいたっているわけである。正しくは「ヨーロッパ（欧州）復興計画」(Eoropean Recovery Program, ERP) という。米ソ間の「冷戦」(Cold War) 構造の産物・賜物であり、以下のような基本的内容をもっている（「マーシャループラン」『経済学辞典』岩波書店「第2版」1979年「第3版」1992年、両版ともに佐藤定幸氏稿）。

　第二次世界大戦に連合国中唯一、本土無傷の状態で勝利したアメリカは、勝利国・敗戦国の双方を含め、荒廃したヨーロッパ諸国の再建・復興を単独で計画し、その実行を画策した。対ヨーロッパ経済援助計画という壮大な構想は、ハーバード大学におけるマーシャル国務長官の講演（1947年6月）において、初めて公表されたといわれる。それによれば、同計画は「特定の国または主義に対抗するものではなく、飢餓・貧困・絶望および混乱に向けられるもの」で

あった。しかしながらソ連を初めとする東欧諸国（東側）は、それを一般的な戦後復興を目指す単なる計画であるとはとらなかった。彼らはアメリカの提案を、西ヨーロッパ（西側）の共産圏からの防衛、アメリカによるいわゆる赤化阻止のための巧妙な戦略と解し、その回避を目論むことになる。アメリカからの援助をめぐって開催された英仏ソ外相会議（47年6月27日）は決裂し、東側はその受け入れを拒否した。その結果アメリカの提案は、西ヨーロッパ16カ国のみに対する対外援助計画となったのである。マーシャル・プランの内容は、以下のとおりである。1) 1952年までに西ヨーロッパ経済の復興をはかり、西ヨーロッパ諸国の貿易赤字とドル不足を解消することを目指す。2) 実施に際しては各国別援助の形式をとらないで、西ヨーロッパ諸国が統一的な受け入れ機関を新たに設置するものとする。

　マーシャル・プランは、アメリカの商品にヨーロッパという広大な販路を保障する機構としての、いわば陰の性格を有してもいた。それは、特に余剰農産物について顕著であった。アメリカは大戦中、軍需産業をはじめ幾多の生産設備を建設し拡張した。それは連合国のトップに立つ存在として、戦争の早期解決の必要上やむを得ない事態であったかも知れないが、とにかくその生産力の膨大さたるや前古未曾有のものであった。ところが皮肉なことに、大戦の終結は、その巨大な生産設備と大量の生産物の両者が、一夜にして過剰生産力と過剰生産物とに一変してしまうことを意味する。それは、稼働設備および有用産出物の遊休設備および不要産出物への急変をもたらす。ここに、既存生産力および生産物の維持・存続、過剰化の回避が、不可避の課題として浮上することになる。

　戦争による棚ぼた的好景気で巨額の債権国に躍り出た国が、戦争の終結によってその足場をすくわれ辛酸をなめた例は、歴史上数多い。わが国では、1927年（昭和2）の金融大恐慌（昭和金融恐慌）が有名である。この恐慌は、当初大小合わせて約1500あった銀行が35年（昭和10）までに3分の1にまで減少したことから判るように、それまでの好景気を相殺してはるかに余りあるほど

第8章　戦後世界貿易の展開

の、深刻・劇甚なものであった。

　金融恐慌は当時の一蔵相の「失言」に端を発するが、それは単なる契機にすぎず、根はもっとずっと深いところにある。当時の日本（大日本帝国）というものが、第一次世界大戦の一応の勝利国であったこと、しかも、大戦による国土被害がまったくなかったこと、これらの点に注意されたい。戦争によって巨額の金を蓄積した結果、「戦後の日本は空前の消費ブームに見舞われることにな」った（三上隆三『円の歴史――貨幣が語る近代』中央公論、1989年、152頁）。しかしそれは、第一次世界大戦という「戦時ブームによって進行した放漫経営・経済のアンバランスな発展」（同、154頁）の上に咲いた、一時のアダ花でしかなかった。それは、戦争という異常事態によって形成された虚偽の繁栄であった。日本経済は1920年（大正9）恐慌（「戦後反動恐慌」）による急襲を皮切りに、銀行恐慌・関東大震火災等、一連の危機を被ることになる。中央銀行である日本銀行は、いわゆる特融（日本銀行特別融通）によってこれに対処した。ところがこの特融を楯に救済機関と化した市中銀行が行ったことは、混乱だけは回避したいとの趣旨から、不良手形にさえ貸し付けをなすという無謀極まりないものであった。不良企業や不良銀行が不当に温存されることになったのは、いうまでもない。これは、戦争によって歪曲された経済状態のまさに延長物であって、昭和金融恐慌の根本原因を形成していたのは、まさにそうした異常事態なのであった。

　アメリカは可能性として、こうした事態のまさに一歩手前、一触即発の状態にあった。マーシャル・プランは確かに、その現実化を阻止するための緩衝装置的役割を果たしたといってよい。それは、過剰生産物のはけ口としては功を奏した。アメリカは、昭和初期の日本の二の舞いを踏まないで済んだからである。しかしそれは、過剰設備の温存となった点では不成功、問題点の繰り延べ・先送りでしかなかった。アメリカは、復興が一定程度の達成を見、計画も期限切れとなった52年以降においても、援助を今度は相互安全保障法（Mutual Security Act, MSA）という別の名分にもとづくものに切り換え、影響力を行使

159

し続けた。矛盾は60年代以降に持ち越されることになるが、これについては第9章第2節（固定為替相場制の崩壊）で詳論する。

さて、マーシャル・プランの受け入れ機関として成立したものが、欧州経済協力機構（Organization for European Economic Co-operation, OEEC）であった（1948年）。同年4月から51年末にかけての約4年間、同機関を通じておこなわれた援助額は約120億ドルにものぼった。これにより、西ヨーロッパ諸国経済の統合が推進されたのは事実である。とはいえ、OEECの設立趣旨は、あくまでも西側の戦後復興である。ということは復興が達成された暁には、それは役割を終え存在そのものを解消せねばならない。61年9月30日、それまでの加盟18カ国にアメリカとカナダを加え20カ国が、新機構として「経済協力開発機構」（Organization for Economic Co-operation and Development, OECD）を設立したのは、この点に鑑みたものに他ならない。創立からすでに十有余年、もはや戦後とも称しえない60年代は、OEECの終焉のまさに潮時であった。OEECはOECDへと発展的解消を遂げたのである。OECDは、OEECとは別の内容と性格をもつものであった。それは、復興を遂げた先進国同士の連帯という新たな役割をもつ機関であった。64年には日本が、68年にはフィンランドが加盟を果たす。OECDは、オーストラリア（71年）とニュージーランド（73年）の加盟をもって、地球上のほとんどの先進国を網羅した。これが、発展途上国の利害と対立しないはずはなかった（南北問題）。UNCTADによって「先進国クラブ」と皮肉られるゆえんである。

2　GATT（関税と貿易に関する一般協定）

第二次世界大戦に勝利したアメリカが、戦後世界経済の再建・再構築にあたって目的としたのは次の三つであった。すなわち、

(1) 為替相場の安定と為替制限の撤廃
(2) 戦後の復興と開発のための資金の供与
(3) 各国間における自由な通商制度の確立

第8章　戦後世界貿易の展開

である。アメリカは、それぞれの機能を果たす国際機関を設けることを目論むことになる。前二者が IMF と IBRD の設置に至ったことは、第7章第3節において既述したとおりである。(3) については、輸入数量制限の撤廃ないし緩和のための ITO（International Trade Organization, 国際貿易機構）を設けることが予定された（「ガット（関税と貿易に関する一般協定）」『経済学辞典』岩波書店「第2版」1979 年「第3版」1992 年、前者は片山謙二氏稿、後者は奥村茂次氏稿）。

　ITO 構想とは 1945 年（昭和 20）11 月、「世界貿易と雇用との拡大のための提案」（Proposal for Expansion of World Trade and Employment）としてアメリカ政府から発表されたものである。ITO 憲章（ハバナ憲章ともいう）は、3回の会議（ロンドン、46 年 10 月 15 日〜11 月 26 日、ジュネーヴ、47 年 4 月 10 日〜10 月 30 日、ハバナ、47 年 11 月 21 日〜48 年 3 月 24 日）による草案の討議を経て、48 年 3 月に調印された。最終議定書には 53 カ国の署名が得られたが、提唱者のアメリカさえ議会の批准が得られない始末、批准したのはわずかに 2 カ国のみであり、結局 ITO は流産となった。

　ところで、アメリカにはもう一つの意図があった。アメリカ政府は、主要 15 カ国に「関税引き下げ交渉会議」への招請状を送り、47 年 4 月、ITO 憲章を検討するための貿易雇用会議準備委員会が開催されている期間中、同じジュネーヴで別枠の関税交渉会議を開催したからである。これは「暫定的適用に関する議定書」というものを採択し、参加 23 カ国の間に 123 の関税相互引き下げ交渉を成立させ、10 月 30 日に終了した。この関税交渉会議の結果を取りまとめたジュネーヴ関税譲許表と、その実施に必要な手続きと関税引き下げが国内生産者に与える損害を防止するための諸規定とを ITO 憲章ジュネーヴ草案から抜粋し一つにまとめ、調印が行われた。これが、GATT と通称される「関税と貿易に関する一般協定」（General Agreement on Tariffs and Trade）である。しかしその後、協定の正式受諾国がなかったために、GATT は 48 年 1 月、暫定協定のまま見切り発車的に発足した。

将来 ITO 憲章が正式に発効した場合には、重複規定としての GATT の効力は停止し、その部分に対応する ITO 憲章の規定が復権・実施される仕組みになっていた。ところが ITO 憲章が流産に終わった結果、暫定的取り決めとして実施されたはずの重複規定たる GATT が逆に本筋のものとなり、多国間条約として機能を継続することになってしまったのである。既存の関税を軽減することは、ITO には盛り込まれてはいなかった。それを目的として構想されたのが GATT であるが、アメリカは GATT 構想を、ITO の機能をも合わせ司るものへと修正することになったのである。

　GATT は、関税その他の貿易障壁を大幅に軽減し、差別貿易を廃止して自由・無差別の国際貿易を促進することを目的とし（協定前文）、関税引き下げと最恵国待遇を規定する第1部（第1～2条）、自由・無差別貿易の原則とその例外を規定する第2部（第3～23条）、加盟・脱退などの手続きを定める第3部（第24～35条）、発展途上国の貿易をとりあつかう第4部（第36～38条、「開発と貿易に関する新章」といわれ1966年に追加、71年から実施）から成る。GATT の第1の目的は、締約国相互間の交渉により関税を引き下げ、それを無条件・無差別に適用することである。第1回から第5回までの一般関税引き下げ交渉（関税譲許交渉）の経緯を摘記しておこう。

回　数	期　　間	場　　所	関税譲許成立品目数
第1回	47年	ジュネーヴ	45,000
第2回	49年	アヌシー	5,000
第3回	50年～51年	トーキー	8,700
第4回	56年	ジュネーヴ	3,000
第5回	61年～62年	ジュネーヴ	4,400

　第5回交渉は、「ディロン－ラウンド」とも通称される。
　1962年（正式には63年5月）から開始された第6回交渉は、「ケネディー－ラウンド」と呼ばれる（67年6月30日調印）。それは、「国別・品目別引き下げ交渉」方式が「一括引き下げ交渉」(Package Deal) 方式へと転換されたこと、関税障壁のみならず非関税障壁にも及ぶものであったことなど、従来とは質量

ともに異なる画期的な交渉であったといわれる。そのことは、参加国41カ国（EECを6カ国とすれば46カ国）、関税譲許成立品目数は延べ3万300、貿易額にして400億ドル以上の品目について平均35％の関税引き下げに合意した点などの実績にあらわれている。しかしその反面で、先進国相互間の利害調整に手間取った結果、発展途上国が主要な関心をいだく品目に対して、関税譲許は等閑に付されるなどの手落ちが指摘される。アラブ連合（現エジプト）ほか7カ国からの同意は結局得られず、議定書への署名は拒否された。

「東京－ラウンド」または「新国際ラウンド」と称される第7回交渉の開始宣言は、1973年9月のGATT東京閣僚会議においてなされたが、実際の交渉は75年に開始された。関税一括引き下げ、非関税障壁の軽減についてはケネディー－ラウンドの場合と同じであるものの、交渉の重点は非関税措置に移り、農産物貿易の自由化、GATT19条の再検討などをも含む多角的な交渉であった。成立コードは11にわたり、従来の規定の不明確・不十分な点が補われ、ガットの原則が強化された。

このラウンドのもう一つの特徴点としては、アメリカがその国際競争力の低下を背景にして、それまでの「自由貿易」に代えて「公正貿易」なるものを主張しだしたことである。この二つは、似ているようで意味がまったく異なる。前者は自国の圧倒的経済力を当然の前提とした戦略であって、自国製品の輸出を助長し有利化するためのものであったのに対して、後者は他国製品の侵入を受け自国の経済力にかげりが見え始めた結果としての、輸入防衛上の口実でしかないからである。

第8回交渉は、その開始が中南米ウルグアイ（プンタ・デル・エステ）の閣僚会議（1986年＝昭和61年9月）で決定されたことから、「ウルグアイ－ラウンド」と呼ばれる。しかし、このウルグアイ－ラウンドは決着までに、これまでの交渉中もっとも長い、7年余という年月を要した。それは、交渉の内容そのものが、サービス貿易・知的所有権・農業保護・投資など、各国国内の政治的経済的理由から、容易に妥協を許さない重要かつ広範な問題をかかえてい

たからであり、いかに多くの難題を取り上げたかという一つの証明ともいえるものであった。しかし何といってもこの交渉の最大の特徴点は、それがGATT解散＝WTO（世界貿易機構）設立協定となっていたことであろう。94年4月、モロッコのマラケシュに100以上の国と地域の代表が集まり、閣僚会議が開催された。実質的な交渉は93年末にはすべて終了していたが、この会議で採択されたのは、約2万頁にもおよぶ「世界貿易機構を設立するマラケシュ協定」である。今世紀最大の関税・貿易交渉たるウルグアイ－ラウンドは、これをもってようやく妥協をみたのである。

　GATTの第2の目的は、貿易数量の制限を撤廃し（第11条）それを無差別に適用すること（第13条）である。しかし例外規定が極めて多い。たとえば第12条の「国際収支擁護のための制限」、第12条第2項の「過剰農産物処理のための制限」、第18条の「発展途上国の特定産業確立のための制限」などがあげられる。

　以上の規定は一応それなりの理由があるといえるが、第19条のいわゆるセーフ・ガード規定にあっては、輸入制限が撤廃された結果や関税引き下げの行われた結果として外国品の輸入が増大したり国内産業に打撃が与えられたりするおそれのある場合には、逆に輸入制限を認めようとするもので、自由貿易の原則を無視した規定であり、当然ガットの理念に抵触・矛盾するものである。しかもこの第19条は70年以降、国際競争力を強化した日本などに対し拡大適用する方向で再検討が行われている。「秩序ある輸出」論の正当性を無条件に認めようという訳ではないが、国際貿易が保護主義化傾向を強めて来ている事実には、充分に注意を払うべきことであろう。

　なお、発展途上国の貿易をとりあつかう第4部（第36〜38条）がいわゆるGATT新章（「開発と貿易に関する新章」）として1966年に追加、71年から実施をみていることを先に述べた。発展途上諸国は61年、「発展途上国の輸出拡大に関する宣言」を国連総会に採択させ、翌年には国際連合貿易開発会議（United Nations Conference on Trade and Development）の招集を決議させるに

至る。UNCTADとはその略称である。64年、発展途上国は第1回UNCTADを開催、途上国77カ国グループを中心に「新国際経済秩序」(New International Economic Order, NIEO) を宣言するとともに、一般特恵制度の導入を希求した。これが、新章としてGATTに追加されたものである。

　GATT新章は、発展途上国の経済開発の促進と生活水準の引き上げ、そして途上国の輸出所得増大のため、先進国は途上国の貿易障壁軽減の「相互主義を期待しない」ことを謳っている。GATTはその前文で、「相互的かつ互恵的な取り極めを締結する」として相互主義の原則を規定しているのであるから、この新章は前文の原則に矛盾・抵触することになろう。新章の追加は、相互主義原則という先行規定を事実上破棄したことになるのであって、GATT理念の破綻を意味するものと解さざるを得ない。

　また、新章 (第38条b) には、発展途上国の貿易と開発については国際連合・国連機関・国連代理機関と協力すること、その中には、UNCTADの勧告により創設される諸機関を含むとの規定が設けられている。締約国はすべて平等とする立場のGATTに対して、UNCTADの方は、先進国と発展途上国との経済力格差を当然の前提的事実として認める立場にたっている。両者の共存は極めて困難であり、反目は必然的でさえある。スタート・ラインそのものが、量的な程度の差異なのではなくて、そもそも異質なのだからである。

　各国議会の批准により95年1月、WTOが発足しGATTに取って代わった。GATTは、約50年の生涯を閉じたのである。しかし「留意すべきは、ウルグアイ・ラウンドが東西関係の弱体化と消滅の過程で進み、残された北側＝先進国優位の南北関係だけのなかで、大国主導で決着し誕生したのがWTOであることである。」(海保幸世「国際経済政策と国民生活」大沼・小田・小坂・加藤編『揺れ動く現代世界の経済政策』日本経済評論社, 1995年所収＜第2章＞51頁)

第2節　ブロック経済（地域的経済統合）の推進

　戦後世界は、一方で、貿易の普遍的自由化が標榜・推進されながら、他方で、数カ国による地域経済的結束・ブロック化もほとんど時を同じくして進行した。ECやNAFTA、アセアン・東南アジア諸国連合（Association of South-East Asian Nations, ASEAN）、エイペック・アジア太平洋経済協力会議（Asisn-Pasific Economic Cooperation, APEC）などがその例である。

　経済のブロック化はかつて、1929年（昭和4）に始まる世界大恐慌からの一脱出方策として採用された。しかしそれは、やがて相互間の矛盾・対立・相克を強め、最後には武力衝突としての第二次世界大戦を招いた元凶・近因として、極めて危険な存在として歴史的に位置づけられている。戦後のブロック経済を戦前のそれと同一のレベルでただちに扱いうるか否かは簡単には判断できないが、本節では、もっとも長い伝統をもつECと、もっとも歴史の浅いNAFTAの二つを代表としてとりあげよう。

1　EC（ヨーロッパ共同体）

　EC（European Community）とは、ヨーロッパ石炭鉄鋼共同体（European Coal and Steel Community, ECSC）、ヨーロッパ経済共同体（European Economic Community, EEC）およびヨーロッパ原子力共同体（European Atomic Community, EURATOM）という三つの機関を統合する組織の総称である。ECSCとEECとEURATOMとを三角形の各頂点とすれば、その正三角形を底面としてできる四面体の頂点がECであると考えれば、その構造がわかりよいかも知れない。

　EC以外の三つの機関は独立の機関であり、それぞれ独自に中枢組織をもっている。このうちECSCはもっとも早く、西ドイツ（ドイツ連邦共和国）・フランス・イタリア・ベネルクス（ベルギー・オランダ・ルクセンブルク）計6カ国の調印翌年7月に設立された（実施は9月）。EECとEURATOMの二つ

の機関も同じ6か国の調印になるローマ条約（1957年＝昭和32年3月）によって、58年1月に成立したものである。

　国家の領域を超えるこうした機関（超国家機関）が成立する背景には、ヨーロッパを舞台として行われた、今世紀2度にわたる世界的規模での戦争という苦い経験がある。それは、各国家間に偏在する資源（天然資源や地下資源）の利己的な獲得をめぐるものであった。資本主義各国、特に後にいわゆる枢軸国なるものを形成した日本やドイツ、イタリアなどの後進資本主義国は、急速な経済発展を推進しようとする余り、資源の獲得に躍起となった。もともと自国資源に乏しいという客観的な事情が、この行動にさらに拍車をかけることになった。行き着く先が、侵略戦争であったことはいうまでもない。輸出努力によって外貨を得、その外貨によって他国の資源を輸入する貿易という経済行為は、資源の武力による獲得という利己的な政治行為に取って代わられたのである。地下資源を含む資源一般の国家間共同管理という思想は、ヨーロッパが2度の大戦の原因をその経済的本質にまで還元した結果としての、歴史的反省の産物に他ならないといっても過言ではないのである。

　ECとは、上記の考えをさらに発展させようとするものである。それは、一部を除きこれまでほとんどの人びとが信じて疑わなかった国家（民族国家）という存在を放棄・廃却しうるか否か、そしてさらに、《ヨーロッパ共和国》ともいうべき新たな一つの国家（市民国家）を形成しうるか否かに対する、人類英知のいわば挑戦である。

　ECは1967年（昭和42）7月に成立したが、73年（昭和48）にイギリス・デンマーク・アイルランドの3国が、81年（昭和56）にはギリシャが、さらに86年（昭和61）にはスペイン・ポルトガルが加盟し、これまでに3次にわたる拡大EC化が図られてきた。86年時点で計12カ国、人口3億2千万人を擁する世界第3位の統合経済領域が出現したことになる。89年の「単一欧州議定書」（Single European Act, SEA）においては、従来のいわゆるヒト・モノ・サービスの三つの自由化に加え、統一通貨ECU（後述）が構想された。また、91年（平

成3) 末のEC首脳会議 (オランダ、マーストリヒト) では、ヨーロッパ連合 (European Union, EU) が合意され、92年2月、「マーストリヒト条約」としてローマ条約の改正・調印をみた (11月発効)。EUは現在、これまで中立的立場をとってきたオーストリア・フィンランド・スウェーデンの3カ国の参加 (95年＝平成7年1月) によって、加盟15カ国の一大連合体となっている。なおEUの成立によって、ECとEECとは廃止され、機関名称としてはECSCとEURATOMを残すだけとなった。

上記のマーストリヒト条約には、「経済通貨同盟」(Economic and Monetary Union, EMU) 構想が盛り込まれているが、ECは79年 (昭和54)、EMS (Eoropean Monetary System) という独自の通貨機構を発足させ、いわゆる「共同フロート」を採用し、現在にいたっている。それは、対内 (EC域内) 的には固定相場制、対外 (EC域外) 的には変動相場制という二元的為替相場制度である。EMSの為替相場機構は、ERM (Exchange Rate Mechanism) と呼ばれる。対内制度としてのこの為替相場制度は、基準為替相場を中心としその上下2.25計4.5パーセント (イタリア・リラのみ特例として上下6計12パーセント、90年1月から他国と同等に改定) を相場変動の許容範囲とする伸縮的為替相場制度である。このメカニズムについては、次の第9章の第3節で解説するが、イギリスが92年9月の通貨危機に際し、ERMからの脱退 (加盟は90年10月) を表明した他、イタリア・リラも近年為替相場の乱高下からERMからの離脱を余儀なくされ、未だにバンド内に復帰していない現状にある。

また、ECの共通通貨単位をECU (エキューとフランス語風に読む、European Currency Unitの略) という。ECはその通貨化 (通貨としての実体化) を目指してきており、一応は紙幣の図案さえも完成していたが、実際には単なる通貨名称つまり価格計算単位の域を出るものではなかった。とはいえ、ECUはいくつかのEC域内通貨の加重平均によって、人為的に得られる合成価格単位ないし合成貨幣名称 (いわゆるバスケット通貨) であったから、ECU建て価格は各国政府レベルのみならず、民間レベルでも広範に使用されるようにはなっ

第8章 戦後世界貿易の展開

ていた。しかし、最近 ECU の名称は、EURO（ユーロ）なるものに取って代わられた。この背景には、マルクというハード・カレンシーを有し EC の事実上のリーディング・カントリーとなっているドイツの、ソフト・カレンシーたるフランス・フランに対する反発があったといわれている。ヨーロッパ通貨機関（European Monetary Institute, EMI）がフランクフルトに設置（94年1月）されたのも、こうした事情を背景としたものである。EMI は、最終段階において、統一通貨 EURO の発行や金融政策などを実施する唯一の中央銀行としてのヨーロッパ中央銀行（ECB）が創設される時点まで、経済・通貨統合の推進的機能を果たす重要な機関とされている。とにかく、安定的為替相場制度の維持にしろ統一通貨の実現にしろ、経済統合を目指す EU の現状と未来は、極めて多事多難なものといわねばならない。

2 NAFTA（北米自由貿易協定）

NAFTA（North American Free Trade Agreement）とは、アメリカ・カナダ・メキシコの3カ国で構成される地域経済協定のことであり、1994年（平成6）1月に発足した。

前節において GATT の性格をみたが、それはアメリカの意図を多分に汲んだものであった。そこで標榜されたところの貿易の自由とは、アメリカによる自国製品の他国への輸出についての貿易の自由であって、他国製品の輸入に関する貿易の自由ではなかった。ただしこのことは、戦後しばらくの間は、アメリカに対する他国の経済力・貿易力の絶対的相対的劣勢という戦後の客観的事実によって顕在・表面化するには至らず、したがってアメリカ自身も、まったくといっていいほど気にかける必要のない事柄であった。しかしながら、当のアメリカが世界最大の純債務国に転落した85年（昭和60）以降、事態は一変した。アメリカは諸外国特に日本や EC 諸国からの巨額の輸入によって、貿易・経常収支の未曾有の逆超（赤字）に苛まれることになったからである。

アメリカは1987年（昭和62）、NAFTA の前身ともいえる「米加自由貿易協

169

定」(America-Canada Free Trade Agreement) をカナダとの間に締結し、その国際競争力の低下を別の面から補強しようとの政策にでる。また、メキシコはメキシコで、83年に貿易の自由化を達成したとはいえ、前年の累積債務危機をIMF・IBRDの救済融資によって乗り切った関係上、自国の経済政策にもIMFによって数々の制約条件(IMFが融資の見返りとして当該国に課す条件を「コンディショナリティー」と総称する)を課されるなど、経済的に受動的消極的な立場に立たされていた。さて時あたかも、当時アメリカ主導の下に世界的に展開されはじめていたのが、GATT第8次交渉としてのウルグアイ・ラウンドである。米加自由貿易協定には、関税に関する一般的原則の他、非関税障壁の撤廃・知的所有権の保護など、ウルグアイ・ラウンドのものとほぼ同じ内容がうかがわれる。アメリカは一方で、他の先進諸国に対する国際競争力の低下・劣位を、他の先進国の優位性の相対的削減によって阻止し、他方で、他の北米諸外国に対する競争力の相対的優位を、カナダやメキシコを自国多国籍企業の投資対象地域(資源調達基地、下請け地域)とすることによって維持・確保しようと目論んだのである。

　GATT(ウルグアイ・ラウンド)とNAFTAにおいてアメリカは、いわば相矛盾する二つのベクトルの同時的解決を狙ったといってよい。1995年(平成7)1月、GATTが国際貿易機関WTOに発展的解消を遂げたことは、前節で述べた。アメリカは、EUはもちろんアジアNiesやASEANなどの各地域ブロックへの対抗上、WTOとNAFTAの両輪を駆使して新たな世界戦略を展開するであろう。それだけではない。そこに例のAPECが、さらなる超国家的機構としてオーバー・ラップすることになるからである。本節の最初に述べたように、過去の経済のブロック化というものが、世界大戦の直前に厳然として存在し、その将来に暗い影を投げかけたことは事実である。歴史は繰り返さない、との古来の格言を信じたい。

第9章　外国為替——制度の変遷と市場相場の変動メカニズム

第1節　外国為替に関する諸学説

外国為替、特にその相場の変動を説明する理論（為替学説）としては、次の三つが有名であり、主要なものである。

1　国際貸借説（Theory of International Indebtedness）

この学説は最も古く、ゴッシェン（Georg Joahim Goschen,1831-1907、イギリス）が『外国為替相場の理論』（*The Theory of Foreign Exchanges*,1861年）において定式化した。彼は子爵であり、ゴッシェン卿 Viscount Goschen として知られている。『外国為替相場の理論』は、資本主義の創成期である重商主義期（16・7世紀）以来、さまざまな人びとによって言及されてきた為替理論を集大成したものであり、第一次世界大戦に至るまでの間、唯一の通説ともいうべき地位を占めていた文献であった。ゴッシェンは、広範に為替相場の問題を取り上げているが、国際貸借説または国際収支説として知られる彼の主張は、次節でみるように、厳密に金本位制国間の為替相場変動を主として説明したものと考えてよい。

2　購買力平価説（Theory of Purchasing Power Parity）

この理論は、いわゆる北欧学派ないしストックホルム学派に属する経済学者カッセル（Gustav Cassel,1866-1945、スウェーデン）によって提唱されたものである。購買力平価説は、『1914年以降の貨幣と外国為替』（*Money and Foreign Exchange after 1914*,1922年）において最も明快に展開されている。出版年が明

示するように、購買力平価説は直接には、両大戦間、とりわけ、第一次世界大戦以降、イギリスの金本位制復帰（25年）までの時期と、30年代初頭の国際金本位制崩壊以後、第二次世界大戦にいたるまでの時期とにおける、英米為替相場の大幅変動を解明すべく登場した学説であった。しかしこの学説は、時代をこえた有効性をもっている。その理由は、統計が示すように、現代の為替相場制のみならず、30年代以降現在にいたる長期的な意味での管理通貨制というものが、物価と為替相場の両面において、ほとんどの歴史を変動をまさに常態として推移してきたとの厳然たる事実によっている。同説が、最近の中期的為替相場変動とともに、約60年にわたる長期的為替相場変動をも一瞥のもとに把握しうるのは、当然といえば当然なのである。

3 為替心理説（Théorie Psychologique de Change）

これは、アフタリオン（Arbert Aftallion, 1874-1956、フランス）『貨幣、物価および為替』(*Monnaie, Prix et Change,* 1927年) によって、第一次世界大戦後における大幅な為替相場変動、特にその国際短期資本移動との関連を主に解明すべく提唱された。ここでいう「為替心理」とは、個々人の単なる主観や想念ではなく、為替相場の今後の変動に対する確固たる《予想》ないしは《期待》を意味し、やがては為替相場の変動を導くところの現実的動因的な行動（為替の売買という実際の行為）を起動させる、直接因的な「心理」を指している。これはケインズの理論にも通ずるところの、需要と供給の錯綜という競争の過程を前提とした市場論的アプローチであることを指摘しておこう。

さて、以上三つの為替学説には、メリットもあればディメリットもある。しかし、何がメリットで何がディメリットかを示すことが、ここでの趣旨なのではない。それぞれのメリットのみを縦横に駆使することによって、これまでのおおむね三つの時期における為替相場の変動メカニズムの差異と問題点とを、明らかにしてみよう。

第9章　外国為替——制度の変遷と市場相場の変動メカニズム

第2節　戦前「国際金本位制度」下の為替相場変動

1　為替平価

　外国為替相場の変動を引き起こす主要なファクターとしては、次の二つが知られている。国際収支と物価、より厳密にいえば、支払差額の順逆と物価水準の高低である。

　金本位制度 (Gold Standard) とは、金 (gold) を「価格標準」(Standard of Price、正確には「価格の度量標準」) として法律的に認めたものである。そこでは、「本位貨幣」(Standard Money) である金貨と、銀貨や銅貨などの補助貨幣、兌換銀行券 (convertible banknote) が流通する。兌換銀行券とは、金への、もしくは金からの転換（兌換）が常に一定の比率で行われることを、法律的に保証された紙券である。

　国内通貨の1単位（各国通貨の名称）を貴金属たる金の一定量と固定（リンク）するためには、その通貨が金何グラムに相当するのかを明確にしなければならない。たとえば、純金1トロイ・オンス（= 31.103481 グラム）= 35 ドルというようにである。1897年（明治30）に公布・施行されたわが国の「貨幣法」（この法律は1988年＝昭和63年4月1日施行の「価格の単位及び貨幣の発行等に関する法律」によって廃止されるまで、何と90年間存続した）をみると、その第二条には「純金の量目二分ヲ以テ価格ノ単位トナシ是ヲ円ト称ス」とある。「貨幣法」は、「量目二分」（リョウメニフンと読む）つまり750ミリグラムの「純金」に、「円」という名称（名前）を与えたのである。

　ところが、この750ミリグラムの金＝1円という「価格の単位」は、逆にすれば金1グラム≒1.33円となることから、一般に金の「法定価格」（鋳造価格）と呼ばれている。しかしそうした表現は、厳密に言えば誤りである。「貨幣」とは、諸商品の価値（値うち）を価格（値だん）に引きなおす役割を果たすもの、価格表現の能動的主体であって、従って、価格を受動的に表現してもらう

173

一般の商品と異なって、もともと価格というものを持ちえない存在だからである。この点を注意して、次に進もう。

　金本位制度が制度として維持されるための条件は、通貨当局たる中央発券銀行（日本銀行やイングランド銀行など）が民間との金の交換（兌換）に随時応ずること、すなわち、民間への金の売却と民間からの金の買上げとを、法定鋳造価格という一定の比率で無制限に行うことである。金は貨幣商品として価格というものを持ちえないこと、その「価格」とは一定量の金に付けられた単なる名称（貨幣名）にすぎないことは前述したとおりであるが、民間で独自に売買取引される金の価格のことを、「法定価格」（鋳造価格、法定金価格）に対して「市場価格」（自由市場価格、市場金価格）といっている。

　今仮りに、何らかの理由によって市場価格が法定価格を上回っているとしよう。同じ種類の商品の価格が市場ごとに異なるとき、安く買い高く売ることによってその差額が利益（差益または利ザヤともいう）として追求されるのは世の常であり、いわゆるカネ儲けの一般法則である。低価格の市場では商品への需要が、高価格の市場では商品の供給が生じ、低価格市場では価格が漸増しはじめ、高価格市場では価格が漸減しはじめる。両市場の価格が均等化するにいたって、この動きは止む。商品は低価格市場から高価格市場へ、貨幣は逆に高価格市場から低価格市場へと流れ、両市場はいわば同質化するわけである。経済学ではこれを、「一物一価の法則」と呼んでいる。

　金という商品（「貨幣商品」と呼ばれる）に関しても、事がらはほぼ同じである。市場金価格が法定金価格を上回っているとき、金は法定価格で買われ市場価格で売られる。当局には金に対する需要が、自由市場では金に対する供給が生ずる。金は当局から自由市場へと流れるが、自由市場から当局に流れるのは兌換銀行券である。金の法定価格は不変に維持されているので、この場合には、金の市場価格だけが一方的に変動する。この動きが止むのは、市場価格が下落し法定価格に一致した時点である。以上は市場金価格が法定金価格を上回った場合であるが、市場金価格が法定金価格を下回った場合には、説明は逆と

第9章　外国為替——制度の変遷と市場相場の変動メカニズム

なる。

　こういう訳で、金本位制度の下では、金の市場価格は法定価格を大きく逸脱することはない。本位貨幣ないし貨幣商品としての金に関しては、その「価格」は安定しているのである。しかしそれは、当局を通ずる金の無制限流出入の制度的保証という、いわば不安定要因（当局にとっては手痛い要因）がその背後にあってのものであることが、忘れられてはならない。兌換銀行券が必要量以上に過剰発行されて、市場金価格が騰貴する場合も同じである。この場合には、先ほどの例とは異なり一般物価も騰貴する。金本位制ではインフレーションは発生しないと一般にいわれるが、それは民間の金兌換要求（兌換銀行券による金買い）にもとづく、当局からの大量の金流出という緩衝装置がその背後に存在するからこそなのである。

　さて、金の法定価格が保証されることは、金本位制度を採用している国（金本位国）同士の間に一定の関係、つまり為替相場変動の基準・中心としての「為替平価」が成立することを意味する。金本位国間の固定した為替平価は「金平価」（鋳造平価）とも呼ばれる。第一次世界大戦がはじまる1914年（大正3）以前の国際金本位制（正確には、第一次世界大戦後の「再建国際金本位制」と区別して「古典的国際金本位制」と称する）の下では、純金1オンス＝＄20.67＝£4.247という関係が成り立っていた。ここから英米のポンド・ドル為替平価は£1＝＄4.866となるが、これは、1ポンドの金と4.866ドルの金とは量的に等しいということ、ポンドとドルは同一金量を共通分母として1対4.866の比率で交換される、ということである。金本位国間の為替相場は、この金平価を中心として変動することになるが、では一体どのぐらいの幅を変動するのであろうか。相場の平価からの乖離度の問題をみよう。

2　金現送点

　一つの国が金本位制度を採用しているとはいっても、そこでは金貨（金鋳貨としての金貨幣）が圧倒的に多く流通する訳ではない。第一次世界大戦以前は、

英・米・独のどの国でも、預金金額をのぞけば、兌換銀行券も金貨と同じくらい多くの流通高を示していた。貿易の担い手（貿易業者）の一人である輸入業者の立場で考えてみよう。輸入業者はイギリス人で、アメリカから50,000ドルの商品を輸入するとする。また便宜上、イギリスは1ポンドと金1／5オンスの、アメリカは1ドルと金1／25オンスの兌換をそれぞれ保証し、英米間の為替平価は1ポンド＝5ドル（500セント）、為替相場は為替平価と一致しているとする。輸入業者は10,000ポンドの支払債務を負っており、為替市場でこれを履行しなければならない。彼は為替銀行に10,000ポンドをイングランド銀行券（ポンド紙券）で支払い、額面50,000ドルの為替（為替手形）を作成してもらい（つまり、為替を組み）アメリカに送る。これで彼の決済行為は完了するが、では、為替相場が為替平価を離れ、たとえば1ポンド＝4.50ドル（450セント）となっていたとすればどうであろうか。この低い（ポンド安・ドル高の）為替相場は、イギリスの対米貿易収支の大幅赤字からするポンド売り・ドル買いの漸増とポンド買い・ドル売りの漸減の結果として、自然にそうなったとも考えられるし、同じポンド売り・ドル買いの増大でも、その急激さに耐え兼ねた為替銀行が、逆にそのドル需要を削減するために（ポンド需要を呼び込むために）わざと吊り上げたとも考えられる。いずれにしろ、為替相場が為替平価との不一致を来している事実には変わりはない。問題は輸入業者の行動である。

　結論的にいうならば、彼は為替では決済しない。プロセスはこうである。彼はまず、10,000ポンドのイングランド銀行券を金と兌換し、つまりイングランド銀行から2,000オンスの金を引き出し、現物（金鋳貨に対して金地金——キンジガネ——という）のまま債権者であるアメリカの輸出業者に送る（これを、金の「現送」という）。輸送料は為替平価のほぼ1パーセントなので、2,000オンスの金を現送するには100ポンド（金そのもので支払うとすれば、20オンス）余計にかかることになる。アメリカでは金2,000オンスは50,000ドルだから、輸出業者への支払い分はこれで済む。結局イギリスの輸入業者は、50,000

第9章 外国為替──制度の変遷と市場相場の変動メカニズム

ドルを決済するのに自国通貨で10,100ポンド(金2,020オンス)を要したことになる。もし為替で決済すれば、1(ポンド)÷4.5(ドル)×50,000ドルで、約11,111ポンド(これは金では2,222オンスに相当する)かかることになるから、金決済の方が約1,000ポンド(金200オンス)も安くつき断然有利である。これは、為替相場が1ポンド＝5.50ドル(550セント)と高く(ポンド高・ドル安と)なった場合の、アメリカの輸入業者についてもいえることである。

要するに、為替相場が為替平価プラス金現送費用の合計額を下回った分だけ、決済は為替によるよりも金現物による方が有利となる訳である。その結果、為替相場を高騰させた過当な需要は、金に対する需要へと転化することによって為替市場から消滅し、為替相場は、為替平価プラス金現送費用の範囲内にもどることになる。ちなみに、為替相場が高い場合には、輸入業者の金による決済はかえって不利であり、為替による決済が依然有利となることはいうまでもない。(1ポンド＝5.50ドルのような)高い為替相場ほど、輸入業者の為替による決済は有利となるのである。

そこで、金本位制下の為替相場は為替平価の上下に動くが、その変動幅は金現送に要するコストによって決まり、国際収支赤字の際には、平価マイナス現送費(これを金輸出点という)まで相場が下がりうる。また、国際収支が黒字であれば、相場は平価プラス現送費(これを金輸入点という)まで上昇しうる。こうして一般に金本位制下の為替相場は、金平価としての為替平価を中心とし、上下金現送点の範囲内を、その時々の為替需給の大小に規定されながら変動すると概説される訳である。金輸出点と金輸入点を合わせて、金現送点(gold points)と総称する。

1914年以前の国際金本位制下の主要国通貨の間の為替平価と金現送点は、表に示すとおりである。それによれば、第一次世界大戦前の主要国間の為替相場変動幅は、英米間で上下合計1.50％、仏米間で1.48％、仏英間で0.99％、独米間で1.21％、独英間で1.08％、独仏間で1.22％にすぎなかった。しかし

こうした一見的安定性も実は、前述したように、当局を通ずる金の無制限流出入の制度的保証という不安定要因が、その背後にあってこそなのである。

為替平価と金現送点（1880年—1914年）

	イギリス	アメリカ	フランス	ドイツ	日 本
イギリス	1.000	£1 = 4.866 ドル $4.827 〜 4.900	£1 = 25.225 フラン F.25.10 〜 25.35	£1 = 20.43 マルク M.20.31 〜 20.53	£1 = 9.771 円
アメリカ		1.000	$1 = 5.1826 フラン F.5.1475 〜 5.2240	$1 = 4.1979 マルク M.4.1680 〜 4.2188	$1 = 2.005
フランス			1.000	F.1 = 0.81 マルク M.0.8050 〜 0.8149	F.1 = 0.387
ドイツ				1.000	M.1=0.478円
日本					1.000

資料）西村閑也「金本位制」小野朝男・西村閑也編『国際金融論入門〔第3版〕』（有斐閣,1989年）所収（第6章）130頁の「第6—1表」（西村氏作成）を転載。

注）1）上段は為替平価，下段は金現送点を示す。
　　2）イギリス，アメリカ，フランス，ドイツについては，O.Morgenstern,*International Financial Transactions and Business Cycles*,1959,PP.304-305,Table 74における,1880年（明治13）-1914年（大正3）の金現送点（maximum width）である。
　　3）日本の金現送点は,1930年（昭和5年）の金輸出解禁時で,$1対し2.022〜1.911円であったといわれる（中井長三郎「外国為替相場」山崎覚次郎監修・橋爪明男編輯『金融大辞典』日本評論社,1934年）。
　　4）為替相場は，金現送点を突破することもあったので，現実の為替相場の変動幅は上表に示すよりは多少広い。

第3節　戦後「ブレトン・ウッズ体制」下の為替相場変動

1　IMF平価

戦前の「国際金本位制度」がパックス・ブリタニカの自然的産物であったと

第9章　外国為替——制度の変遷と市場相場の変動メカニズム

すれば、戦後の「IMF体制」はパックス・アメリカーナの人工的産物である。前者が「国際金貨本位制度」としての「ポンド体制」であったのに対して、後者は「国際金為替本位制度」としての「ドル体制」である。

　ドル体制としてのIMF体制が国際金為替本位制度とも別称されるのは、それが、世界の通貨のうちでドルだけに金との直接的交換性を保証し、ドルのみを「金為替」とする制度、他の通貨はドルとの間接的関係を経てはじめて金の裏づけをあたえられる、という制度になっていたからである。各国の通貨が金と出会うためには、《金の紙製の複製》とされるドルに一旦転換され、ドルという仮の姿をとることを必要としたのである。以上はIMF体制の質的側面であるが、その量的側面はどうであろうか。ドルは、1／35オンス（31.103481グラム、正確にはトロイ・オンスという）の金と等価とされ、アメリカは、外国政府や外国中央銀行などの公的機関に対してのみ金の売却に応じ、その保有しているドル（公的ドル）と金との交換が保証されるとされた。もちろん、民間保有のドル（私的ドル）に対する金売却はない。他の通貨はドルを中心として、いわゆるIMF平価（IMF Parity）でリンクされ、その実質金純分（代表金量）は金・ドル交換比率（ドルの公的金平価）を通じて単に計算上でてくるにすぎない。ちなみにIMF協定第4条は、「この協定に加盟する国の通貨の平価は、金または1944年7月1日現在の量目および純分の米ドルにより表示する」となっている。かくてIMF体制の支柱は、金1オンス＝35ドルというドルの公的金平価としてのIMF金平価と、各国通貨間の各種IMF為替平価（たとえば、1ドル＝360円、1ポンド＝1008円など）との2本立てとなる（わが国のIMF加盟は52年＝昭和27年）。

　IMF固定相場制の基本理念は、金本位制下の為替相場制度と一応同じである。「一応」というのは、後者に自然的に備わっていたいくつかの原理が、前者において人工的に再設定され、きわめて類似した外観を呈していることを指す。後者の為替平価（金平価）に当たるのが前者のIMF平価であり、金現送点に相当するのは二つの「支持点」（Support Points）である。支持点はアメ

リカ以外の各国通貨当局（中央銀行）が、市場に介入して為替の売買をなすことを義務づけられたターゲット・ポイントであり、IMF平価をはさみ上下に各1％の部分（したがって、範囲は計2％となる）をいう。しかし実際に採用されたのは、上下各0.75％計1.5％という極めてせまいものであった。固定相場制とは、中心値としてのIMF平価と介入点としての支持点とを人工的に設定・維持することによって、市場為替相場の変動をその範囲内に強制的に閉じこめ、政策的にその安定をはかろうとする制度である。一国内通貨ドルが世界の基軸通貨＝国際通貨になるという魔術（いうなれば金為替の錬金術）は、世界の公的金準備の7割保有という圧倒的覇権性を背景にしてはじめて可能なものであった。

　固定為替相場制の原理そのものは、金本位制下の為替相場変動を下地にして考えれば極めて単純なものである。しかし、IMF平価たとえば日米間のそれが、なぜ1ドル＝360円に決定されたのかは今もって謎のままである。それは1949年4月23日の朝、ワシントンからのUP電によって突然伝えられたという。いわゆるドッジ・ラインとして名高いジョセフ・ドッジ（デトロイト銀行頭取）の勧告によって改編された、日本の昭和24年度（1949年度）国家予算が成立した（国会を通過した）直後のことであった。日米間に成立していたそれまでの為替相場は、軍用レート（オフィシャル・レート）を別とすれば、商品ごとにバラバラの複数レートであり、同一商品でさえ輸出レートと輸入レートが異なるという始末であった。単一レートが切望された理由であるが、360円という確定値にいたった経緯はともかく、算定の基礎となった方法は予想可能である。

　それはかつて、購買力平価説という為替学説によって提示されたものであった。第一次世界大戦直前1913年（大正2）の為替相場1ドル＝2円を基準に、その後のインフレ率を勘案して決定されたのである。大戦後、アメリカの物価は当時と比較して約10倍となり、日本の物価は当時から約2000倍に騰貴していた。これは別言すれば、約30年間にドルと円の購買力はそれぞれ10分の1

第9章　外国為替——制度の変遷と市場相場の変動メカニズム

と2000分の1に低下した、ということである。これらの逆数（物価騰貴率）を当時の為替相場に乗ずると、10ドル＝4000円すなわち1ドル＝400円となり、360円という単一レートときわめて近似した新しい交換レートが得られる。日米IMF平価が、購買力平価説的に決定されたのは疑いない。来日時のドッジが330円をおおよその目安にしていたことから、360円は、日本の輸出を有利とすることを配慮しての修正であったとの見解がある。確かにそうかも知れない。360円という相場は、330円からすれば円安・ドル高相場であるからである。しかし実際には、日本の輸出はまったくといっていいほど伸びず、逆に輸入の一方的増大をみた。実勢としては、1ドル＝500円〜600円当たりではなかったのかと思われる。

　1ポンド＝1,008円という日英IMF平価は、1949年9月に決定された。ポンドが弱まりをみせたのを背景として、それまでの1,450円を30.5％切り下げての決定であった。ポンドは67年（昭和42）11月18日、さらに14.3％の切り下げを余儀なくされ864円となる。この平価切り下げはIMF平価そのものの公式的改定であり、どちらも、イギリス国内のインフレーションの影響（事実の制度的追認）によるものに他ならない。インフレーションがIMF体制の最大の弱点であること、それが結局IMF体制の崩壊にまでみちびいたものであったこと、これらの点については後述する。

2　支持点

　支持点が金本位制下の金現送点に相当するものであることは前述した。しかしながらこの支持点は、金本位制下の金現送点とは似ても似つかないものである。それは、金現送点のような経済実体的基礎も、IMF平価の算定のような理論的基礎ももたない、純粋に恣意的な装置である。それはいうなれば、類似金本位制としての理念から無理やり必要とされた、その理念を唯一の裏づけとする制度的タガ＝人工の歯止めに他ならない。

　支持点の範囲を上下各1％とした上で、その役割を見てみよう。日米為替相

場なら、2つの支持点は357円と363円、変動幅は6円となる。今、日本の対米貿易収支の赤字からドル需要（ドル買い・円売り）がドル供給（ドル売り・円買い）を上回り、為替銀行としての市中銀行にドルの買い圧力がかかった（ドル需要が殺到した）としよう。為替銀行は、ドルの買い手が多いことに気を良くしてか、あるいは、ドル需要をあえて削減しドル供給を呼びおこすためか、それはともかくとして、為替相場の変更という行動にうってでる。為替相場はドル高・円安の方向へと変化し、支持点である363円へと近づいてゆく。363円のところで日銀の介入が行われ、ドルをいわば売り浴びせる。IMF協定の介入義務は無制限であり、相手（市場、ここではドルの買い手）が屈するまで継続される。IMF協定において、介入義務を唯一免除されているのはアメリカの通貨当局（連邦準備銀行）のみであり、他の当局にはすべて介入義務が課されていたからである。介入手段としての通貨（外貨）が不足の場合には、当該外貨発行国の中央銀行からの供与を仰ぐことも可能とされる。先のケースはドル売り（円買い）という逆市場操作であり、ドル買い・円売りの市場側に対する日本銀行の、為替相場支持のためのいわば攻防戦に他ならない。ドル需要は、日本銀行のドル供給によってすべて満たされ、市場から消滅することになる。この結果として為替相場は、支持点の範囲内に維持されるのである。

3　購買力平価の悪戯

　以上のように説明すると、IMF体制とはいかにも安定的かつ無矛盾的な制度であり、中央銀行の行動も実に勇猛果敢なものであるように映ろう。IMF平価は金平価としての為替平価と同等の役割を果たし、支持点は支持点で、金現送点としての機能を充分に備えている。違いはただ、無条件の流出として金が客体的に行ったことを、無制限のドル売りとして中央銀行が主体的に行っていることだけでしかないようにみえる。しかしそれは、見掛けにすぎない。IMF体制は、ある点で金本位制と決定的に異なっている。それは、IMF体制下の国内通貨制度が、金と銀行券との切断された関係を基礎とするということ、そ

第9章　外国為替——制度の変遷と市場相場の変動メカニズム

の銀行券発行制度がいわゆる「最高発行額屈伸制限制度」だということである。一応通貨制度が「管理」通貨制に、そして、発行制度が最高発行額屈伸「制限」制度になっていることには、大して意味はない。問題は「最高発行額」とは何であり、「屈伸」とはどのようなものなのかである。

もともとわが国の銀行券発行制度は、「銀行券発行高ニ対シ少クトモ三分ノ一ニ当ル金銀貨ヲ置ク」（兌換銀行券条例草案、1883年＝明治16年10月）との比例準備制度を弾力的に改訂した、「保証発行屈伸制限制度」といわれるものであった。そこでは、正貨準備にもとづく発行は無制限、7,000万円は政府の保証つきで無準備発行とし、他に制限外発行も認める制度であった。ところがこの制度は戦争の深化とともに、軍事費捻出を目的とした軍の悪用対象となる。初めはしおらしく保証発行限度額の引き上げだけであったが、1941年（昭和16）4月施行の「兌換銀行券の臨時特例に関する法律」によって、制限外発行が慢性化するようになる。そしてついに42年2月、この臨時措置法の一時・例外性（原則禁止）を常時・一般性（原則自由）と化する法律が、制定をみるにいたる。第1条に「日本銀行ハ国家経済総力ノ適切ナル発揮ヲ図ル為国家ノ政策ニ即シ通貨ノ調節、金融ノ調整及信用制度ノ保持育成ニ任ズルヲ以テ目的トス」との文言を戴く、「日本銀行法」これである（三上、前掲書、174頁―182頁）。

日本銀行法は最高発行額屈伸制限制度よろしく「日本銀行ハ銀行券ヲ発行ス」（第2条）と謳うだけで、当然のことながら兌換規定をもたない。無尽蔵の金鉱を床下にもつのと同様、銀行券の発行はいわば無限に可能である。IMF加盟各国はすべて、インフレーションの可能性を秘めることになる。既述したように、IMF平価は1913年金本位制下の為替相場を基礎として、購買力平価説的に決定された。IMF平価は当時、購買力平価という経済事実を反映し、それにほぼ見合っていた訳である。しかしながらその後において、IMF平価が固定され不動であることは、購買力平価も不動であることを意味しない。為替相場がIMF平価と支持点に規定され安定していることは、購買力平価も安定していることと同義ではない。後者は、人為的所産である前者とは異なり、通

183

貨価値という経済実体に左右されていくらでも変動するからである。何らかの理由によって通貨が過剰に増発されインフレーションが発生するならば、購買力平価はIMF平価から乖離し、IMF平価は実体の反映物であることを辞めてしまう。先に、「インフレーションがIMF体制の最大の弱点である」と述べたのは、この意味である。

　購買力平価がIMF平価から乖離するということは、購買力平価が現実の市場為替相場からも乖離し、両者（相場と平価）の間に格差＝スプレッドが生じることを意味する。市場為替相場は、事実上切り下がった購買力平価に向かって変動・鞘寄せしようとするが、IMF固定相場制はそれを許さない。為替相場は、購買力平価からみて不当に過高なものとなる。これは変動しようとする為替相場にとっては、矛盾・桎梏でしかない。IMF体制とは、為替相場の変動（購買力平価への収斂）という市場の経済法則的行為を、強権をもって人為的に阻止しようとするものであった。しかし法則の人為的侵害は一般に、かならず別の矛盾・困難となってあらわれ、制度をまたしても苦しめることになる。この矛盾はどこに転移し、どのような形態をとるであろうか。答えは、商品輸入および「資本」輸出の増大にもとづく、国際収支の黒字減少ないし赤字増大である。

　IMF体制とは、対外関係の安定という政策目標からすれば、インフレーションの回避を至上命令とする制度なのである。とはいえインフレーションという問題は、介入を義務づけられている加盟各国からすれば、さしあたってはIMF平価の個別的な事後的改定（ここでは切り下げ）をもって済む性質のものである。ところがまずいことに、IMF体制の宗主国アメリカが過度のインフレーションに陥ることになる。ベトナム戦争が泥沼化する1960年代のことである。それは他の全通貨に対するドルの減価であって、国際通貨危機という形で何度も叫ばれた。にもかかわらずアメリカは、一連の糊塗・弥縫策（61年12月の金プール協定、62年3月のスワップ協定、10月の一般借入協定、61年からのローザ・ボンド Roosa Bond 発行など）[1]を講じるだけで、金ドル平価

第9章　外国為替——制度の変遷と市場相場の変動メカニズム

の改定にはまったく手をつけなかった。アメリカは国際収支の悪化とその差額決済の必要から、大量のドル流出に見舞われることになる。金ドル平価の据え置きとインフレーションの進行とは、たとえ売却拒否によるアメリカからの金流出はないとしても、外国保有のドルを、確実に累増させていった。アメリカの金準備が、民間保有分はもとより政府保有分すら賄えない状態となるのは、まさに時間の問題であった。

　このメカニズムを、アメリカが360億円（1億ドル）の商品を日本から輸入している場合を例にとって、具体的に示そう。アメリカでインフレーションが発生し、日本からの輸入商品も、アメリカ国内の商品同様に価格引き上げが可能となったとしよう。価格は1億ドルから1.5億ドルに騰貴する。この場合両国の商人の採算基準は、1億ドル＝360億円から240億円（1.5億ドル＝360億円）へと変化する。これは別言するに、日米間の購買力平価がIMF平価から乖離し、1ドル＝240円に客観的変更をこうむっているということである。購買力平価とは、2国の物価水準比率に他ならないからである。1ドル＝360円と不変の為替相場は、購買力平価から見てドル高・円安相場となる。それはもはや、実態を反映しない不当に高い固定為替相場であって、アメリカの輸入とドル支払いとをますますエスカレートさせるのである。

　1ドル＝金1／35オンスの金ドル平価に固執したとはいえ、対外準備の充実にはそれなりの努力が払われた。アメリカには、中央銀行である12の連銀（連邦準備銀行）を規制する、連邦準備法（1913年制定、1935年銀行法により改正）という法律があった。それによれば、連邦準備券の現実の流通高の25％は、金によって担保されねばならない。1967年（昭和42）時点の準備券流通高は約420億ドル、その1／4は105億ドルであるが、この法律は、68年（3月18日）に廃止された。国内の通貨準備としての金が、対外準備に転用可能となったわけである。しかし不運にも、アメリカの国際収支赤字はその後も一向に是正を見なかった。せっかくの法改正も、ドルの防衛には効を奏しなかったのである。71年8月15日、ついにニクソン大統領（Richard Milhous Nixon,

185

1913–1995)は金・ドル交換停止の正式発表にいたるが、この行為は、ドル防衛とはまったく反対の、ドル放棄＝金防衛を意味する。アメリカはいうなれば、実をとって名を捨てたのである。金・ドル交換の公式放棄は、各国通貨の固定比率によるリンクの廃止であって、IMF体制の事実上の崩壊、為替相場の公的束縛からの解放・自由放任化に他ならない。為替相場の動向は、需要と供給の力学的関係として存在する市場実勢に委ねられることになった。

　固定相場制と変動相場制という二つの為替制度の交替・変遷というこの歴史的事件は、法的・公的為替平価としての「IMF平価」、および経済的・私的為替平価としての「購買力平価」という二つの平価の長期的構造的背反・乖離を原因とする。前者（「IMF平価」）が人為的政策的に管理可能なものであるのに対して、後者（「購買力平価」）は本来的に統制不可能なものであるからである。本節のはじめで、「一国内通貨ドルが世界の基軸通貨になるという魔術（いうなれば国際通貨の錬金術）は、世界の公的金準備の7割保有という圧倒的覇権性を背景にしてはじめて可能なものであった」ことを指摘した。しかし世界の公的金の7割保有というのは、異常なことであった。それは、第二次世界大戦という非常事態によってもたらされた金の偏在・異常配分状態であって、世界経済的には不均衡この上ない構造であったと言わねばならない。アメリカはIMF体制という一見安定的な国際通貨制度を政治的に樹立したが、それは実は、不安定きわまりない経済的基礎の上に立つものであった。金は約4分の1世紀をかけて、ついに世界経済上の本来の均衡位置を回復したのである。

第4節　現代「変動為替相場制」下の為替相場変動

　変動相場制は、IMF平価と支持点という固定相場制の二つのタガを外された為替相場制度、固定相場制の破綻によってなし崩し的に成立した無制度的制度に他ならない。為替相場は、IMFにも日本銀行にも何ら制約されることなく、自由気ままに変動（「クリーン・フロート」）することになる。

第9章　外国為替——制度の変遷と市場相場の変動メカニズム

　ところが、である。当局の介入はその後においても継続され、90年代の今日にいたっている。通貨金融当局はなぜ、防衛をみずから放棄したはずの為替相場に対して、過去の行為を反省・撤回するかのような介入（「管理フロート」）を、わざわざ行うのであろうか。本節の課題は、第7章第3節の5において学生諸兄姉に約したこと、すなわち、国際収支均衡化が達成されない理由を提示することにある。それは同時に、当局の介入がどのような主観的理由（意図）に基づいてなされ、どのような客観的問題点（結果）を生みだすことになるのかをも明らかにするであろう。

　第1に、変動相場制下の為替相場変動は大幅である。金現送点や支持点なるものが存在しないからである。第2にそれは、二重の変動を許されている。変動の中心である購買力平価そのものが、金平価やIMF平価と異なり、その時々で事実上の変更を蒙るからである。こうして為替相場は、「インフレーション」および「当面の支払差額」という二つの要因に規定されて、複合的に変動する。

　「インフレーション」は、管理通貨制に特徴的な国内通貨価値（通貨購買力）の低下としてあらわれる物価変動であり、対外的通貨価値である購買力平価をただちに変更する。為替相場は、この購買力平価に収斂する形で変動することになる。いうなれば為替相場は、重力体としての購買力平価に引き寄せられるのである。この為替相場変動は、インフレーションという通貨価値変動のみを原因・背景とし、国際取引という実態的要素には媒介されず、また、後者そのものにも影響を及ぼさないという意味で、「名目的」変動と定義される。為替相場の大幅変動という事情の背後には、それに先行する物価変動が往々にして存在する。

　他方、「当面の支払差額」とは、一応は、経常収支および「資本」収支の総体としての総合収支のことであるが、一般に国際収支は、ある一定期間にわたる《結果値》としての為替の決済収支尻を指す統計的概念であって、ここでいう当面の支払差額とは、概念的にも量的にも一致しない。後者は厳密には、国際間の使用価値体系の相違（資本のテクノロジー体系の国際的差異）に基づい

て発生した過去の何らかの実態的取引の決済部分として、その時々に為替市場に登場する支払額と受取額とのマクロ的差額としての瞬時的な収支尻（いわゆる為替銀行は、この調整に対応しなければならない）であり、一定時点の《瞬間値》としての為替の決済収支尻である。支払差額の順・逆からする為替相場の変動は、国際取引という実態的要素に起因しそれに媒介されて発生するということから、「実質的」変動と定義されることになる。

さて、為替相場の変動原因となるこれらの要素は、為替市場においてはどちらも需要と供給として、両者の交錯・錯綜としてあらわれる。為替市場の担当者は、需給が「実質的」か「名目的」かは判断しない。というより彼らには、それはどうでもよいことである。彼らは、需要（買い）に対しては供給（売り）を、供給に対しては需要を対置し、両者に不一致がある場合には、現実には常に一つしか建たない市場為替相場そのものを変更することによって、その一致を導く。それが彼らの業務なのである。

とはいえ、市場担当者のミクロ的行動が主観的《意識》の世界であるのに対して、市場総体のマクロ的運動は客観的《意志》の世界である。後者は必ずしも前者によって実現されるわけではないが、前者は必ず後者によって支配される。為替相場の変動は、マクロとしての為替市場の意志遂行の過程に他ならない。変動相場制下の為替相場を基本的に牛耳り、支払差額というファンダメンタルな要因からの遊離をもたらしているのは、インフレーションという貨幣的物価変動に起因する為替相場の変動であるが、今仮に、インフレーションの下において、為替相場が購買力平価に収斂すべく大幅な変動（ここでは騰貴、すなわち内貨安・外貨高化）を開始したとしよう。これを市場担当者のミクロ的行動として（に引き直して）考えるならば、インフレ・マネーによる投機的為替需要増大に対する、為替銀行による外国為替の価格引き上げの過程に他ならない。国際収支を形成する取引項目が、「実質的」変動要因として介在する余地はここにはない。為替相場の「名目的」変動とは、《為替銀行による、自己の売買商品たる外国為替の「名目的」相場引き上げ》、内貨の外国為替への逃

第9章　外国為替——制度の変遷と市場相場の変動メカニズム

避による《外国為替そのもののインフレーション》だからである。

　ところが、為替相場の牽引主体、「名目的」為替相場の実現当体としての事実上の為替平価は、購買力平価として事後的に可視的とはなるものの、管理通貨制下に固有の変動的性格によって、当局による随時の確認は不可能に近い。このことは、事実上の為替平価というものが不可視というより非実存にも等しいものであり、政策的に統制することが至難であること、政府や金融当局としての制度側が、市場原理＝法則によって絶えず翻弄されざるをえないことを意味する。この性格はそのまま、為替相場の大幅変動に対する彼らの判断と対応とに反映される。すなわち、為替相場の変動は、制度側には、既存の安定性の喪失および均衡性の攪乱として市場の異常事態としか映らず、その対策も市場からの当然の要請として、救済的性格をもつものとなる。「管理フロート」の必然化である。しかし前述したように、真相としての市場の言い分は逆であって、為替相場の大幅変動とは安定性の回復、不均衡性の解消としての正常化の事態なのである。では、そうは考えない制度側による「管理フロート」という政策的対応は、いったいどのような部面にどのような結果をもたらすことになるのであろうか。

　為替相場が事実上の為替平価に収斂しようとする運動に対して当局が介入をなすということは、為替相場の「名目的」変動という法則の発現を、全面的または部分的に阻止することである。それは反法則的措置であって、為替相場変動の短期急激性を緩慢化するという意味では効果的であろうが、両者（為替相場と為替平価）の間に一定期間だけ過当な乖離幅を残存させ、投機の発生を助長することになる。下落しようとする為替相場（例えばドル）を介入で支えるためには、当局は、円売り・ドル買いという逆市場操作を要するが、なおも高すぎる為替相場での円の市場投入（市場からのドル引き上げ）であって、投機筋にとっては、多量の円通貨を取得しうる絶好の機会となる。為替相場は介入の有無にかかわらず、やがては事実上の為替平価に近似・収斂するのであるから、投機筋の下には、介入なき場合をはるかに上回る円通貨が蓄積されること

になる（当局にはドル通貨が蓄積される）。変動相場制下の投機は固定相場制期とは異なり、予見性・激烈性・硬直性においてその高さを増すことになる。なぜならば、介入は為替のリスクが減ることを意味し、その分だけ投機を助長することになるからである。

　変動為替相場による自動的国際収支均衡化の未実現、そして為替相場と国際収支との背離という現象的事実は、変動相場制下における事実上の為替平価の絶えざる変動、「実質的」変動とは区別された為替相場の「名目的」変動の存在に起因する。ところが制度側は、為替相場の現実の変動が、「実質的」変動と「名目的」変動という性格をまったく異にする存在の複合的変動として、二重に存在するものであることを理解しない。彼らの念頭にあるのは、二つの為替相場を時系列的関係として因果論的に配置する誤った信念であり、そこでは、インフレーションに起因する為替相場変動も支払差額の変化をとおして、われわれのいう「実質的」変動として発現することになっている。インフレーションのもとでは、その国のだれもが安価な外国製品の購入（輸入）に走り、その結果として為替相場は下落するのである、というのである。

　インフレーションからする為替相場の変動が、もし彼らのいうとおり支払差額の変化に媒介されてしか実現しないのであれば、彼らの期待が何らの困難もなく達成されうるのは確かである。為替相場の「実質的」下落はやがて、国際収支の自律的反転、すなわち、受け取り分を増やし支払い分を減らすという結果をもたらすからである。為替相場と国際収支とは歩調を合わせ、背離も存在しなくなる。それはまさに、バラ色の為替相場制度に他ならない。フリードマンも同じ観念に陥っていた。ここ20余年にわたる変動相場制の下にあって、為替相場と支払差額とがそれぞれ変動を繰り返したことは事実である。しかしこれら二つの経済量の変動パターンは、両者がほとんど無関係であると思わせるような動きを示した。為替相場は、大枠としては物価変動に規定されたのである。フリードマンは、為替相場の二重の変動の一面だけを理論化したにすぎなかったのである。

第9章　外国為替——制度の変遷と市場相場の変動メカニズム

注

1) 「金プール協定」とは、ロンドン自由金市場の騰貴した金市場価格（これはドルの価値減少を意味する）を反転させ、もとの 35 ドルへと復帰せしめることをめざしたものである。欧米 8 カ国（米・英・西独・仏・伊・オランダ・ベルギー・スイス）はその拠出した金を、イングランド銀行を代理銀行として自由金市場に放出させ（金を売り浴びせ）たのである。価格は需給関係で変動するから、この操作には一定の短期的効果があったが、67 年（昭和 42 年）11 月のポンド切り下げ後に発生した金の投機買い（金価格の騰貴）には、さすがに抗しきれなかった。以後、金は公私のいわゆる二重価格（固定価格としての IMF 金価格と変動価格としての市場金価格）をもつことになる。

「スワップ協定」とは、アメリカが西欧諸国との間で取り結んだものであり、市場介入（特にドル買い操作）のために必要な西欧諸国の外貨を、一定の条件において政府間で売買する操作である。日本も 63 年 10 月にこの協定を結んだが、効果は薄かった。

「一般借り入れ協定」は、IMF が主要 10 カ国（米・英・西独・仏・伊・日・カナダ・オランダ・ベルギー・スウェーデン）との間で取り決めた多角的な資金借り入れ協定である。IMF の資金不足を補うという意味では効果的であったが、ドルの弱体化を基本的に防止しうるものではもちろんなかった。

「ローザ・ボンド」とは発案者（R.Roosa）にちなんだ別称であり、実体はアメリカの中期の財務省証券である。アメリカはこれを外貨準備の比較的豊富な西欧諸国に引き受けて（買って）もらうことで、ドルの還流（自国への流入）を図り、ドル為替相場の低下傾向を阻止しようとした。

2) これは、日本の輸出商人が円建て輸出価格を 360 億円から 540 億円に引き上げうることを意味しない。アメリカによるドル建て輸入価格が 1 億ドルから 1.5 億ドルに上昇し、両国商人の採算基準が 1 億ドル＝ 240 億円となったからといって、現実の為替相場は相変わらず 1 ドル 360 円なのであって、日本の輸出商人が 360 億円を入手するためには、額面 1.5 億ドルの外国為替は必要ないし、また、アメリカがインフレーションに陥っているからといって、日本もそうならなければならないという必然性はないからである（もちろんデフレーションも生じない）。

ところが、日本の輸入品も、この不変の為替相場に媒介されて、アメリカのインフレーションの同時的影響をこうむる（つまり 540 億円となる）、すなわち固定相場制の固定相場制たる所以は、インフレ国の影響が非インフレ国に持ちこまれることである、とする見解がある。1.5 億ドルのアメリカの商品の円建て輸入価格が、1 ドル≒ 360 円の為替相場によって、360 億円から 540 億円に騰貴するというのである。輸入インフレ論である。しかしこれは、IMF 平価の背後にある

購買力平価という経済的規定体を看過した、機械論的な謬見・謬想にすぎない。この場合日本は、輸入そのものが不利となるのであって、このことは、円建て価格が360億円に据え置かれたとしても変わらないからである。価格引き上げなど、法則の逆道をゆく行為であり、狂気の沙汰でしかない。ちなみに輸入インフレの危険性は、もっぱら変動相場制論者によって指摘された。変動相場制の主要な効用の一つは、インフレ伝播の遮断であると目されたからである。しかしインフレーションは、変動相場制であるが故に他国に伝播しないのではない。それは純粋に一国的な現象であり、いかなる為替制度の下でも他国への波及はないのである。

第10章　現代の金融と貿易

　戦後の混乱期を経て、日本の民間貿易は1947年（昭和22）にようやく再開された。49年には、国際収支の均衡、外貨の獲得、その有効利用などを目的としたいわゆる外為法（「外国為替及び外国貿易管理法」）が公布され、外貨は政府による集中管理の上、日本経済の発展に必要な物資の輸入のために充当されることになった。その後50年代には、外国技術の導入を中心とする技術革新が進行し、重化学工業化が急速に進められ、国際競争力の大幅な上昇が見られた。それを背景にして、当時世界的なうねりであった自由化を受け入れることになった。60年（昭和35）には「貿易為替自由化計画大綱」が発表され、以後、貿易の自由化は急速に進展した。資本取引の自由化は67年以降にもちこされはしたが、64年時点の貿易の自由化率は90％以上になった。

　また、ほぼ慢性的な赤字であった日本の貿易収支も、高度成長を経て輸出が著増したために、改善の方向に向かうことになった。60年代の日本はすでに、保護的な措置を必要とはしなかった。日本が63年にいわゆるGATT12条適用国から11条（適用）国に、翌64年にはIMF14条国から8条国になったことが、それを裏づけている。とはいうものの、その後2回のオイル・ショック（73年、78年）の影響はさすがに甚大で、大幅な入超を記録したのであった。石油を全面的に輸入（特に中東からの輸入）に依存していたからである。しかしこれをむしろバネとすることによって、技術革新が進行し減量化が浸透した結果、80年代に入ると、アメリカとは対照的に貿易収支は大幅な黒字を計上することになった。

　では、為替相場はどのような動きを示したであろうか。変動相場制の自動調節機能というもの（既述）が働いていたとすれば、日本の大幅な黒字を背景にして円相場が上昇するとともにドル相場が下落し、アメリカの貿易収支の改善

(赤字減少または黒字増大)が実現されていくはずである。ところが実際には、第一次レーガン政権下の81年から84年にかけて、逆に円相場は下落した(本書巻末の表11を参照)。こうして事実の側から、変動相場制に寄せられた自動調節機能は重大な疑問を投げかけられることになったのである。均衡化作用が働かなかった最大の理由は、予想以上に大量の資本移動が生じたからである。すなわち、アメリカの貿易収支の赤字幅は、この間増大傾向をたどったが、アメリカの高金利(プライム・レートは一時20％に)を誘因として進行したドル買いが、ドル相場を引き上げたのである。アメリカの高金利に誘われた外資の対米流入が、ドル高を生んだのである。こうして、それまでは経常収支の変化に対応して変動することの多かった為替相場が、金利の変動に敏感に反応することが示された。為替の変動は経常収支の不均衡を是正するとは一概にはいえないということが、事実として証明されたのである。ドル高がアメリカ製品の輸出力を低下させ、経済成長の足カセになることが明らかになるにつれて、それまでは為替相場への介入には消極的であったアメリカも、為替相場の管理の必要性を認めるようになった。

　1985年(昭和60)9月ニューヨークで、日・英・米・仏・独の5カ国蔵相・中央銀行総裁会議、いわゆるG5(Group of Five)が開催され、貿易不均衡の改善つまりアメリカの輸出拡大促進のために、ドル高を是正すること、そのために各国が為替市場に協調介入することが決められた(「プラザ協定」)。世にいう「プラザ合意」であり、これに盛り込まれた協調政策路線を「プラザ戦略」と呼んでいる。こうして為替は、事実上管理相場の時代に入ることになった。「合意」後、ドル安・円高が進み、G5の戦略は完璧に成功したかにみえた。ところが、85年初頭に260円台、プラザ合意直前でも240円台をつけていた為替相場は、年末には約200円となり、ドル安はその後も加速度的に進行していった。この趨勢は、外国からアメリカへの資金流入に悪影響を与えることになり、財政赤字補填のための国債の発行をも困難にした。また何よりも、国際通貨であるドル自身の大きな変動は、世界経済に悪影響を与えるとの懸念から、

第10章　現代の金融と貿易

ドル安定のための措置が必要とされた。そこで87年2月、パリのルーブル宮にG7（G5諸国＋伊・加）が結集し安定策を協議した（「ルーブル合意」）。しかしながら、円高の動きは、日銀の大量円売り・ドル買い介入（86年〜87年で約700億ドル）や公定歩合の引き下げなどによって一時的には弱まったものの、趨勢そのものが阻止されることはなかった。急激かつ大幅な円高の下、技術革新を中心として経営改善の努力が取り組まれ、また、円高からする輸出面での不利をカバーすべく、海外進出が積極的に行われた。こうした企業の国際化と相携えて、金融の国際化も進展していった。

　以上のように、現代の世界経済に対する「プラザ合意」の影響力は大きく、アメリカの国際収支改善戦略（特に対日戦略）をその主観的な意図に反して、為替相場の操作によるものから貿易内容そのものに介入するものへと、結果的に大きく転換させる決定的契機となった。ウルグアイ・ラウンドとは、後者の政策の具体化したものであった。「プラザ合意」の経済的意義について、解説しておこう。

　80年代初頭のアメリカは、高率のインフレーションの下にあった。それは、70年代から持ち越されたものであった。ドル通貨の購買力は、対内的にはもちろん外国通貨である円との対外的相対関係においても、大幅に低下していたのである。それは、円に対するドルの購買力の相対的低落、ドル購買力平価の事実上の切り下げ（目減り）であって、日米購買力平価が、円に有利にドルに不利となっていたことを意味する。ドル為替相場は当然、こうした実態を反映して下落するはずであった。ところがそれは、この低下した購買力平価には向かわなかった。インフレーションからする為替相場の変動は、生じなかったのである。なぜか。80年代前半第一次レーガン政権下におけるリーガン財務長官の高金利政策が、為替相場の法則的下落の発現を阻止したからである。それだけではない。法外な高率金利の適用は外資の流入を呼び、ドル相場を上昇させさえしたのである。為替相場が、アメリカのインフレーションにもかかわらず、80年代にはいって逆にドル高に転じた理由である。しかしその結果、ドル為替相

場は、事実上低下した為替平価からみて、異常にかけ離れたものとなった。

　法則的発現を政策的に抑止された為替相場が、その後どのような悪弊をアメリカ経済にもたらしたかは、想像に難くない。いうまでもなくそれは、輸入の累進に牽引された貿易・経常収支の赤字激増であった。「プラザ合意」とは、そうした客観的な経済諸条件を背景として登場したものであった。

　第二次レーガン政権の新財務長官としてのベーカーによるドル安誘導という政策転換は、こうした一連のマイナス現象の改善を目論むものであった。ドル相場の変化は、ベーカー財務長官の予想をはるかに上まわるものであった。ところが彼は、ドル安は輸出を助長し貿易・経常収支を好転にみちびくとの楽観的な判断から、ドル安を歓迎するとの容認発言さえするにいたる。87年1月、いわゆる「ルーブル合意」（パリG5・G7）1カ月前のことである。ところがドル安は、その凄まじさにもかかわらず、貿易・経常収支の赤字と資本収支の黒字との両巨額性さえいささかも変えなかった。ベーカー財務長官の期待は、またしても裏切られたのである。

　政策的高金利には、国内インフレーションの対症療法的対策としての意味合いもあった。金利がインフレーションの度合いよりも高ければ、貨幣は為替市場に（証券市場にも）大量に流れることはない。貨幣は、一般物価の高位性にもかかわらず、金融機関に流入し貯蓄に転化されるからである。しかし、そうした金利の絶対水準が引き下げられたとしたら、どうなるか。「プラザ協定」に基づく協調的金利引き下げは、そうした留め金を外すものであった。貨幣そのものの価格である金利を下げられ安くなった貨幣は、いきおい金融商品に対する膨大な需要となって、堰を切ったように為替市場（や証券市場）へとシフトした。「プラザ合意」以前の状態は、ドルというインフレ・マネーの在り方に偏りがある状態だったからである。高金利というタガを外されたドルは、為替市場を跳梁跋扈すべく奔流のように流れこむ。為替市場の投機市場化であり、為替制度上のいわばディスインターミディエーションに他ならない。これは、外国為替相場つまり外国通貨のドル建て価格を吊り上げることになる。金利の

第１０章　現代の金融と貿易

引き下げが、元々国内に発生していたインフレーションを為替市場に呼び込んだのであるから、それは当然である。アメリカの通貨ドルに対し、他の通貨は全面的に騰貴する。逆に表現すれば、他の通貨に対してドルは全面的に下落する。それは、ドル為替のデフレーション、ドル相場の「名目的」下落の実現、ドルの実勢回復過程であった。国際収支のどの項目もほとんど改善・変更をみなかったことが、その何よりの証拠である。制度側には決してみえない、事実上の為替平価としての購買力平価による国際通貨システムの攪乱、これこそ「プラザ合意」以後の事態の本質であった。

　以上のような推移から、貿易収支の改善のためには、為替調整よりもより直接的な効果が期待される貿易規制、すなわち、貿易数量や価格を二国間または多国間で決定するといういわゆる管理貿易の提唱がみられるようになった。アメリカ主導による世界経済政策の再転換である。これは、自由貿易体制を原則とする「関税と貿易に関する一般協定」GATT (General Agreement on Tariffs and Trade) の修正を意味している。すでにこれまでにも、対米繊維・カラーテレビなどの自主規制の実施（70年代）、対米自動車輸出枠の自主的設定（81年）などが見られたが、その他の貿易品も規制の対象として取りあげられていった。南米ウルグアイで開催されたいわゆるウルグアイ―ラウンド（多角的貿易交渉、86年）は、新たな段階に入った上記のような課題に対応して、関税・農業保護の見直し、緊急輸入制限、サービス貿易などの多様な国際問題の調整をおこなおうというものであった。また一方では、貿易品や資本の自由移動を妨げている障壁の排除が問題とされ、市場開放が今や世界の大きな課題となっている。今後の討議の舞台は、もちろんWTOに他ならない。

　もう一つの新しい動きとして注目されるのは、世界経済における地位の相対的低下がみられる諸国の間で、相互の利益を擁護するために、ブロックを形成しようとする動きである。このような地域的経済統合としては、すでに述べたように、EU（ヨーロッパ連合）の市場統合や共通通貨圏構想、北米自由貿易協定NAFTAなどがそれである。ことにEU問題は、最近世界の注目を集め

ているものである。外部への対抗上、地域内部の結束が叫ばれる一方で、加盟各国の経済実態の格差や通貨実勢の差異にもとづく度重なる通貨危機、為替相場の維持困難などから、加盟各国の足並みがそろわず、この先共通の認識と合意とが得られるか否かが危ぶまれている状況にあるが。

　世界経済は、以上のようなさまざまな諸問題点・諸課題をかかえつつ、21世紀に突入しようとしている。それは今後、どのような方向へと向かうのであろうか。それを明言しうるものは誰もいない。ちなみに、最近、大蔵省財政金融研究所「21世紀の経済・社会システムを考える研究会」リポートとして、『21世紀日本のクォヴァディス』上下全2巻（尾崎護編、朝日新聞社）が上梓された。クォヴァディスとは、ポーランドのノーベル文学賞受賞者シェンキエヴィッチの代表作であり映画としても有名であるが、その意味するところは、「主よ、何処に行き賜う」である。《21世紀の日本よ、お前はどこに行くのか》というのである。プルトンの黄金の髪の毛を地中より引きずり出し、その礎石を築いたとされる資本主義。それは近代経済の原理、近代経済発展のメカニズムであるが、その根源的ロジークは「パクス・エコノミカ」(I. イリイチ) というよりもむしろ《パクス・キャピタリカ》に他ならない。それは今や、大地ガイアの死滅をも厭わないその巨大な発展（いわば資本の暴走）の代償として、海洋ポセイドンのみならず天空ウラノスからも手痛い反逆を受けるにいたっている。エコノミーはエコロジーでもあるが、エコロジーは必ずしもエコノミーではない。エコノミーとエコロジー、経済力と自然力、《パクス・キャピタリカ》と《パクス・エコロジカ》、今後の世界経済の未来が、それらの狭間で揺れるであろうことだけは間違いない。

付・統計資料

表1 国民生活の国際比較

国力及国民生活		データソース	日 本		米 国		イギリス	
			1984	1989	1984	1989	1984	1989
厚生	社会保障給付額（1人当り、ドル）	経済企画庁「国民経済計算年報」、OECD	974.4	2,275.6	1,119.3	(88年)1,343.4	519.9	(87年)754.7
	社会保障給付額の対GNP比率（％）	〃	9.2	9.6	7.0	(〃)6.8	6.8	(〃)6.3
	国民医療費の対GNP比率（％）	〃	6.3	(88年)6.5	9.5	(〃)10.8	5.6	(86年)5.5
	老齢年金額の平均賃金に対する比率（％）	貯蓄広報中央委員会「貯蓄・生活関連統計」	39.8	(86年)41.5	43.0	(86年)44.2	42.9	(〃)40.8
	平均寿命（女性、歳）	総務庁「国際統計要覧」	80.18	(88年)81.30	(83年)78.30	(〃)78.30	(82〜84年)77.59	(84〜85年)77.50
	65歳以上の就業率（％）	ILO "Year Book of Labour Statistics"	24.9	23.8	10.5	11.1	—	(86年)4.6
	医師1人当り人口（人）	総務庁「国際統計要覧」	670	(88年)614	(80年)549	—	—	—
	1病床当り人口（人）	〃	82	(〃)75	(〃)171	—	(77年)119	—
国民生活および生活環境	休暇取得日数（日／年）	労働省調べ	—	9	(80年)19	—	—	24
	持家世帯の割合（％）	総務庁「国際統計要覧」	(83年)62.3	(83年)61.3	(〃)64.4	—	(81年)34.7	—
	住宅の1戸当り面積（㎡）	〃	(〃)93.9	(〃)79.9	(〃)136.1	—	—	—
	住宅の1人当り面積（㎡）	労働省「労働白書」	—	(〃)25.2	—	(85年)60.9	—	(88年)35.2
	住宅価格の年収倍率（倍）	〃	—	(〃)5.7	—	(87年)3.4	(78年)4.4	—
	1人当りの公園面積（㎡）		2.2	2.5	23.9	—	30.4	—
	1人当りの国土面積（㎡）	総務庁「国際統計要覧」	東京3,150	3,080	シカゴ39,600	38,000	ロンドン(76年)4,390	4,280
	1人当りの貯蓄残高（年末、千円）	貯蓄広報中央委員会	4,402	(88年)7,331	7,173	(88年)6,452	2,718	(88年)4,375
	同有価証券構成比(%)	〃	19.3	22.5	36.0	39.4	8.4	19.5
	交通事故件数（人口10万人当り、件）	総務庁「国際統計要覧」	431.9	501.2	923.9	957.4	431.0	406.2
	犯罪件数（人口10万人当り、件）	〃	1,453	(88年)—	5,031	(87年)—	(83年)26,358	(88年)—
	犯人検挙率（強盗、％）	警察庁調べ	78.8	75.9	25.8	26.0	22.4	26.5
	道路舗装率	総務庁「国際統計要覧」	60 (86年)		90 (86年)		100 (85年)	
	下水道普及率	建設省「建設統計要覧」	34 (85年)		73 (86年)		95 (82年)	
1989年間労働時間		日本 2087　アメリカ 1950　イギリス 1917　フランス 1637						

資料）日本銀行国際局『日本経済を中心とする国際比較統計』ほかによる

付・統計資料

表2 経済成長率とその内訳（90年代）

年度	国内総生産（GDP） 総額 10億円	名目 前年比 %	実質 前年比 %	民間最終消費支出 %	民間住宅 %	民間企業設備 %	民間在庫品増加 %	政府最終消費支出 %	公的資本形式 %	財貨サービスの輸出 %	財貨サービスの輸入 %
90年度	438,815.	8.0	5.5	4.2	4.9	11.3	−14.6	2.2	4.6	6.5	3.7
91年度	463,174.	5.6	2.9	2.8	−12.3	2.7	44.1	1.4	7.2	5.3	−1.6
92年度	471,882.	1.9	0.4	1.2	−3.5	−7.2	−80.1	2.1	16.6	4.4	−1.6
93年度	476,746.	1.0	0.5	1.7	4.9	−10.4	11.9	2.4	12.6	0.5	1.5
94年度	478,841.	0.4	0.6	1.5	7.6	−2.5	−97.1	2.9	−1.1	5.9	10.5
95年度	489,749.	2.3	3.0	3.2	−6.7	7.8	4989.5	2.8	8.3	5.0	15.3
96年度	504,391.	3.0	4.4	2.7	13.2	12.1	75.1	1.3	−0.9	8.2	9.1
97年度	507,632.	0.6	−0.1	−1.4	−21.3	4.7	25.0	2.2	−7.3	9.0	−2.1
98年度	497,255.	−2.0	−1.9	0.6	−10.9	−9.5	−107.9	1.4	1.5	−3.8	−7.0
99年度	493,818.	−0.7	0.5	1.2	5.6	−2.5	260.5	0.7	−0.9	5.9	8.7

資料）平成12『経済白書』長期経済統計 pp.14−17により作成
注）GDP支出各項目の数値は、対前年比（実質）

表３（１） 経済規模 GDP

国内総生産（名目）

	1970		1980		1995		1996		1997	
	百万ドル	1人当り ドル	百万ドル	1人当り ドル	百万ドル	1人当り ドル	百万ドル	1人当り ドル	百万ドル	1人当り ドル
日　　　本	203,736	1,953	1,059,257	9,068	5,137,359	41,033	4,595,155	36,539	4,190,240	33,319
米　　　国	1,035,625	5,051	2,784,225	12,224	7,265,400	27,607	7,636,000	28,646	8,079,900	30,160
イ ギ リ ス	124,248	2,242	539,167	9,572	1,111,489	19,078	1,158,952	19,717	1,288,251	21,916
ド イ ツ	184,508	3,039	809,850	13,160	2,414,017	29,569	2,353,516	28,733	2,100,158	25,640
フ ラ ン ス	142,868	2,814	664,591	12,335	1,535,088	26,399	1,538,794	26,363	1,393,973	23,784
イ タ リ ア	107,411	2,002	449,912	7,973	1,087,987	18,991	1,213,672	21,144	1,145,370	19,913
韓　　　国	8,771	272	62,626	1,643	456,357	10,175	484,571	10,641	442,543	9,623
台　　　湾	5,663	386	41,361	2,323	260,215	12,214	272,326	12,683	283,392	13,070
香　　　港	3,790	957	28,496	5,632	139,238	22,618	154,171	24,429	172,277	26,469
シンガポール	1,896	916	11,718	4,862	85,427	28,571	94,060	30,941	96,318	31,684
サウジアラビア	3,867	624	156,487	16,701	125,266	7,006	...	...	...	...
中　　　国	...	...	301,602	303	697,641	571	815,432	662	...	...
ロ シ ア	...	...	...	...	357,544	2,414	440,580	2,982	462,401	3,130

資料）日本銀行国際局『日本経済を中心とする国際比較統計』による
注）1970, 80は西ドイツの数字

表3（2）　実質経済成長率

（単位　％）

	1990年 Year	1991	1992	1993	1994	1995	1996	1997	1998	1999
日　　本 Japan	5.1	3.8	1.0	0.3	0.6	1.5	5.0	1.6	-2.5	0.2
米　　国 US	1.8	-0.5	3.0	2.7	4.0	2.7	3.6	4.4	4.4	4.2
ユーロエリア Euro area	…	…	1.6	-0.8	2.4	2.2	1.4	2.3	2.7	2.3
イギリス UK	0.7	-1.5	0.1	2.3	4.4	2.8	2.6	3.5	2.6	2.1
ドイツ Germany	5.7	5.0	▲2.2	-1.1	2.3	1.7	0.8	1.5	2.2	1.5
フランス France	2.6	1.0	1.5	-1.0	2.0	1.7	1.1	1.9	3.2	3.0
イタリア Italy	2.0	1.4	0.8	-0.9	2.2	2.9	1.1	1.8	1.5	1.4
ブラジル Brazil	0.4	1.0	-0.5	4.9	5.8	4.2	2.7	3.6	0.1	0.8
メキシコ Mexico	5.1	4.2	3.6	2.0	4.5	-6.2	5.1	6.8	4.8	3.7
インド India	5.7	0.4	5.4	5.0	▲7.3	7.7	7.0	4.6	6.8	…
タイ Thailand	11.2	8.6	8.1	8.7	8.6	8.8	5.5	-0.4	-10.2	3.3
マレーシア Malaysia	9.0	9.5	8.9	9.9	9.2	9.8	10.0	7.3	-7.4	5.6
インドネシア Indonesia	7.2	7.0	6.5	6.5	▲7.5	8.2	7.8	4.7	-13.2	0.2
フィリピン Philippines	3.0	-0.6	0.3	2.1	4.4	4.7	5.8	5.2	-0.5	3.2
韓国 Korea	9.0	9.2	5.4	5.5	8.3	8.9	6.7	5.0	-6.7	10.7
台湾 Taiwan	5.4	7.6	7.5	7.0	7.1	6.4	6.1	6.7	4.6	5.4
香港 Hong Kong SAR	3.4	5.1	6.3	6.1	5.4	3.9	4.5	5.0	-5.3	3.1
シンガポール Singapore	9.0	7.1	6.5	12.7	11.4	8.0	7.5	8.4	0.4	5.4
オーストラリア Australia	1.9	-1.1	3.3	3.8	5.2	3.8	4.4	4.1	4.8	4.4
ニュージーランド New Zealand	-0.8	-1.1	0.8	6.2	5.3	2.9	2.7	3.0	-0.7	4.8
サウジアラビア Saudi Arabia	10.7	8.4	2.8	-0.6	0.5	0.5	1.4	2.7	1.6	0.4
中国 China	3.8	9.2	14.2	13.5	12.6	10.5	9.6	8.8	7.8	7.1
ロシア Russia	-3.0	-5.0	-14.5	-8.7	-12.7	-4.1	-3.4	0.9	-4.9	3.2
(参考)(Ref.)										
ＯＥＣＤ	3.0	1.3	2.1	1.4	3.1	2.5	3.2	3.4	2.4	3.0
Ｇ　　７	2.7	0.8	2.0	1.2	3.0	2.3	3.0	3.1	2.4	2.8
Ｅ　　Ｕ	3.1	1.4	1.2	-0.4	2.8	2.4	1.6	2.5	2.7	2.4
ＮＩＥｓ	7.0	8.0	6.3	6.6	7.7	7.4	6.3	5.8	-2.5	7.6
ASEAN4	8.0	6.7	6.4	7.1	▲7.7	8.2	7.4	4.0	-10.8	1.7

注）（1）ドイツについては、1990～1991年は旧西ドイツ、旧基準（ESA70ベース）の計数
資料）表3（1）と同一

表4（1）　日本の経済成長

	名目 GNP		実質GNP	アメリカ	備考
	兆　円	前年比	前年比	実質GNP	
1960	16.7	19.9	12.0	2.5	国民所得倍増計画（59-61 岩戸景気）
65	33.7	11.1	6.3	5.9	(63-64 オリンピック景気)
66	39.6	17.6	11.2	6.0	(66-70 いざなぎ景気)
67	46.3	17.0	10.9	2.7	
68	54.8	18.3	12.8	4.4	
69	64.9	18.4	12.1	2.6	
70	75.2	15.8	8.1	-0.3	
71	82.8	10.2	5.2	3.0	71.8 ニクソンショック
72	96.5	16.6	9.0	5.7	列島改造論
73	116.7	20.9	4.7	5.5	73.10 第一次石油ショック
74	138.2	18.4	-0.2	-1.4	
75	152.2	10.2	4.0	-1.3	ベトナム戦争（1964-75）終結
76	171.1	12.4	4.0	5.9	
77	190.0	11.0	4.8	4.7	
78	208.8	9.9	5.1	5.3	78.12 第二次石油ショック
79	225.4	8.0	5.5	2.5	
80	245.4	8.9	3.2	-0.2	
81	260.3	6.1	3.2	1.9	
82	273.5	5.0	3.5	2.5	
83	286.0	4.6	3.0	3.6	83-85 世界的景気拡大
84	305.7	6.9	4.5	6.8	
85	325.4	6.4	4.8	3.4	プラザ合意
86	339.7	4.4	2.9	2.7	前川レポート発表
87	356.3	4.9	4.9	3.4	87.10 ブラック・マンデー
88	379.2	6.4	6.0	4.5	(88-91 平成景気)
89	405.8	7.0	4.5	2.5	89.11ベルリンの壁崩壊．消費税導入(3％)
90	435.3	7.3	5.1	1.0	湾岸危機
91	458.6	5.4	3.4	-1.2	91.12 ソ連邦崩壊

表4（2）　日本の経済成長

	名目 GDP		実質GNP(前年比)		備考
	兆　円	前年比	日本	アメリカ	
1991	458.3	6.6	3.8	-0.5	
92	471.0	2.8	1.0	3.0	
93	475.4	0.9	0.3	2.7	
94	479.3	0.8	0.6	4.0	
95	483.2	0.8	1.5	2.7	経企庁「グリーンGDP」公表
96	500.3	3.5	5.0	3.6	
97	509.6	1.9	1.6	4.4	消費税率引上．拓銀・山一証券破綻
98	498.5	-2.2	-2.5	4.4	失業率4％台に、金融監督庁発足
99	495.1	-0.7	0.2	4.2	EUによるユーロ発足

資料）日本銀行調査統計局『経済統計年報』、日本銀行国際局『日本経済を中心とする国際比較統計』ほかによる

付・統計資料

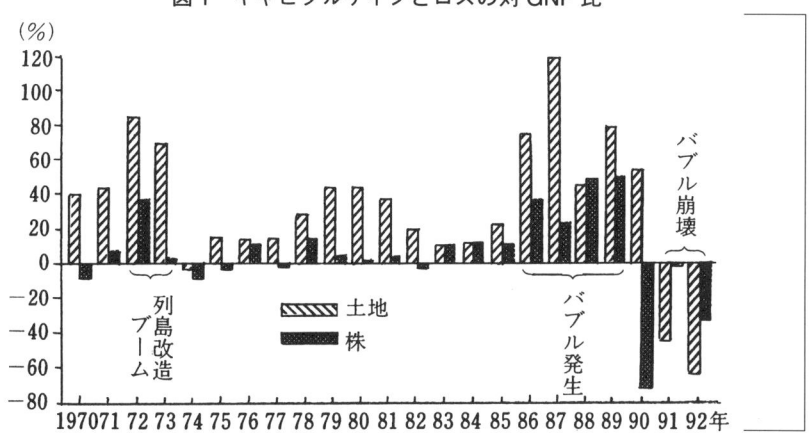

図1 キャピタルゲインとロスの対GNP比

（グラフ：縦軸(%)、-80から120まで。横軸1970年から92年まで。土地と株のキャピタルゲイン/ロスを示す。1972-73年「列島改造ブーム」、1986年以降「バブル発生」、1990年以降「バブル崩壊」と注記）

資料）読売新聞93.7.27記事

表5（1） キャピタルロス／ゲインの推移（株式）

	1985年	1986年	1987年	1988年	1989年	1990年	1991年	1992年
非金融法人企業	12.6	52.5	36.7	66.5	85.7	-106.9	-3.9	-60.9
金融機関	10.8	36.9	9.3	57.0	42.8	-123.1	-2.9	-50.9
一般政府	0.0	0.0	0.0	0.0	0.0	0.0	0.0	0.0
対家計民間非営利団体	-0.0	-0.0	0.0	0.0	0.0	0.0	0.0	-0.1
家計（含む個人企業）	9.8	31.8	23.0	51.3	65.2	-76.8	2.0	-42.6
計	33.2	121.2	69.0	174.8	193.7	-306.8	4.8	-154.5

表5（2） キャピタルロス／ゲインの推移（土地）

	1985年	1986年	1987年	1988年	1989年	1990年	1991年	1992年
非金融法人企業	18.8	63.0	109.3	46.5	84.7	69.2	-70.5	-115.5
金融機関	2.6	10.2	19.4	3.9	4.5	14.5	-6.3	-7.5
一般政府	1.2	7.6	14.0	5.4	14.1	14.4	-13.4	-10.5
対家計民間非営利団体	1.0	4.1	5.2	1.0	2.3	1.8	-2.6	-1.9
家計（含む個人企業）	52.0	168.3	267.5	109.9	208.0	135.8	-105.0	-122.9
計	75.6	253.2	415.4	166.7	313.6	235.7	-197.8	-258.3

資料）平成5年版『経済白書』による．
注）キャピタルロス／ゲインは資産価格変動に伴う損益（時価．譲渡価格－取得価格）

図2　家計貯蓄率

資料）日本銀行国際局『日本経済を中心とする国際比較統計』による

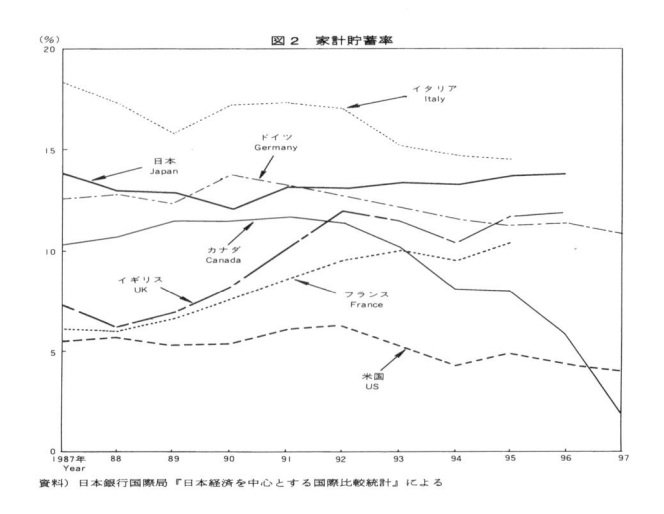

表6（1）　主要国の老年（65歳以上）人口比

(%)

国・地域	1980年	1985	1990	1995	2000	2020	2050
日本	9.0	10.3	12.0	14.2	16.5	25.4	30.4
アメリカ	11.2	11.8	12.4	12.6	12.4	16.3	21.2
カナダ	9.4	10.2	11.2	12.0	12.6	18.1	24.5
イギリス	15.1	15.1	15.7	15.8	15.8	19.1	23.2
ドイツ	15.6	14.6	15.0	15.2	15.9	20.0	29.2
フランス	14.0	13.0	14.0	15.2	16.2	20.8	26.4
イタリア	13.1	12.7	14.5	16.1	17.7	23.6	35.7
スウェーデン	16.3	17.9	17.8	17.3	16.7	21.0	23.2
中国	4.7	5.2	5.6	6.1	6.7	10.8	19.2

表6（2）　主要国の若年（15歳未満）人口比

（対全人口比率）　　　　　　　　　　　　　　　　　　　　　(%)

国・地域	1980年	1985	1990	1995	2000	2020	2050
日本	23.6	21.5	18.4	16.2	15.1	14.2	15.8
アメリカ	22.5	21.8	21.9	22.2	21.4	19.7	18.7
カナダ	22.7	21.2	20.8	20.4	19.3	17.3	17.5
イギリス	20.9	19.3	19.2	19.3	18.9	17.5	18.0
ドイツ	18.5	16.0	16.1	16.0	15.3	13.2	14.2
フランス	22.3	21.2	20.3	19.4	18.3	16.4	17.1
イタリア	22.3	19.5	16.7	14.9	14.2	11.7	12.4
スウェーデン	19.6	17.5	18.0	18.8	19.0	17.8	17.9
中国	35.5	30.3	27.5	26.3	24.9	19.6	18.7

資料）日本労働研究機構『国際労働比較』2000 pp.48−49

付・統計資料

表7 財政規模（歳出）

(単位：億円)

会計年度	中央財政一般会計	対前年増減率	地方財政普通会計	中央・地方財政純計(A)	財政投融資	参考	
						国民総支出に対する(A)の割合	国民所得に対する租税(国税、地方税)負担率
45 (1970)	81,876	18.4 %	98,148	140,911	37,990	18.8	18.9
46 (1971)	95,611	16.8	119,095	169,144	50,087	20.4	19.2
47 (1972)	119,321	24.8	146,182	207,478	60,378	21.5	19.8
48 (1973)	147,783	23.9	174,738	251,934	74,134	21.6	21.4
49 (1974)	190,997	29.2	228,878	327,453	90,378	23.7	21.3
50 (1975)	208,608	9.2	256,544	372,594	105,610	24.5	18.3
51 (1976)	244,676	17.3	289,070	427,963	112,179	25.0	18.8
52 (1977)	290,598	18.8	333,621	498,424	134,142	26.2	18.9
53 (1978)	340,960	17.3	383,469	578,566	140,207	27.7	20.6
54 (1979)	387,898	13.8	420,779	653,212	161,746	29.0	21.4
55 (1980)	434,050	11.9	457,807	709,856	181,036	28.9	22.2
56 (1981)	469,211	8.1	491,652	764,960	194,102	29.4	22.8
57 (1982)	472,450	0.7	511,332	797,706	206,037	29.2	23.1
58 (1983)	506,353	7.2	523,069	847,414	207,045	29.6	23.4
59 (1984)	514,806	1.7	538,699	857,058	196,119	28.0	23.9
60 (1985)	530,045	3.0	562,934	889,058	204,905	27.3	24.1
61 (1986)	536,404	1.2	587,170	921,749	215,361	27.1	25.0
62 (1987)	577,311	7.6	632,201	990,135	275,948	27.8	26.6
63 (1988)	614,710	6.5	664,016	1,042,636	295,225	27.5	27.5
1 (1989)	658,589	7.1	727,290	1,119,168	330,132	27.6	27.8
2 (1990)	692,586	5.2	784,732	1,201,070	358,139	27.5	27.9
3 (1991)	705,471	1.9	838,065	1,262,748	381,535	27.2	27.1
4 (1992)	704,974	−0.1	895,597	1,327,180	461,302	28.1	24.9
5 (1993)	751,024	6.5	930,763	1,403,949	524,577	29.4	24.3
6 (1994)	736,136	−2.0	938,178	1,414,728	503,237	29.5	23.2
7 (1995)	759,385	3.2	989,445	1,473,981	421,886	30.2	23.3
8 (1996)	777,712	2.5	852,848	1,336,704	491,247	26.7	23.3
9 (1997)	773,900	−0.5	870,596	1,353,696	513,571	26.2	24.4

資料）日本銀行調査統計局『経済統計年報』による

表8 OECD諸国の財政赤字対GDP比

(%)

年	アメリカ	日本	ドイツ	フランス	イタリア	イギリス	カナダ	スウェーデン	OECD合計
70	-1.1	1.7	0.2	1.1	-4.0	2.9	0.8	4.6	0.1
75	-4.1	-2.8	-5.6	-2.2	-12.9	-4.6	-2.5	2.8	-4.0
80	-1.3(-1.2)	-4.4(-7.0)	-2.9	0.0	-8.6	-3.4	-2.8	-4.0	-2.7
85	-5.0(-5.3)	-0.8(-3.4)	-1.2	-2.9	-12.3	-2.9	-7.3	-3.7	-4.1
90	-4.3(-5.3)	2.9(-0.6)	-2.0	-1.6	-11.0	-1.5	-4.5	4.0	-2.7
91	-5.0(-5.9)	2.9(-0.8)	-2.9	-2.2	-10.0	-2.8	-7.2	-1.1	-3.3
92	-5.9(-6.7)	1.5(-2.0)	-2.5	-4.2	-9.5	-6.5	-8.0	-7.5	-4.3
93	-5.0(-5.7)	-1.6(-4.8)	-3.2	-6.0	-9.4	-8.0	-7.6	-11.8	-4.8
94	-3.6(-4.5)	-2.3(-5.1)	-2.5	-5.6	-9.1	-6.8	-5.6	-11.0	-4.0
95	-3.1(-3.9)	-3.6(-6.4)	-3.2	-5.6	-7.6	-5.8	-4.3	-7.9	-3.8
96	-2.2(-3.1)	-4.2(-6.9)	-3.4	-4.1	-6.5	-4.4	-1.8	-3.6	-3.0
97	-0.9(-1.9)	-3.4(-6.0)	-2.6	-3.0	-2.8	-2.0	0.8	-1.8	-1.7
98	0.4(-0.8)	-6.0(-8.5)	-1.7	-2.7	-2.7	0.2	0.9	1.9	-1.3
99	1.0(-0.4)	-7.6(-9.9)	-1.6	-2.2	-2.3	0.7	1.6	2.3	-1.2

資料）平成12『経済白書』p.227
注）アメリカ、日本の（ ）内は社会保障基金を除いたベース
　　99年は見込み

表9　各年度　国税総額の内訳（主要費目）

（単位 億円　括弧内は%）

	国税額	直接税（主要内訳）			間接税（主要内訳）				
		合計	所得税	法人税	合計	消費税	酒税	煙草税	揮発油税
90	627,798	462,971 (74)	259,955	183,836	164,827 (26)	46,227	19,350	9,959	15,055
95	549,630	363,519 (66)	195,151	137,354	186,111 (34)	57,901	20,610	10,420	18,651
97	556,007	352,325 (63)	191,827	134,754	203,682 (37)	93,047	19,619	10,176	19,261
98	519,456	309,690 (60)	171,730	117,200	209,766 (40)	102,040	19,290	10,400	19,960
99	491,015	280,640 (57)	156,850	104,280	210,375 (43)	103,760	19,810	8,960	20,450

資料）総務庁統計局編『日本の統計』2000　p.209による
注）（ ）内は、国税額に対する比率

付・統計資料

表10 一般会計予算の推移と構成比

(10億円、%)

	1970年度	75	80	85	90	1995
国民総生産額(実質)	75,152	152,209	245,360	325,371	435,400	(468,446)
一般会計予算額	8,213	20,837	43,681	53,223	69,651	78,034
歳入						
租税及び印紙収入	7,240(88.1)	13,461(64.6)	27,145(62.1)	38,145(71.7)	59,131(84.9)	50,681(65.0)
専売納付金	273(3.3)	337(1.6)	783(1.8)	7(0.0)	8(0.0)	15(0.0)
官業益金及官業収入	3(0.0)	2(0.0)	10(0.0)	16(0.0)	18(0.0)	19(0.0)
政府資金整理収入	16(0.2)	43(0.2)	48(0.1)	158(0.3)	128(0.2)	304(0.4)
雑収入	279(3.4)	743(3.6)	1,076(2.5)	2,254(4.2)	2,505(3.6)	4,374(5.6)
公債金	380(4.6)	5,480(26.3)	14,270(32.7)	12,438(23.4)	7,312(10.5)	22,032(28.2)
前年度剰余金受入	23(0.3)	772(3.7)	348(0.8)	205(0.4)	549(0.8)	609(0.8)
歳出						
一般会計出計	6,154(74.9)	16,384(78.6)	30,361(69.5)	33,352(62.7)	39,271(56.4)	51,598(66.1)
社会保障関係費	1,153(14.0)	4,031(19.3)	8,264(18.9)	9,831(18.5)	11,545(16.6)	13,924(17.8)
文教及科学振興費	964(11.7)	2,698(12.9)	4,601(10.5)	4,904(9.2)	5,359(7.7)	6,076(7.8)
恩給関係費	299(3.6)	756(3.6)	1,640(3.8)	1,864(3.5)	1,837(2.6)	1,727(2.2)
公共事業関係費	1,410(17.2)	3,314(15.9)	6,801(15.6)	6,922(13.0)	7,013(10.1)	9,240(11.8)
中小企業対策費	50(0.5)	128(0.6)	243(0.6)	212(0.4)	241(0.3)	186(0.2)
食糧管理費	456(5.6)	917(4.4)	955(2.2)	695(1.3)	405(0.5)	273(0.3)
防衛関係費	590(7.2)	1.367(6.6)	2,266(5.2)	3,170(6.0)	4,254(6.1)	4,724(6.1)
経済協力費	91(1.1)	175(0.8)	382(0.9)	581(1.1)	802(1.2)	1,035(1.3)
その他事項経費	1,041(2.7)	2,798(13.4)	4,858(11.1)	4,973(9.3)	7,490(10.3)	14,063(18.0)
予備費	100(1.2)	200(1.0)	350(0.8)	200(0.4)	325(0.5)	350(0.5)
国債費	287(3.5)	1,102(5.3)	5,492(12.6)	10,181(19.1)	14,449(20.7)	13,221(17.0)
地方交付税交付金	1,772(21.6)	3,351(16.1)	7,829(17.9)	9,690(18.2)	15,931(22.9)	13,215(16.9)
公債発行残	2,811	14,973	70,510	134,431	164,100	227,975
対GNP比(%)	3.7	9.8	28.8	41.9	39.0	(48.7)

資料)日経『日本経済の基礎知識』,大蔵省主税局調査課『財政統計』による
注)1995年国民総生産額欄の( )は実質国内総生産比

図3　公債依存度の推移

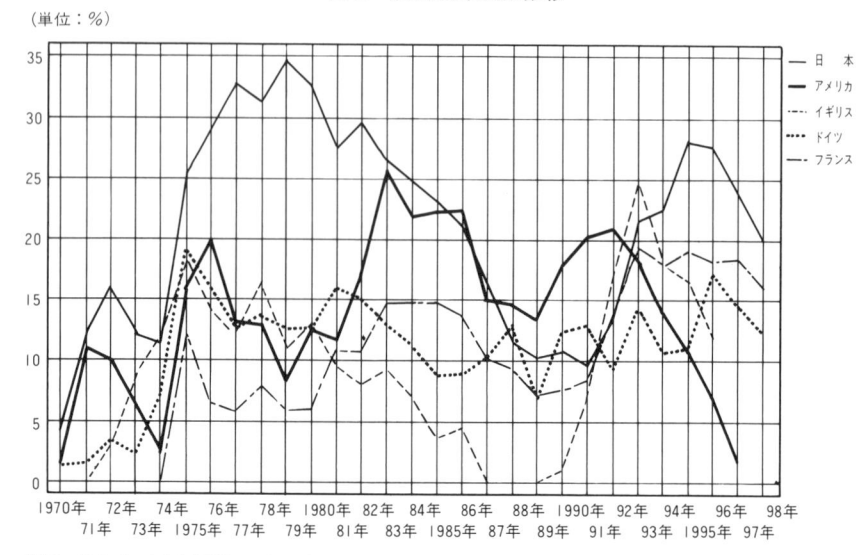

資料）増井喜一郎編『図説　日本の財政（平成10年度版）』（東洋経済新報社，1998年）pp. 368-377 による

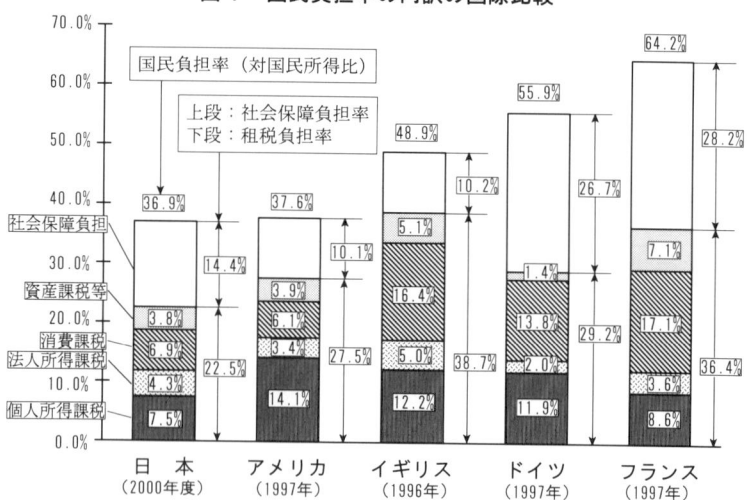

図4　国民負担率の内訳の国際比較

注）1. 日本は12年度当初予算ベース。日本以外は，「Revenue Statistics 1965-1998（OECD）」
「National Accounts（OECD）」及び各国資料により作成
2. 租税負担率は国税及び地方税合計の数値である。また所得課税には資産性所得を含む
3. 日本の法人所得課税の租税負担率（4.3%）の内訳は国税2.6%、地方税1.7%

表11 国及び地方の債務残高

(SNAベース、OECD／エコノミック・アウトルック〔66号（1999年12月）〕)

(グロス) (GDP比、%)

(暦 年)	1991	1992	1993	1994	1995	1996	1997	1998	1999	2000
日　本	58.2	59.8	63.0	69.4	76.0	80.6	84.7	97.3	105.4	114.1
米　国	65.5	68.1	69.7	68.9	68.3	67.7	65.4	62.4	59.3	57.1
英　国	40.1	46.9	56.2	53.7	58.9	58.5	58.9	56.4	54.0	51.2
ドイツ	40.1	43.4	49.0	49.2	59.1	61.9	62.8	63.3	62.6	61.7
フランス	40.3	44.7	51.6	55.3	59.4	62.3	64.5	64.9	65.2	64.6
イタリア	107.4	116.1	117.9	124.0	123.1	122.2	120.4	118.2	117.7	115.2
カナダ	80.9	88.2	96.8	98.0	99.2	98.9	94.1	91.7	86.9	82.5

＊本政府推計による国及び地方の債務残高の対GDP比（年度、SNAベース）は、99年度末123.1程度（2次補正後）、2000年度末132.9程度

表12　マネーサプライ・株価・公定歩合の推移

(単位：％、株価は円)

年末	M₂+CD 前年比	M₂+CD 名目GNP	日経平均 株価	日経平均 前年比	公定歩合 日本	アメリカ	イギリス	ドイツ	フランス
1970	16.9	76.7	1,987	−15.8	6.00	5.50	7.00	6.00	7.00
71	24.3	85.0	2,714	36.5	4.75	4.50	5.00	4.00	6.50
72	24.7	92.7	5,208	91.9	4.25	4.50	9.00	4.50	7.50
73	16.8	88.4	4,307	−17.3	9.00	7.50	13.00	7.00	11.00
74	11.5	82.8	3,817	−11.4	9.00	7.75	11.50	6.00	13.00
75	14.5	84.8	4,359	14.2	6.50	6.00	11.25	3.50	8.00
76	13.5	85.8	4,991	14.5	6.50	5.25	14.25	3.50	10.50
77	11.1	85.7	4,866	−2.5	4.25	6.00	7.00	3.00	9.50
78	13.1	88.2	6,002	25.6	3.50	9.50	12.50	3.00	9.50
79	9.1	88.3	6,569	9.4	6.25	12.00	17.00	6.00	9.50
80	7.2	82.4	7,116	8.3	7.25	13.00	14.00	7.50	9.50
81	11.0	83.9	7,682	8.0	5.50	12.00	14.375	7.50	14.875
82	7.9	87.3	8,017	4.4	5.50	8.50	10.00	5.00	12.75
83	7.3	90.0	9,894	23.4	5.00	8.50	9.0625	4.00	12.00
84	7.8	91.2	11,543	16.7	5.00	8.00	9.50	4.50	10.75
85	8.7	*92.9	13,113	13.6	5.00	7.50	11.375	4.00	8.75
86	9.2	103.8	18,701	42.6	3.00	5.50	10.875	3.50	7.25
87	10.8	110.2	21,564	15.3	2.50	6.00	8.375	2.50	7.75
88	10.2	114.3	30,159	39.9	2.50	6.50	12.875	3.50	7.75
89	12.0	120.1	38,916	29.0	4.25	7.00	14.875	6.00	10.00
90	7.4	117.7	23,849	−38.7	6.00	6.50	13.875	6.00	9.25
91	2.5	112.5	22,984	−3.6	4.50	3.50	10.375	8.00	9.60
92	−0.1	107.6	16.925	−26.3	3.25	3.00	7.00	8.25	9.10
93	2.2	109.0	17.417	2.9	1.75	3.00	5.50	5.75	6.20
94	3.1	111.4	19.723	13.2	1.75	4.75	6.25	4.50	5.00
95	2.8	113.6	19.868	0.7	0.50	5.25	6.50	3.00	4.45
96	2.3	112.4	19.361	−2.5	0.50	5.00	6.00	2.50	3.15
97	3.1	114.1	15.259	−21.1	0.50	5.00	7.25	2.50	3.30
98					0.50	5.00	7.25	2.50	3.30

資料）日経平均株価は日本銀行調査統計局『経済統計年報』、その他は日本銀行国際局『日本経済を中心とする国際比較統計』による

注）1.「M₂+CD／名目GNP」欄の1985年の数値は『日本経済を中心とする国際比較統計』86年版では92.9、同90年版では99.2となっている
　　2. 1992年以降の「M₂+CD前年比」欄と「M₂+CD／名目GNP」欄は、「M₂前年比」と「M₂／名目GDP」
　　3. 日経平均株価は東京証券取引所225種

表13 貿易・経常・資本収支尻と為替相場

(単位：億ドル)

	貿易収支尻		経常収支尻		資本収支尻		外貨準備高		円相場対ドル	備考
	日本	アメリカ	日本	アメリカ	日本	アメリカ	日本	アメリカ		
1970	40	26	20	22	△6	△53	44	145	360	
71	78	△23	58	△13	18	△97	152	122	360	ニクソン・ショック、対米繊維自主規制実施
72	90	△64	66	△56	4	△49	184	132	360	第二次対米鉄鋼自主規制
73	40	9	△1	△71	△37	△89	122	144	305	円、変動相場制移行
74	15	△54	△47	23	△31	△129	135	159	305	
75	41	74	△5	152	4	△236	128	162	305	第1回サミット
76	85	△81	32	40	△1	△218	166	187	293	
77	147	△264	93	△120	△43	△171	228	193	240	対米カラーテレビ自主規制
78	205	△273	140	△126	△62	△241	330	187	195	
79	15	△213	△67	△7	△53	△111	203	190	240	欧州通貨制度 (EMS) 発足
80	17	△196	△83	4	145	△390	252	268	204	外為法改正 (対外投資自由化)
81	172	△239	43	38	△17	△249	284	301	220	対米自動車自主規制
82	165	△332	63	△104	△15	△254	233	340	235	
83	296	△631	196	△437	△201	295	245	337	232	
84	433	△1099	343	△1048	△360	788	263	349	252	
85	547	△1197	480	△1144	△523	1018	265	432	201	プラザ合意 対米半導体自主規制
86	786	△1229	726	△1203	△623	713	422	485	160	ウルグアイ・ラウンド
87	964	△1595	870	△1621	△439	987	815	458	122	ルーブル合意
88	950	△1270	796	△1264	△662	992	977	478	126	
89	769	△1159	570	△1064	△479	1049	849	756	143	日米構造協議
90	635	△1081	359	△922	△215	0	797	853	135	
91	1031	△741	729	△69	△718	249	733	798	125	
92	1324	△961	1176	△678	△1065	429	728	729	125	
93	1415	△1326	1315	△1039	△1036	142	996	749	111	
94	1459	△1664	1291	△1557	△909	1472	1270	766	99	
95	1312	△1717	1104	△1292	△667	1441	1845	883	102	
96	836	△1893	658	△1487	△307	1957	2178	772	116	
97	1017	△1970	945	△1668	△1226	2639	2207	712	129	
98										

資料）日本銀行国際局『日本経済を中心とする国際比較統計』による
注）△はマイナス（支払超過）をあらわす

表14　国際収支表（日本）

	1988年		1989		1990		1991		1992	
	受取	支払	受取	支払	受取	支払	受取	支払	受取	支払
経常収支尻	79,610	-	56,990	-	35,870	-	72,905	-	117,640	-
経常収支	372,640	293,030	414,470	357,480	447,310	411,440	496,410	423,505	526,390	408,750
貿易収支尻	95,000	-	76,890	-	63,580	-	103,090	-	132,400	-
貿易収支	259,770	164,770	269,550	192,660	280,350	216,770	306,580	203,490	330,870	198,470
貿易外収支尻	-	11,270	-	15,620	-	22,190	-	17,690	-	10,140
貿易外収支	111,780	123,050	143,910	159,530	165,960	188,150	188,590	206,280	194,060	204,200
貨物運賃・保険	8,690	8,200	9,440	7,950	9,500	8,210	10,220	8,960	10,390	8,470
その他運賃	6,850	14,780	8,710	17,950	8,660	19,440	9,450	20,970	9,970	21,860
旅行	2,890	18,670	3,150	22,500	3,590	24,930	3,440	24,000	3,610	26,860
投資収益	74,820	53,810	101,820	78,390	122,180	98,970	140,570	113,870	142,100	105,870
政府取引	2,780	530	2,640	570	2,210	610	2,250	680	2,400	710
その他	15,750	27,060	18,150	32,170	19,820	35,990	22,660	37,800	25,590	40,430
移転収支尻	-	4,120	-	4,280	-	5,520	-	12,495	-	4,620
移転収支	1,090	5,210	1,010	5,290	1,000	6,520	1,240	13,735	1,460	6,080
民間	940	2,060	880	1,870	880	1,890	1,080	1,740	1,130	2,440
政府	150	3,150	130	3,420	120	4,630	160	11,995	330	3,640
資本収支尻	-	66,220	-	47,930	-	21,540	-	71,850	-	106,550
長期資本	-	117,090	-	93,760	-	53,080	31,390	-	-	30,780
直接投資	-	34,730	-	45,220	-	46,290	1,370	30,740	2,720	17,240
証券投資	-	52,750	-	32,530	-	14,490	109,800	74,350	6,550	34,960
その他	-	29,610	-	16,010	7,700	-	-	25,310	-	12,150
短期資本	50,870	-	45,830	-	31,540	-	-	103,240	-	75,770
誤差脱漏	3,127	-	-	21,821	-	20,917	-	7,682	-	10,458
総合収支	16,517	-	-	12,761	6,587	-	-	6,627	632	-

資料）日本銀行国際局『日本経済を中心とする国際比較統計』による

付・統計資料

(単位：百万ドル)

1993		1994		1995		1996		1997		1998	
受取	支払	受取	支払	受取	支払	受取	支払	受取	支払	受取	支払
131,510	−	129,140	−	110,421	−	65,802	−	94,523	−		
556,360	424,850	601,432	472,292								
141,570	−	145,944	−	131,241	−	83,624	−	101,746	−		
351,310	209,740	384,176	238,232	428,020	296,782	400,495	316,872	409,282	307,535		
−	3,970	−	9,296	−	13,104	−	8,836	1,631	−		
203,650	207,620	215,775	225,071	257,963	271,068	292,418	301,254	291,565	289,935		
10,090	9,500	10,815	10,803								
10,620	22,410	11,376	23,996								
3,560	26,860	3,477	30,715	3,240	36,832	4,089	37,073	4,331	32,970		
147,480	106,080	154,464	113,464								
2,960	810	3,286	906								
28,940	41,960	32,357	45,187								
−	6,090	−	7,508	−	7,711	−	8,986	−	8,854		
1,400	7,490	1,481	8,989	1,991	9,704	6,019	15,006	6,010	14,865		
1,110	3,360	1,199	4,017								
290	4,130	282	4,972								
−	103,600	−	90,934	−	66,717	−	30,770	−	122,612		
−	81,360	−	82,037								
100	13,740	888	17,938	41	22,630	228	23,428	3,224	25,993		
13,560	52,150	34,663	83,607	52,375	85,092	73,623	115,120	100,211	69,455		
−	2,010	−	16,043								
−	22,240	−	8,897								
−	250	−	17,778								
27,660	−	20,428	−	43,704	−	35,032	−	28,089	−		

表15 国際収支表（アメリカ）

	1988年		1989		1990		1991		1992	
	受取	支払	受取	支払	受取	支払	受取	支払	受取	支払
経常収支尻	－	126,370	－	106,360	－	92,160	－	6,914	－	67,849
経常収支	536,100	662,470	609,180	715,540	660,180	752,340	764,249	771,163	738,300	806,149
貿易収支尻	－	126,970	－	115,920	－	108,120	－	74,060	－	96,100
貿易収支	320,340	447,310	361,460	477,380	389,540	497,660	416,920	490,980	440,360	536,460
貿易外収支尻	15,650	－	25,080	－	38,320	－	60,486	－	60,291	－
貿易外収支	213,130	197,480	245,150	220,070	263,430	225,110	300,159	239,673	291,030	230,739
貨物運賃・保険	5,340	11,830	5,910	11,710	6,770	12,590	7,340	11,950	7,230	11,710
その他運賃	22,420	15,700	25,160	17,370	27,890	19,840	30,880	21,350	32,460	22,350
旅　行	28,940	33,090	35,170	34,560	40,590	38,680	48,380	35,320	54,284	39,006
投資収益	110,650	105,330	128,670	125,970	130,100	118,170	136,932	122,084	114,445	109,910
政府取引	13,510	17,090	12,490	16,650	14,280	19,360	15,899	18,530	16,108	16,157
その他	32,270	14,440	37,750	13,810	43,800	16,470	60,728	30,439	66,503	31,606
移転収支尻	－	15,050	－	15,520	－	22,360	6,660	－	－	32,040
移転収支	2,630	17,680	2,570	18,090	7,210	29,570	47,170	40,510	6,910	38,950
民　間	2,580	4,340	2,530	4,440	2,910	4,820	4,600	18,420	5,590	18,880
政　府	50	13,340	40	13,650	4,300	24,750	42,570	22,090	1,320	20,070
資本収支尻	99,230	－	104,891	－	24	－	24,862	－	42,854	－
長期資本	93,480	－	83,701	－	－	3,456	17,031	－	－	14,043
直接投資	41,540	－	37,161	－	－	3,750	－	26,089	31,295	9,888	41,005
証券投資	40,310	－	43,170	－	－	31,156	53,294	44,740	61,746	45,112
その他	11,630	－	3,370	－	－	23,950	－	13,683	440	－
短期資本	5,750	－	21,190	－	3,480	－	7,831	－	56,897	－
誤差脱漏	－	9,130	18,397	－	63,649	－	－	39,729	－	17,200
総合収支	－	36,270	16,928	－	－	28,487	－	21,781	－	42,195

資料）日本銀行国際局『日本経済を中心とする国際比較統計』による

付・統計資料

(単位：百万ドル)

1993		1994		1995		1996		1997		1998	
受取	支払	受取	支払	受取	支払	受取	支払	受取	支払	受取	支払
－	103,920	－	155,680	－	129,190	－	148,730	－	166,800		
761,320	865,250	838,540	994,230								
－	132,570	－	166,360	－	171,690	－	189,250	－	197,000		
456,870	589,440	502,730	669,090	577,740	749,430	613,980	803,230	680,280	877,280		
60,760	－	44,780	－	76,650	－	81,010	－	69,070	－		
298,600	237,840	330,130	285,350	413,750	337,110	441,260	360,240	487,330	418,250		
7,560	12,680	8,290	13,660								
32,120	23,200	34,060	24,610								
57,620	40,560	60,010	43,060	73,390	47,160	80,240	49,970	85,230	53,370		
113,830	109,910	134,860	150,050								
17,300	14,520	16,960	13,240								
70,170	36,970	75,950	40,730								
－	32,120	－	34,110	－	34,150	－	40,490	－	38,880		
5,850	37,970	5,680	39,790	5,680	39,830	5,860	46,350	6,130	45,000		
5,650	19,370	5,640	20,980								
200	18,600	40	18,810								
14,160	－	147,190	－	144,120	－	195,650	－	263,910	－		
－	49,710	40,540	－								
21,370	57,870	60,070	58,430	67,530	86,740	76,950	87,810	107,930	119,440		
102,440	119,990	94,020	60,590	237,470	100,070	383,070	108,190	387,620	79,280		
4,340	－	5,470	－								
63,870	－	106,650	－								
21,120	－	－	33,240								
－	68,650	－	41,740	14,930	－	46,920	－	97,110	－		

著者紹介

西村はつ

兵庫県神戸市生まれ、法政大学経済学部卒業
東京大学大学院経済学研究科博士課程修了
現在、湘南工科大学客員教授

主要業績

『両大戦間における金融構造』（共著、御茶の水書房、1980年）
『日本金融論の史的研究』（共著、東京大学出版会、1983年）
『近代日本の商品流通』（共著、東京大学出版会、1986年）
『地方財閥の展開と銀行』（共著、日本評論社、1989年）
『近代化の国際比較』（共著、世界書院、1991年）
『近代交通成立史の研究』（共著、法政大学出版局、1994年）
『戦後地方銀行史［Ⅰ］成長の軌跡』『同［Ⅱ］銀行経営の展開』
　　（共編著、東洋経済新報社、1994年）
『概説・経済学』（学文社、1994年）
「金融危機と長野県金融界」地方金融史研究会編『地方金融史研究』
　　第30号（1999年3月）所収他

吉田賢一

山形県上山市生まれ、北海道大学経済学部経済学科卒業
和歌山大学大学院経済学研究科修士課程、北海道大学大学院経済学研究科博士後期課程修了
現在、工学院大学工学部助教授

主要業績

「金本位制度の自動調節作用について」『工学院大学共通課程研究論
　　叢』第35-1号（1997年10月）および第35-2号（1997年12月）
　　所収
「利子率の変動と貯蓄・投資理論」『東京経大学会誌』第207号
　　（1998年1月）所収
「貨幣供給の内生性とインフレーション」中央大学『商学論纂』
　　第39巻第5・6合併号（1998年5月）所収
「『ＩＭＦ体制』崩壊の論理——管理通貨制下の為替相場の研究
　　（その1）——」地方金融史研究会編『地方金融史研究』第28号
　　（社団法人全国地方銀行協会、1997年3月）所収
「変動為替相場制と購買力平価説——管理通貨制下の為替相場の研究
　　（その2）——」同上誌第29号（1998年3月）所収
「レーガノミクスの経済的帰結——管理通貨制下の為替相場の研究
　　（その3・完）——」同上誌第30号（1999年3月）所収
「『プラザ合意』の経済的帰結——『購買力平価』の悪戯——」
　　日本金融学会編『金融経済研究』第16号（2000年1月）所収
「金融危機下の北海道金融界と銀行合同——百十三銀行・（旧）北海
　　道銀行・北海道拓殖銀行を中心として——」地方金融史研究会編
　　『地方金融史研究』第31号（2000年3月）所収
「両大戦間における北海道内地方銀行——函館銀行・百十三銀行・
　　（旧）北海道銀行の合同関係を中心として——（上）」同上誌
　　第32号（2001年3月）所収、他

| 第四版 経済学の歴史と理論 | 1996年3月20日　第一版第一刷発行
2001年3月20日　第四版第一刷発行 |

著者　西　村　は　つ
　　　吉　田　賢　一

発行所　㈱　学　文　社

発行者　田　中　千　津　子

東京都目黒区下目黒 3-6-1 〒153-0064
電話 03 (3715) 1501　振替 00130-9-98842

落丁・乱丁本は，本社にてお取替えいたします。
定価は売上カード，カバーに表示してあります。

組版／(有)まんぼう社　印刷／あきば印刷(株)
ISBN4-7620-1038-3　　検印省略